スポーツ選手のための心身調律プログラム

How to Get the Peak Performance of your Mind and Body

白石　豊
SHIRAISHI Yutaka
脇元幸一
WAKIMOTO Kouichi

大修館書店

目次

[パート2] メンタル編——白石　豊

第3章 〈メンタルレッスン1〉心の力をチェックする 116

第4章 〈メンタルレッスン2〉適切な目標設定と自信 125

スポーツ選手のための心身調律プログラム

本書は、平成10年11月、大修館書店創業80周年記念事業として
行った左記講演会の内容をもとに書き下ろしたものです。

スポーツ講演会
「スランプからの脱出法　——スポーツ選手のための心身調整プログラム」
平成10年11月1日（日）
有楽町マリオン・朝日ホール

［講師］白石豊・脇元幸一
［主催］大修館書店
［後援］朝日新聞社／［協賛］TESクラブ／［協力］NEC

序章
クルーの勝利

白石　豊

1　新体操世界選手権

1999年10月3日夜、大阪のハイアットホテルの大広間は、アジアで初めて開催された新体操世界選手権大会の「さよならパーティー」に集った人々で埋め尽くされていた。そこでは驚異的な柔軟性とアクロバチックな演技で10点満点を連発した新女王カバエバ（ロシア）をはじめとして、いずれ劣らぬ世界の名花たちがにこやかな笑顔を振りまいていた。極度のプレッシャーから解放されたのか、彼女たちは一様に試合場とはまったく異なる穏やかな表情を浮かべていた。そうした華やかな雰囲気の中にあって、ひときわ輝いていたのが日本ナショナルチームの選手たちである。

この世界選手権で、日本はシドニーオリンピックの出場権を個人、団体ともに獲得することに成功した。とくに団体は、まさに神がかりといってもよいすばらしい演技で4位に入賞し、初のオリンピック出場権を手にすることに成功したのである。

しかし、こうした快挙は、けっして一朝一夕で成し遂げられたものではない。この大会に向けて新体操強化委員会は、約2年間かけて選手強化に取り組んできたという。その強化プロジェクトの仕上げの一つとして、99年5月から私にメンタル面の強化が依頼された。そしてその内容は、地元の大観衆の前でも臆することなく、十分に実力を発揮できるような心の強さをつくりあげてもらいたいというものだった。

本番で持てる力をフルに出せるゾーン（ピークパフォーマンス）状態に入りたいのは、スポーツ選手ばかりでなくだれもが願うことである。しかし、現実にはまったくその対極の、いわゆる「稽古場横綱」とか「ブルペンエース」と呼ばれるような本番に弱い選手の方がはるかに多い。まさに「言うは易く行うは難し」なのである。

肝心カナメなときに、こうしたピークパフォーマンスを得るには、もちろん精神面だけが大切なわけではない。心・技・体のどの面についても長い間のトレーニングで着実に力をつけ、また微妙な最終調整によっ

シドニーオリンピック出場権を獲得し喜ぶ日本選手団

てその瞬間が迎えられるように配慮する必要がある。

これまでは、コーチ一人ひとりが自らの経験と知識で選手のあらゆる面を鍛え、また調整しようとしてきた。しかし、どのスポーツにおいても世界的な競技力の向上は著しいスピードで図られており、コーチが自分の選手時代の体験だけでトップレベルの選手を育て、また試合で良い成績をあげさせるのは難しい時代になってきている。

2　研究と実践との狭間で

一方、この四半世紀におけるスポーツ科学の進歩には目を見張るものがある。とくに近年のコンピュータやビデオの急速な発達によって、スポーツのさまざまな分野で科学的な分析が可能になり、技術やトレーニング法の改善にも大きな影響を及ぼすようになってきている。しかし、最新の科学的な分析結果が、日々厳しい練習に明け暮れている選手やコーチにストレートに反映されているかというと、現実にはそうではない。旧東ドイツの故マイネルが、すでに40年も前に指摘したいわゆる「スポーツ実践の現場と科学的研究の深い断層」は、依然としてそれほど埋められているわけではないのである。

コーチが過去の自分の体験だけに固執し、最新のスポーツ科学の成果を一顧だにしないとしたら問題である。また研究者が、書物の世界や実験室だけで最新の技術やトレーニング法を考えたとしても、それが選手やコーチのニーズに合致したものでなければ、これまた現場からは相手にもされないということになってしまう。片や小さな自分の世界に閉じこもり、もう片方は実践の苦しみをわかろうともせずに高邁な理論を押しつけようとするのでは、理論と実践の間に横たわる深い溝は、いつまでたっても埋まることはない。

私もかれこれ20年近くの間、大学で教育と研究に従事してきた。かつて大学は「象牙の塔」とも呼ばれ、アカデミズムの象徴であった。したがって大学の教員も、その主たる仕事はまず研究であって、学生への教育は二の次と考える人の方がはるかに多かったし、今でもその数はけっして少なくない。しかし21世紀の大学がこれでよいとは思えない。

もちろん大学における研究や、また基礎的・理論的研究の重要性に異論を唱えるものではない。しかし、スポーツの世界にあって、研究のための研究ばかりが横行するのではこれまた問題である。マイネルの『スポーツ運動学』[16]は、長い間の研究の末に書き上げられた名著だが、そのどのページをめくっても、たえず現実のスポーツ実践への配慮が感じられる。初版からは、すでに40年が経過しているというのに少しも古さを感じさせない。

私の中には、即実践性を標榜するのが研究のすべてではないことは重々わかりつつも、一方で選手やコーチたちの要望に、できるだけ速やかに応えられるような研究ができないものかと考えてきた自分がいる。オーソドックスなアカデミズムからいうと、どうも私は本格的な研究者にはなれないようである。白衣を着て実験室にいたり、研究室でややこしい本と格闘するよりも、スポーツウェアで体育館やグラウンドに出て、選手やコーチとともにいる方がよっぽど性に合っている。

3　クルー

　さて以前に比べれば、コーチの中にもさまざまな専門分野の人たちの協力を得たいと考える人は、確実に多くなってきている。また自分の研究成果を、実際に現場で利用してもらいたいと考える研究者も増えている。しかし現実には、多くの分野の人が協力しながら選手強化にあたるという例は、日本ではまだそう多くはない。そうした意味では、前述した新体操ナショナルチームの強化プロジェクトは、心・技・体のサポートスタッフが一致協力して、選手たちをピークに持っていくことができた珍しいケースではなかったかと思っている。

　それぞれの専門家が共同して、あるプロジェクトを推進することは、あらゆる領域で行われている。その代表的な例は、NASA（アメリカ航空宇宙局）である。1960年代に始まった米ソの宇宙開発競争で、はじめソ連に遅れをとったアメリカは、NASAにアメリカの英知を結集することで猛烈な巻き返しを図ることになる。そしてこの熾烈な競争は、69年にニール・アームストロングが人類として初めて月に降り立つに及んで、一応の決着をみるのである。

　一般に、こうした宇宙ロケットに乗り込む飛行士たちを「クルー」と呼ぶが、地上でその打ち上げをサポートするあらゆるスタッフもまた「クルー」と呼ばれている。クルーの構成員は各分野のエキスパートである。そしてそのメンバーは、共通の目標を達成するために、それぞれのもつ全能力をそそぎ込む。そこには個々の成功をはるかに上回るもっと大きな共同意識が働いているし、何よりも相互の信頼が重要である。

これからさまざまなスポーツ選手をサポートする際には、こうしたクルーが不可欠となってくる。たとえばある選手が、オリンピックに出場したりメダルをとりたいと思ったとしよう。これまでだったら練習を指導するのは、その種目の技術や練習方法に詳しいコーチである。競技力を上げるためには、技術的な練習を欠かすことはもちろんできない。それもかなりの時間を割いてである。しかしレベルが上がり、練習がハードになればなるほど疲労は蓄積され、怪我や病気というアクシデントに見舞われやすくなる。かなりの練習量を確保しつつ、たえず体調を良い状態に保つというのは、ある意味では大きな矛盾ですらある。

そこで選手は、医師やトレーナーのお世話になることになる。理想的には、こうした体のケアを担当するスタッフとコーチとの間に密接な連携がとれており、たえず選手の体の状態をコーチが把握できていればいうことはない。しかし現実には、故障してはじめて診察を受ける選手の方がはるかに多い。こうした怪我や病気による練習の中断は、勝利をめざす選手には大打撃である。

あるいはまた、技術的にも体力的にもすばらしいレベルに達しているのに、なぜか自信がもてなかったり、集中力を欠いて凡ミスを連発する選手もたくさんいる。私の立場から言えば、これはこれで十分対処のしようがあるのだが、その具体的な処方箋を持っていないコーチは、すぐに腹を立て怒鳴りつけたりしてしまうのである。しかしこれでは、肝心なときに実力をフルに発揮できるようなタフな心の持ち主に選手を育て上げることはできない。

こんなことを書くと、本書はプロやオリンピックに出場するようなトップ選手のためだけの本のように思われるかもしれない。もちろん、そうした事例を数多く紹介することは確かだが、実は本書で紹介する心と体のさまざまなチューニング法は、あらゆるレベルのスポーツ選手に適用することができる。それればかりかスポーツを超えて、あらゆる年齢や職種の方々の心身の健康保持や能力開発にも使っていただけると信じている。それはちょうど、かつてNASAで宇宙ロケットを飛ばすために開発された多くの技術が、われわれが現在利用している1万を超える日常用品となって使われているのとよく似ている。

さてクルーの大切さがご理解いただけたところで、われわれのクルーの重要なスタッフであり、本書の共著者でもある脇元幸一先生（清泉クリニック整形外科施設長）をご紹介することにしよう。

4　脇元先生との出会い

雲をつくような大男

すでに述べたように、現在のトップアスリートたちのトレーニングは、技術や記録、あるいは相手との戦いであると同時に怪我との戦いでもある。そうした選手たちの戦いを陰で支えているのが、アスレティック・リハビリテーションという分野である。

かつては怪我をしたスポーツ選手が行く先は、病院の整形外科だった。そこで、肩こりの中高年者や腰痛のおばあさんなどと一緒に治療を受け、同じようにリハビリテーションをしていた。しかし最近では、スポーツ選手にはそれにふさわしいリハビリテーションが必要であることが少しずつあきらかになってきた。そうした分野の先端をきって活躍しているのが、脇元幸一先生である。

私が先生に初めて出会ったのは1994年のことである。その年の9月、私は体操競技のコーチ研修会でメンタルトレーニングの講演を依頼され、大阪に行くことになった。講演を依頼してきたのは、現在、日本体操協会の女子強化本部長をつとめている小畑秀之氏（四天王寺ジュニア体操クラブ主任コーチ）である。彼の説明によると、私が午前中メンタルトレーニングの講義をし、午後は脇元先生によるアスレティック・リハビリテーションの講義があるということだった。

小畑氏からは、講演の前夜に食事をしながら打ち合わせをしたいという連絡があらかじめ入っていた。

その夜われわれが出向いたのは、横綱曙関の大阪後援会長が経営するちゃんこ料理店だった。私はあまり大食漢でもないし美食家でもないので、食べ物についてはそれほど執着はない。しかしこのとき小畑氏が、なぜちゃんこ料理店を選んだのかは、それから数分後にわかることになる。

予定の時刻より少し早めに到着した私と小畑氏は、お店の前でしばらく待つことになった。すでに7時を回っていたので、あたりはすっかり暗くなっていた。しばらくすると小畑氏が闇の向こうを見て、「あっ、脇元先生が来られました」と言った。その声につられてそちらの方へ目をやった私は、すっかり度肝を抜かれてしまった。雲をつくような大男とは、こういう人をいうのであろう。まるで小山が近づいてくるような威圧感を受けたのを今でもよく覚えている。

身長195センチ、体重100キロ超、足の大きさ30センチという立派な体軀の上には、若々しくそれでいて人なつっこそうな顔がのっていた（4頁写真後方）。脇元先生の巨体を一目見た私は、小畑氏が会食の席をちゃんこ料理店にした理由をすっかり納得した。同時に、大きな体と童顔がかもし出す、ややアンバランスで不思議な雰囲気に、またおもしろいことが起こりそうな予感を持ちながら会食の席についたのである。

食事をはじめてまず驚かされたのは、当然のことながらその旺盛な食欲である。とにかくよく食べる。量は私の倍は軽いし、またそのスピードも並ではない。全身からあふれ出るエネルギーの源を見るようで楽しくなった。次にびっくりしたのは、話のテンポが軽快で話題も実に豊富だということだった。30歳をちょっと過ぎた若さで、きわめて理路整然と、それでいて少しも人を飽きさせることなく話をするこの大男に、私はとても興味をもった。

痛みと心身相関《しんしんそうかん》

翌日は午前9時から正午まで、まず私がメンタルトレーニングについて講演した。昼食をはさんで午後1時からこれまた3時間、今度は脇元先生によるアスレティック・リハビリテーションに関するレクチャー・デモンストレーションが始まった。すでに前夜から先生の講義を楽しみにしていた私は、当然その場に出席し一部始終を見せてもらうことになっていた。講義はアスレティック・リハビリテーションの概要や意義の説明から始まったが、その理論的説明の中で、もっとも私の関心をひいたのは「心身《しんしん》相関《そうかん》」についてである。

心身相関については、後で脇元先生から説明されることになるので、ここで詳しく述べることはしない。ただあえて簡単に言えば、心のストレス状態と身体の痛みは常に密接に影響しあっていて、心のストレスが身体の痛みの程度を大きくも小さくもするし、またそれはかなりの個人差があるという。

「10の痛みをそのまま10という人もいれば、その10倍、つまり100ほどにも感じてしまう人がいる。これを心身相関の強い体質の人といい、逆に、心身相関の弱い体質の人は、10の痛みを5ぐらいにしか感じない」ということである。さらに「これはまだよくわからないのだが、どうもこれまでの経験では、心身相関の弱い人のほうがストレスやプレッシャーに強く、したがって肝心なときにもフルに実力が発揮できるタイプのように思える」ということだった。

こうした興味深いレクチャーに続いて、リハビリのデモンストレーションが行われた。会場には100人ほどの体操競技のコーチが集まっていたが、脇元先生は彼らに対して次々に、「肩の痛い人はいませんか。いたら手を挙げてください。すぐに治しますから」というのである。

先生の呼びかけに応じて、何人かのコーチが前に進み出ると、一人ずつその症状をチェックした後で、そのチェック法と診断結果、さらにはどこをどのように動かせば、その人の痛みが軽減するかということを実際に治療しながら説明していった。

大きな手や体とは裏腹に、痛みをかかえたコーチたちの体を動かすその手技のタッチは、実に繊細だった。一人あたり5分ほどのチェックと運動療法で、コーチたちの痛みは次々と軽減していった。見ているわれわれもびっくりしたが、何よりも驚いたのは当のコーチたちだった。治療が終わるたびに、まるで狐につままれたような表情を浮かべて自分の席に戻っていくのである。

もちろん、治療のデモンストレーションは肩だけにとどまらなかった。肘、腰、膝、足首など、毎日、選手たちの帮助に明け暮れている体操のコーチたちは、選手以上に体のあちこちに痛みをかかえていたのである。そうした人たちが、前に出て治療を受けるたびに一様に痛みが軽くなったという。

私自身も体操選手だった時代には、椎間板ヘルニアをはじめとして多くのスポーツ障害を経験した。そのお陰で、ずいぶんあちこちの病院にもお世話になったし、マッサージ、鍼、お灸、整体などいろいろな治療も受けてきた。したがって、こうした面についても一定の知識と経験は持ち合わせているつもりだった。しかしそんな私にも、脇元先生がこのとき目の前で見せてくれたデモンストレーションと、その裏付けとなる理論は、目新しいものばかりだったのである。

こうしたすばらしい理論と実技に加えて、多くのコーチに安心感を持たせたのは、「この人は現場のことがわかる人だ」という感覚である。それはおそらく先生のこれまでの経歴に由来しているのであろう。先生はかつて日本男子バレーボールのナショナルメンバーとして活躍した実績を持っている。しかし、それと同時に、選手時代に数々の故障を経験しており、怪我をしたときの辛さや悔しさもよくわかった上で患者さんに接しているというのが、話を聞いているわれわれによく伝わってきたのである。

心の骨折は治せない

講演会が終わってから、参加していた体操のコーチたちとの懇親会が行われた。その席上で脇元先生は私にこんな風に話しかけてきた。

「白石先生、私はこれまでにずいぶんたくさんのスポーツ選手に接してきました。たしかに治療が功を奏して、うまく復帰してくれることも多いんですが、われわれの診察ではもう完治しているという選手が、なかなか立ち上がろうとしないことがあるんです。私たちから言えば、骨折は完全に治っているのに、どうも心の骨は折れたままのような感じなんですよ。怪我をしたときのことが頭をよぎったり、また痛くなったらどうしようと不安になる選手たちの気持ちもわかるんですが、どこかでふんぎりをつけなくては、一線には復帰できないんですけどねえ。私の知っているだけでも、もう何人もの選手がこうした問題で結局は引退してしまったなんてことが結構あるんですよ。そんなときにはどうしようもなくて、無力感だけが残りますね。一生懸命やっても、俺の仕事ってこんなもんかと思えてきて、がっかりしてしまうことがよくあるんです。なんとかならないものでしょうか。正直に申し上げると、今日の先生のお話を聞くまでは、体の治療や調整こそが第一だと考えていたのですが、これから先生の領域を勉強させてもらったら、もっとたくさんの選手たちを助けてあげられるような気がしてきたんですよ。先生、弟子入りさせてもらえませんか」

講演の際の自信にあふれた語り口とは違って、やや早口で、それでいて真剣に話してくる脇元先生の顔を、私はびっくりして見つめ返した。そしてこう答えたのである。

「あなた、何てこと言ってるの。僕はねえ、午後のあなたのレクチャー・デモンストレーションを見て、ほんとうに感心していたんだよ。今、あなたの所へ全国のあちらこちらから、たくさんのスポーツ選手が治療を受けにくるというのを聞いてはいたけど、今日はじめて見せてもらって、さもありなんとすっかり納得したところだったんだよ。

僕に弟子入り？　冗談じゃない。僕の方こそ弟子入りしたいくらいに思っていたんだから。ただ、あなたの言うように怪我や心の悩みで困っている選手たちが立ち直って、また活躍してくれるようになってほしいというのは、僕もまったく同じ考えですよ。そういう意味では、これからお互いにいろいろな情報を交換し合いながら、選手たちのかかえる問題を解いていったらいいかもしれないねえ。僕の知っていることであなたの役に立つことがあったら、いくらでもお話するから、これからそうやってやってみようよ。それはそれとして、実は早急にあなたにお願いしたいことがあるんだけど聞いてもらえるかなあ」

ある体操選手のアスレティック・リハビリテーション

このときの私のお願いとは、一人の女子体操選手のリハビリテーションに力を貸してほしいというものだった。その選手の名前は佐藤めぐみさんといい、7歳のころから私が体操を教え、当時15歳（高校1年生）になっていた。すでに小学校の高学年でかなりの力量を身につけていた彼女は、その後、中学校に進んでも順調に伸びていった。そして高校に入学する頃には、1年後に迫った「ふくしま国体」のエースとして期待されていたのである。

ところが、国体の前年（94年）7月に行われた県の総合体育大会に出場した佐藤選手は、想像だにしていなかった大きなアクシデントに見舞われることになる。私も試合の初日には会場に入り、直前まで細かな指示を出していた。すでに中学生のときから高校生を抑えて優勝していた彼女は、エースとしての自覚も芽生えはじめ、これまでのどの試合よりもすばらしい演技で初日を終えた。当然トップである。

私としては翌日の後半戦も見て、全国大会に向けての構想を練りたいと思っていた。しかし、あいにく翌日からは、例年、日本海で行われる大学の遠泳実習が予定されていた。そのため後半戦の戦い方を指示してから、やむなくその場を後にした。

翌日の午後、海での実習を終えて宿舎に戻るのを待っていたかのように、福島の試合会場から緊急電話が入った。佐藤選手が平均台の後方伸身宙返り2回ひねり下りで着地に失敗し、左膝の前十字靱帯を完全断裂するという大怪我を負ったというのである。

それを聞いた私は、思わず電話を取り落としそうになった。小さい頃から休みのたびに、お母さんに連れられて大学に練習に来ていた姿や、前日の絶好調の演技などが走馬灯のように頭の中をめぐり、にわかにはそのアクシデントを受け入れることができないでいた。

しばらくしてから気を取り直して事故当時の様子を聞くと、佐藤選手はこの日も大変好調であったという。怪我の直接の原因となった平均台の2回ひねり下りも完全にひねりきってはいたのだが、いつもよりさらに蹴りがよく入っていて、非常に高いところから下りてしまい、マットにはじき返されたような着地であったとのことだった。つまり、うまくいかなかったために起こった事故というよりも、むしろうまくいき過ぎて起きてしまったアクシデントとでも言ったらよいのだろうか。

昔から「好事魔多し」という言葉があるように、なにごとも好調なときほど注意しなければならない。しかし、こうした事故を防ぐのは、その兆候が見えにくいだけにほんとうに難しい。8年間教えてきて、ほとんど怪我らしい怪我をしたことのない彼女であった。そして1年後には、50年に一度という地元福島での国体が迫っていた。私の頭には、その頃病院のベッドで悲嘆に暮れているであろう佐藤選手の顔と同時に、ご両親をはじめ、体操関係者の方々の困惑した顔が浮かんでは消えた。そして私自身も、体の力が急速に萎えていくのを感じた。

当時、福島県では国体に向けての強化の一環として、各種目とも日本の優秀な指導者を招聘してのアドバイサリーコーチ制度が発足していた。女子体操競技は、日本体育大学の教授である池田敬子先生に指導をお願いしていた。先生は日本の女子の体操選手としては、ただ一人世界選手権で金メダルをとられた方である。

「名選手必ずしも名監督ならず」という言葉があるように、かつての名選手たちが、引退後は過去の実績と経験の世界から一歩も出ようとせずに、頑迷な指導者として残っている例は少なくない。特に体操競技は技術の変化度合いがきわめて激しいスポーツなので、昔の名声にあぐらをかいているようでは、たちどころに過去の遺物に成り下がってしまうというところがある。

そうした事例も数多く知っている私が、はじめて池田先生のご指導ぶりを見せていただいたときには、ほんとうに驚いてしまった。私の母親と同年齢というのに、先生は世界の最新の技術動向を正確にキャッチされていたし、合理的な練習方法や体力トレーニング法についても精通されていた。女子の体操競技の練習は長い。1日4～5時間はざらで、多いときには8時間を超えることもある。その練習を指導されるのに、先生はほとんど立ちっぱなしで、次から次へと教えつづけるのである。

当時、私はふくしま国体に向けて体操競技のコーチばかりでなく、福島県全体の競技力向上をめざして設置された競技力向上対策室の専属アドバイザーの仕事も仰せつかっていた。国体にはおよそ40ほどの競技種目がある。私は94年の4月にその職に就任して以来、翌年の国体終了までの間に、実にのべ27

種目の選手やコーチたちにメンタルトレーニングの指導をすることになったのである。

もとより公務の合間を縫ってのことであるから、これは大変な強行軍だった。週末になると、依頼のあった競技団体の強化合宿に出向き、メンタルトレーニングの講義や実技を指導しつづけた。たとえば、ある日曜日には朝8時に家を出て、なぎなたの合宿に出向き、「集中力」について指導する。実技を入れれば最低でも3時間はかかる。それが終わると、再び車に飛び乗って次の種目であるテニスの合宿が行われている場所へと移動する。昼食をとっている時間もないので、コンビニエンスストアでおにぎりやパンを買い、高速道路を運転しながら食べるのである。午後1時ごろから、今度はテニスの選手に「感情コントロール」について説明し、それをコートで活かしてもらうように指導する。また3時間ほどかかる。そこからさらに、体操の練習が行われている高校に移動し、夜遅くまでコーチするのだった。

こうした日々を送りながら、私は体操をコーチしているだけでは、とうてい得られることのなかったさまざまな出会いや経験をすることになる。それまで見たことも、もちろんやったこともない種目の指導もたくさんしたし、逆に選手やコーチからいろいろな話を聞かせてもらうこともあった。

ちょうど同じ頃、私は日本体操協会の女子強化部から依頼を受けて、前ロシアナショナルコーチのラズモフスキー夫妻のトレーニング方法を主体にした『女子体操競技トレーニングの手引き[22]』づくりを進めていた。彼らとのたび重なる取材の中で学んだロシアのトレーニング方法は、私にとっては興味深いものが多かった。

しかし、池田先生の指導内容は、それと基本的には何ら変わるものでないということも驚かされたひとつである。われわれ男子の体操コーチが女子を指導する際に、難事中の難事であった平均台やゆかのコレオグラフ（体操的な動き）についても、先生のご指導によってみるみるうちに選手たちの動きが美しくなっていくのにもまた驚きを禁じ得なかった。

それだけ精魂込めて選手たちを鍛え上げてくださっていただけに、池田先生にとっても佐藤選手の怪我は、大きなショックだったようである。翌日には、先生からすぐに電話があり、佐藤選手の膝の手術は、スポーツ整形外科の権威である故高沢晴夫先生（当時、横浜港湾病院整形外科部長）にお願いしたと伝えられた。また、なんとしても佐藤選手を1年2カ月後の地元国体で晴れの舞台に立たせ、最高の演技をさせたいと思っているので、私にも頑張ってほしいと言われたのである。

8月に入ると、高沢先生自らの執刀で手術が行われた。手術は成功だった。あとは佐藤選手が長く苦しいリハビリプログラムを確実にこなしていけるかにかかっていた。夏休みが明けると、彼女は退院し、体育館に戻ってきた。本番の国体まで、残すところあと1年というところまで来ていた。しかしまだ、普通に歩くことも満足にはできなかった。高沢先生からは、ぎりぎりなんとか間に合うだろうという言葉はいただいていたが、われわれ指導者にも不安の色は隠せなかった。

仲間たちがどんどん上手になっていくのを横目に見ながら、佐藤選手のリハビリテーションがスタートした。悪いことに彼女の得意技には、跳馬の前転とび前方屈身宙返りに代表されるように、着地の際に膝に負担がかかりやすい前方系の技が多かったのである。果たしてほんとうに彼女の脚は戻るのだろうか。われわれの期待とは裏腹に、彼女の膝はまるでかたつむりが這うようなスピードでしか回復しなかった。本人はもちろんのこと、周囲にも焦りが広がっていった。そんな折に出会ったのが、脇元先生だったのである。

手術は、日本の中でも最高権威の先生にやっていただけた。ここからのリハビリは、この人に託してみようと私は思った。すでに述べたような経緯を説明した後で、あと半年でなんとか宙返りができるようにしてもらえないだろうかと尋ねてみた。すると即座に脇元先生から、「わかりました。もちろん本人の状態を確認させていただかなくては正確なことは申し上げられませんが、私の病院では、この7年間で体操選手のリハビリテーションだけで、すでに2000件を超えています。その経験からいえば、なんとかなるような気がします。お手伝いさせてください」という答えが返ってきたのである。

今から考えてみても、おもしろい出会いだったと思う。私は前著『実践メンタル強化法―ゾーンへの招待―』[35]の中でも述べたように、多くのすぐれた方々とお目にかかれる運（縁）には恵まれているようである。われわれは一生の間に、ほんとうにたくさんの人と出会うのだが、そこでお互いにおもしろいと思わなくては、その縁はそれっきりになってしまう。いくら片方が懸命に何事かを発信しても、もう片方がそれをキャッチできなければ、その機縁はあっという間に過ぎ去っていってしまう。

佐藤選手が大怪我をしながらも、晴れ舞台に立つことを夢見て懸命にリハビリに励んでいなかったら、脇元先生からの突然の弟子入り申し入れも、社交辞令で軽く受け流して、その場限りのご縁であったかもしれなかった。

絶望の淵からゾーンへ

脇元先生のもとで1週間ほどのリハビリ入院を終えてからの佐藤選手の回復ぶりには、目を見張るものがあった。彼女の驚異的な回復と歩調を合わせるように、他の選手たちの技術も急速に伸びていった。もうクリスマスもお正月もなかった。私は相変わらず、総合アドバイザーとしての巡回メンタルコーチで県内各地を回りながらも、女子体操の指導のために毎夜9時、10時まで体育館にいた。その年の大晦日も、そして翌1995年の元日も、われわれは8時間に及ぶ強化練習を繰り返したのである。昔、筑波大学のコーチをしたときもずいぶん無茶なことをしたが、まさか40歳を過ぎてからまたこんな生活をしようとは夢にも思わなかったほどである。

それから10カ月、紆余曲折を経ながらも、「ふくしま国体」が始まった。私は総合アドバイザーの立場で、県内各地の試合会場を回りながら、地元の大声援にこたえて、すばらしい活躍をする選手たちを驚きの目で見守っていた。1年前に私が初めてメンタルトレーニングの指導に行った頃には、「どうせ僕たちは勝てっこありませんよ……」などとうなだれていた選手たちが、堂々と全国の強豪とわたりあい、勝っていくのである。

私はそうしたたくましく変身した他種目の選手たちの姿を見て安堵感を覚えたと同時に、体操の方がますます気がかりになっていった。池田先生はもちろん、脇元先生も選手たちのためにずっと詰めていてくれた。佐藤選手もなんとか戦える状態にまでは回復していた。

いよいよ決勝の日を迎えた。福島県は跳馬からのスタートだった。女子の体操競技でもっともプレッシャーのかかる種目は、なんといっても平均台である。したがって抽選で平均台から試合をスタートするのを嫌がる選手は多い。その意味では、跳馬は2本跳んで、どちらか良い方の点が得点になる（当時）という気楽さもあり、スタート種目としては絶好のはずだった。しかし、私たちはまさに祈るような気持ちで、この跳馬を見つめざるを得なかったのである。

それというのも、エース佐藤選手の持ち技は、当時としては最高の難しさに属する前転とび前方屈身宙返りだったからである。佐藤選手がこの技をうまく決めてくれれば、9・5以上の得点が期待できる。ところが、「塚原とび」や「笠松とび」といったような後方に回転する技と違って、着地にもし失敗すると膝に大変な負担がかかることになる技なのである。脇元先生の経験でも、これまで前十字靱帯を断裂した選手が、復帰してこの技を成功した例は知らないというほど危険度は高かった。

うまくいけばチームとしては最高のスタートが切れる。しかし万一失敗すれば、彼女は一生松葉杖を手放せなくなるような怪我をするかもしれない。もちろん、そこに至るまでには着地に負担がかからないような技の練習もした。しかし結局、彼女にはこの技に賭けるしかないというところまできていた。

膝に巻いたサポーターは痛々しかったが、跳馬に向かって走り出した彼女の助走はぐんぐんスピードを増していった。力強い踏み切りから鋭く馬を突き放し、空中で2回転して着地。わずかに半歩前に動いたが完璧な跳躍だった。9・65という高得点が出た。これで佐藤選手もチームも完全に波にのった。チーム全員が、続く段違い平行棒、平均台、ゆかと長い間教えてきた私たちですら見たこともないようなすばらしい演技を披露した。結果は団体総合で3位、佐藤選手個人もオリンピック選手たちと伍して堂々の3位に入賞した。演技を終えた彼女たちは、嬉し涙で顔をくしゃくしゃにしながら、池田先生と抱き合って喜んでいた。

試合直後に行われたNHKのインタビューに対して、佐藤選手はこう語っている。「これまで一瞬、一瞬を大切にして生きてきました。この国体のお陰で、たくさんの先生方にめぐり会えてほんとうに幸せです」と。私はその夜、このインタビューの様子を報じるテレビを見ながら、「高校2年生で、こんなことが言えるのか。もしもめぐみが何の故障もなく、順調にきて同じ成績を残したとしても、きっとこんなことは言えなかっただろうな。そういう意味では、あれでよかったのかもしれない」と思わずつぶやいていた。

こうして7歳から始まった佐藤選手の競技人生は、17歳で幕を閉じることになった。もちろん、まだ体操を続けてはいるが、もはやあの瞬間のような神がかった演技を見ることはできない。そんなことを要求するのは、彼女の膝にあまりに酷というものだと思っている。彼女の競技人生は、確かに短かったのかもしれない。しかし、会場を埋め尽くす地元の観衆全員が、彼女に大声援を送るというまたとない晴れ舞台で、最高の演技ができたことはやはり選手としては幸せだったのではないだろうか。

怪我、病気、技術的な狂い、意欲や自信の減退など、さまざまな原因で、スポーツ選手はスランプの泥沼にはまり、もがき苦しむ。そうした不振にあえぐ選手たちを心身の両面からサポートし、どん底から普通の状態に、そしてゾーンと呼ばれるような最高の状態へと至るお手伝いをしたいというのが、この5年間に私と脇元先生とでめざしてきたことである。

あるときは、体の故障で脇元先生の治療を受けている選手が、心のタフネスさをトレーニングしてもらえと、私のところを訪ねてくることもある。また逆に、私の指導しているプロ選手やオリンピック選手の体の治療を、先生にお願いすることもよくある。94年の10月に始まった私たちの心と体のケア体制は、少しずつではあるが確実に整いつつある。冒頭に挙げた新体操ナショナルチームの事例などは、その代表的なものといってよい。

次章以降では、われわれが心と体という両面からスポーツ選手をどのようにサポートしているのかについて、実例を挙げながら解説していくことにしたい。それでは「パート1・フィジカル編」を始めることにしよう。

［パート1］フィジカル編

脇元　幸一

第1章 アスレティック・リハビリテーションへの道

1　アスレティック・リハビリテーションの概要

日本で、スポーツ選手に対する「アスレティック・リハビリテーション」という概念が定着してきたのは、ごく最近のことである。スポーツ選手にはそれにふさわしい治療法が必要であり、その競技特性を十分加味したリハビリテーションを処方しようという医療界の動きは、ここ10年の間に飛躍的な発展を遂げてきた。

従来の医療機関では、来院した選手のケガの程度が軽ければ、「薬を飲んで休みなさい」「湿布をしなさい」と、通り一遍のことが言われつづけてきた。そこでは、選手がどういうレベルでトレーニングしているのか、また試合までのスケジュールはどうかなどということは、ほとんど考慮されずに、一般の患者と同じように扱われていたのである。

特に「手術を必要とせず、普段の生活にもほとんど支障はないけれど、スポーツをすると痛みが強くなる」といったような症状の選手は、医療機関を離れ、鍼灸・接骨院などの民間療法の治療院を転々とすることが多かった。そのため、当時の選手たちは、痛みが薄れた時点から自己流のリハビリを行い、結局、再発してしまうというケースも少なくなかったのである。

私も「アスレティック・リハビリテーション」というものが産声を上げてから十数年、そのセオリーを学び、その発展に寄与すべく研究を重ねてきた。病院の設備においても、いかなる選手のニーズにも応えられるようなリハビリテーション機器をできるだけ多く設置し、体の治療に対して、万全を期そうとしてきたのである。しかし、選手をケガから確実に克服させ、完全に競技復帰させるには、これまでのセオリーで十分だと思うことがいつもできずにいた。それどころか、むしろ既存の、それも基本的なセオリーの中に、「何かが欠けている」というような漠然とした想いが常にあったのである。

「ケガ」という言葉の意味を考えるとき、「体の故障」であるという解釈に、異論を唱える人はいない。私も、自分は「体の故障」を扱う専門家であるので、体の治療こそが「ケガ」の治療のすべてであると長いこと思っていた。しかし、既存のセオリーにしたがって体の治療をしてみても、必要な治療期間を過ぎて、なお「痛み」を訴え続ける選手が後を絶たないのである。

さらにこうしたことは、スポーツ選手に限ったことではない。一般外来で来院される患者の中にも「仕事を休むと楽になるが、仕事を続けていると痛みが強くなる」と訴える患者は、当院外来数の約7割にも及んでいる。

私はこの事実に直面したときから、「痛み」の慢性化に関係している神経学的因子と、それをコントロールしている大脳皮質への直接的および間接的アプローチの研究を重ねてきた。結果として「痛み」

の慢性化には、三つの故障が大きく関係していることがわかってきた。

一つは「患部以外の体の故障」、もう一つは痛み・不安というストレスに侵された「心の故障」であり、最後の一つは心の故障に伴う「自律《じりつ》神経機能の故障」である。

心と自律神経機能の関係は次章で詳しく述べることにするが、この三つの故障は、「痛み」というストレスが長く続くことによって、いとも簡単に起こってしまうのが特徴である。人によっては、いったん故障してしまうと、がんじがらめの痛みの悪循環に陥ってしまい、自分ではどうすることもできない「慢性痛」へと移行してしまう。

われわれ治療者は、慢性痛の原因となる三つの故障すべてに対応しなければならないことを、なんとなく感じていながらも、治療者個人のセンスで対応することが多かったし、あるいは具体的なすべを知らないために、実際には何もしないというのが実状だったのである。

かくいう私も、バレーボール選手だった20年前は、左膝の慢性的な痛みに悩まされていた。痛みの程度が、手術をしなければ絶対に治らないという状況ではなかっただけに、大学病院から民間療法まで、何かにすがる想いで放浪者のように転々と巡り歩いたものである。

有名な某大学病院では、半月板《はんげつばん》損傷と診断され、数回注射療法を行ってみた。しかし、効果は一時的であり、症状は一進一退を繰り返すばかりだった。業を煮やした私は、思い切って手術療法を願い出てみた。しかし、「手術しても痛みがなくなるかどうかはわからない」と言われたのである。そして、「今後どうすれば良いのですか？」という問いには決まって「休みなさい」「ムリをしないで、治療に来なさい」としか言われなかった。そのため具体的な将来の治療方針もあいまいなまま、同じ治療を無意味に受け続けた苦い体験がある。

しかし、これは公的な医療機関に限ったことではない。民間医療でも、知人から「あそこで治療すると何でも治る」と聞けば、借金をしてでも遠くまで治療を受けに行った。しかし、そこでも、「何度か治療に来なさい」と受け身の治療を促すことしか言われなかったのである。

あの時に、「早く治したいので、治す手順を教えて欲しい」という私の問いに対する答えを、誰かが一つひとつ明確に説明してくれて、治るまでの期間や手順を示してくれれば、今の私の人生は変わっていたかもしれない。残念ながら私はその後も、私の故障を治してくれる治療者に出会うことはなかった。そのため精神的にも落ち込み、練習に対する意欲や集中力、そして自信などを失い、とうとう引退を余儀なくされてしまったのである。

いま振り返ると、当時の膝痛の原因は、半月板損傷のみではなかった。その他にも少し医学的に記せば、膝靭帯《じんたい》の機能不全、大腿《だいたい》筋力の極端な低下、足部（土踏まず）の変形、第五腰椎分離症、骨盤《こつばん》周囲の関節機能障害に伴う下肢《かし》屈筋の安静時筋緊張の亢進などが膝痛の背景にあったのである。また精神的にも、治療の見通しが立たないことへのあきらめ、苛立ち、不安などによって、よく眠れない日々が続き、自律神経の機能異常を起こしていた。そうした体と心の問題すべてが、結果的に膝痛を助長し、またさらにそれを慢性化させる原因であったと今では断言できる。

ここ十数年の「アスレティック・リハビリテーション」の急速な発展は、私のこうした「体の故障」

への問題点に対応できるレベルにまで達している。しかし、実際の医療現場では、常に重症の患者に追われることが多いのもまた事実である。そのため膝が痛ければ膝の検査、そして膝のみの治療をするという、ありきたりの治療に終始してしまうことも少なくない。

また「患部以外の体の故障」や自律神経障害の背景にある「心の故障」に対しては、ほとんどといってよいほど具体的な処方はなされていないのが現状である。今後の治療者のあるべき姿として、スポーツ選手の早期復帰のために、また社会心理的ストレスを背景とした慢性痛に悩む患者のためにも、痛みを発している患部の治療にいつまでも固執することなく、心身一体化した検査・リハビリテーション処方が必要であることは言うまでもない。

実践書の役割として、本書では、ケガをした選手の心身のケアを全身的にとらえることに役立つばかりでなく、一般の多数の方々が悩んでいる「慢性的な痛み」の対処に有効なセオリーをふんだんに盛り込んでいる。次章からの基本的な心と体の反応をご自身で体験しながら、「心と体、その全体を調整する」ことが、スポーツ選手にとっても、慢性痛に悩む方にも唯一の手段であることを知ってほしいと考える。

2　肉体的スポーツリハビリの限界

近年のコンピューターの発展には、目をみはるものがある。それに伴い病院の医療機器も急速な進歩を遂げている。整形外科分野でも、ＭＲＩやＣＴスキャン、超音波、骨密度診断システムなどの最新機器が次々に導入されてきた。こうしたハイテク医療機器によって、病気の原因をより速く、かつ的確に把握できるようになったことは、価値ある医学の進歩と言えよう。

しかし、医療のコンピュータリゼーションの進展に比例して病気や障害に苦しむ人の数が減っているかといえば、決してそうではない。いやそれどころか、ますます増加していると言っても過言ではない。このことはスポーツ選手についても同様である。すなわち、手術を必要とする重症な選手に対する「アスレティック・リハビリテーション」という図式は出来上がってはきたものの、「日常生活は何とかできるがスポーツをすると痛い」といったようなレベルの選手への対処は不十分なままである。しかも、こうした慢性的な痛みに苦しむ選手達の方が、入院患者よりもはるかに多いという事実を忘れてはならない。

以下では、従来の治療セオリーに盲目的になりすぎていた私が、そのセオリーに疑問をもち始めてから今日に至るまで、どうしても越えなければならなかった三つの大きな壁について述べることにしたい。私の悩みと私なりの解釈は、場合によっては患者の立場となり得る読者の方々ばかりでなく、治療者として臨床に携わる方々にも、共感していただけると考えるからである。

私の勤務する病院（清泉クリニック整形外科）に通院する患者の7割以上は、自然発症した痛みを訴えてくる。なかでも痛みが数週間から数カ月にわたり改善しないまま、慢性化してしまったという患者は後を絶たない。

自然発症した痛みとは、はっきりとしたきっかけがないのに体の一部が自然と痛みだすことを指す。そのような患者には、まず患部の状態を詳しく検査し、その後、患部の治療を行うことが基本となる。しかし、慢性疾患の多くは、患部の神経学的な検査やレントゲン撮影をしても、決定的な痛みの原因を見つけ出すことが難しい。

仮に、レントゲンで関節の変形を指摘されても、関節変形の程度と痛みが比例するわけではない。たとえば変形性膝関節症、変形性脊椎《せきつい》症のように、レントゲン写真で見て明らかに関節の老化と診断できる病態でも、変形の程度に関わらず、痛みを訴える人と訴えない人がいるのである。

これはスポーツ疾患でも同じことがいえる。腰椎椎間板《ついかんばん》症、あるいは脊椎分離症、脊椎すべり症などの明らかに脊椎の異常と診断される場合でも、やはり痛みを感じる選手と感じない選手がいるわけである。それもわずかな関節変化でも激しく痛む選手もいれば、大きな変形を指摘されてもそれほど痛みを感じない選手もいる。つまり、脊椎や関節の変形は、必ずしも痛みと一致するわけではないということである。では、変形以外の痛みの原因とは何なのだろうか。

第一の壁の打破

たとえば、野球選手が「2～3カ月前から肩が痛い」と訴えて来院してきたとしよう。その場合、最初に肩のレントゲン撮影やMRIなどを利用した画像診断を行う。次に肩関節の機能に対する理学的検査が行われる。

しかし、ここまでに痛みの原因となる決定的な器質的異常がなかった場合はどうなるのだろうか。その場合はたいてい、「肩関節の周囲でなんらかの炎症がある」とされる「肩関節周囲炎」と診断される。そしてその後の治療はというと、痛みの程度に応じた「肩」への処置、つまり注射や固定、物理療法が施される。自宅でのケアという点では、消炎鎮痛剤の内服と「肩」への湿布が処方されるわけである。

以上のように「肩」の痛みに対しては、まず「肩」の検査・治療を行うことが基本となっている。これは、決して間違いではない。しかし基本的な検査、治療手順のみで、すべての痛みに対処できるとは限らないのもまた事実である。むしろ、既存の治療手順では通用しない患者の方がはるかに多い。特に痛みが慢性化している患者ほど、そのような治療手順では対応できないのである。

そこで私は一歩踏み込んで、肩に負担を加えている原因を探るために、肩に関与するいろいろな筋や他の関節に対して理学的検査を行ってみた。すると、慢性的な肩の痛みの背景には、必ずといっていいほど肩甲骨《けんこうこつ》や胸郭《きょうかく》（あばら）、胸椎《きょうつい》、骨盤という肩関節と連鎖する関節の柔軟性が低下している、ということに気がついた。そこで、肩の負担を取り除く目的で、胸郭、胸椎、骨盤の動きを促す治療を施してみた。すると、治療前まで痛みで硬くなっていた肩が瞬時に柔軟性を取り戻し、痛みも大幅に軽減したのである。

単なる物理的な問題を解決しようと、患部に連鎖する関節の動きを促したつもりが、瞬時に肩の痛みと柔軟性が回復したこの現象には、当初、私自身が驚いてしまった。物理的に硬くなっている胸郭、胸椎、骨盤の関節の動きを促すと、まるでそこから電気信号が瞬時に流れ、肩周囲の筋緊張を解きほぐしたかのようだったのである。

このことから、後に「肩」の関節柔軟性低下と痛みの背景には、胸郭、胸椎、骨盤からの物理的な影響とともに、なんらかの「反射」活動が関わっていることに気づいたのである。

同じようなことが膝にもいえる。陸上選手が「数週間前から、走ると膝の前が痛い」と訴えて来院してきたとしよう。そうすると最初は肩の場合と同じく、膝に対する画像診断・理学的検査が行われる。そこで仮に痛みの原因となる膝の器質的異常がなかった場合どうなるかというと、「膝の内部になんらかの障りがある」とされる「膝内障」と診断される。そしてその治療は、肩の場合と同じように「膝」への治療に終始するのが通常なのである。

そこで、先ほどと同じように膝以外にその原因を探ってみると、ほとんどの患者に共通してハムストリングス（太ももの裏の筋肉）の筋緊張が高くなっている現象にぶつかる。

当初、私はハムストリングスが過敏で張っているのは、膝の痛みから反射的に起きているのだろうと考え、膝の治療のみで対応していた。しかし、その考えでは、なかなか好ましい結果を得ることができずにいた。そこで、膝からつながる骨盤の関節、つまり股関節や骨盤周囲の動きのなさに原因を求めて評価・治療を行ってみた。すると、肩の場合と同じように反射的に張っていたハムストリングスの緊張が瞬時に解けて、それに伴い膝の痛みも軽減したのである。

以上のような肩と膝のケースに共通して言えることは、慢性痛の患者で、患部に明確な痛みの原因がない場合は、患部に連鎖していて体の中心に近い関節、つまり近位関節の物理的な「硬さ」あるいは「動きのなさ」が、反射的に患部の痛みを助長していたということになる。

私はそれ以後、肩・膝に器質的な異常のない患者の治療には、必ず近位関節の評価・治療を行い、患部の柔軟性と痛みに物理的および反射的な影響があるかないかを判別するようにした。近位関節に問題があると、そこから治療を始めることで、患部の痛みと柔軟性が加速的に改善され、症状が消失していくことを体験したのである。

体の運動とは、決して一つの関節のみで「動き」が形成されるのではなく、たくさんの関節が効率良く動いて、はじめて一つの運動として表現される。一つの運動を構成するたくさんの関節は、それぞれの持ち味を活かすために、関節一つひとつに、高精度のＬＳＩに匹敵するセンサーをもっている。センサーから得られた情報は、常に大脳へフィードバックされ、瞬時に大脳→筋肉へと指令が出されるわけである。その一連の動きが、人間の二足歩行や運動といったものを可能にして、それらはすべて「反射」活動によってコントロールされている。先ほどの事例のように、患部への治療が通用しない場合、慢性化して反射的に硬くなっている肩や膝は、近位の連鎖関節の物理的な硬さをほぐすことで、反射的に影響を受けている患部の硬さと痛みは緩みほぐれてしまうのである。
それではなぜ、患部から離れている近位関節が硬くなってしまうのだろうか？

痛みを反射的に「かばう動作」が近位関節を硬くする

運動を行うときの一連の「反射」活動は、痛みのある部位をかばうことにも有効に働いてくれる。たとえば、どこかの関節が疲労や炎症による痛みのため、その動きが制限され硬くなっているとしよう。そうすると連鎖関節は動きをなくした関節をかばって、代償運動（補うような姿勢や動作）を生み出す。これは、代償運動に参加するすべての関節のセンサーによって大脳へ情報が送られ、はじめは「効率のよい代償運動プログラム」として大脳↓筋肉へと伝わる。患部が治癒するまでは、この代償運動プログラムが発動し続けるわけである。

しかし、必要以上の代償的な動作の繰り返しは、本来の生理的に無理のない一連の動きと異なるため、多少なりとも不必要な関節ストレスを与えることになってしまう。そうすると最終的にセンサーが異常に興奮してしまい、大脳からは逆に、「運動を制限する姿勢・運動プログラム」が筋肉に伝わってしまうのである。その結果として筋力、関節の柔軟性が一時的に制限されてしまうという「みかけ」の機能障害が起こってしまう。

実際にこれらの現象は、スポーツ選手が起こす「使いすぎ症候群（オーバーユース）」によくみられる。

痛みをかばって運動を続けることで、患部以外の連鎖関節がダメージを受け、一時的に筋力と柔軟性を失ったままスポーツを続けている選手が意外と多いのである。こうして筋力と柔軟性の回復がないままスポーツを続けると、今度は一時的な「みかけ」の機能障害でなく、「実質的」な筋力と柔軟性の低下が起こってくる。そうなると運動すればするほど、筋力は落ち、体も硬くなってしまう。そしてそのことが、痛みを慢性化する原因にもなりえるのである。

ダメージを受けやすい関節には特徴があり、大きな動きをもつ手足の関節よりも、小さな動きでセンサーが過敏に働く体の中心の関節ほど影響を受けやすい。

具体的には仙腸《せんちょう》関節（図1）、脊椎椎間関節（図2）、肋椎《ろくつい》関節（図2）が「かばう動作」によるダメージを受けやすい関節として挙げられ

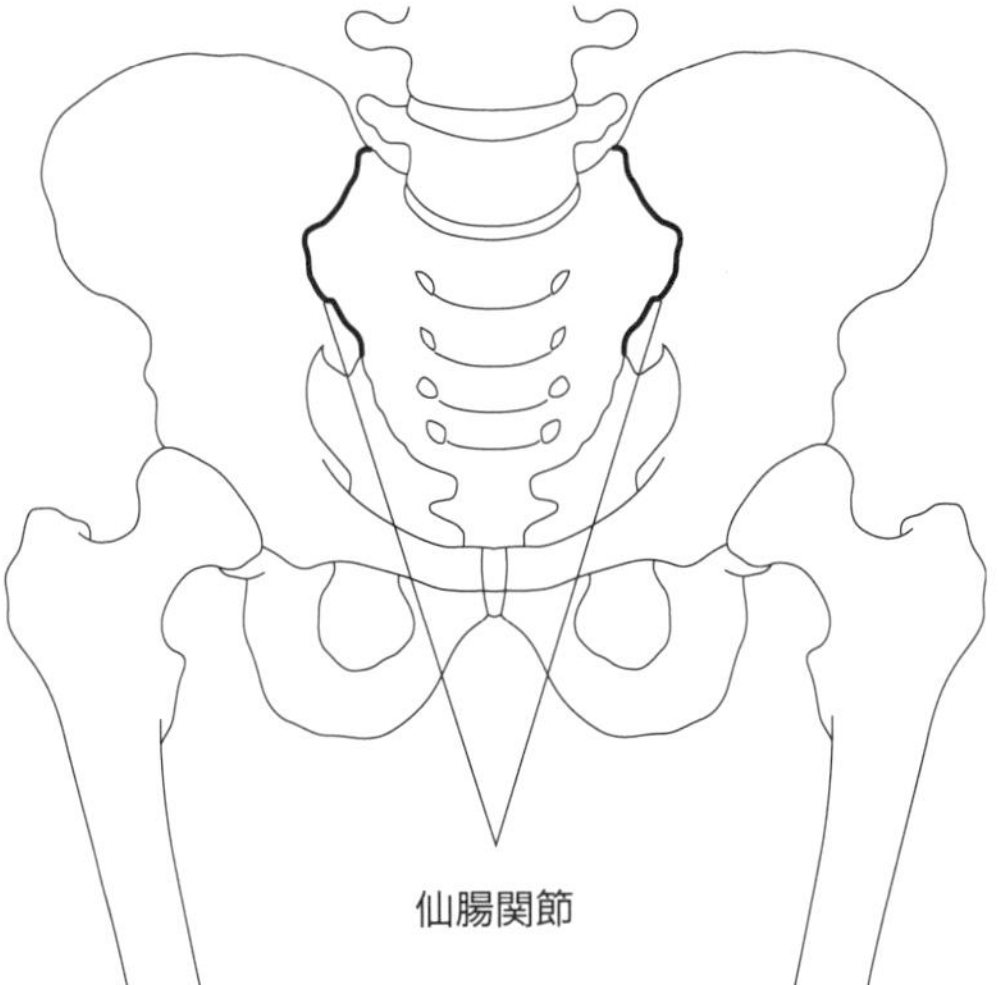

図1

る。

「かばう動作」によるこれらの関節のダメージは、手足からの物理的な影響のほかに、実はもっと大きなエネルギーを必要とする「体幹《たいかん》（胴体）のかばう動作」によって多大な影響を受ける。

体幹にある関節、つまり仙腸関節、脊椎椎間関節、肋椎関節の働きは、「二足で歩く」「運動をする」といったような「体幹姿勢」を維持する「重心コントロール」に必要な情報を、関節から常に大脳へ送りつづけなければならない特徴がある。そのため、わずかな動きにも反応できるような高精度センサーが備わっているのである。

このため、「かばう動作」の必要以上の繰り返しや、痛みを回避する姿勢維持は、過度の体幹の「重心コントロール」を強いられることに

図2

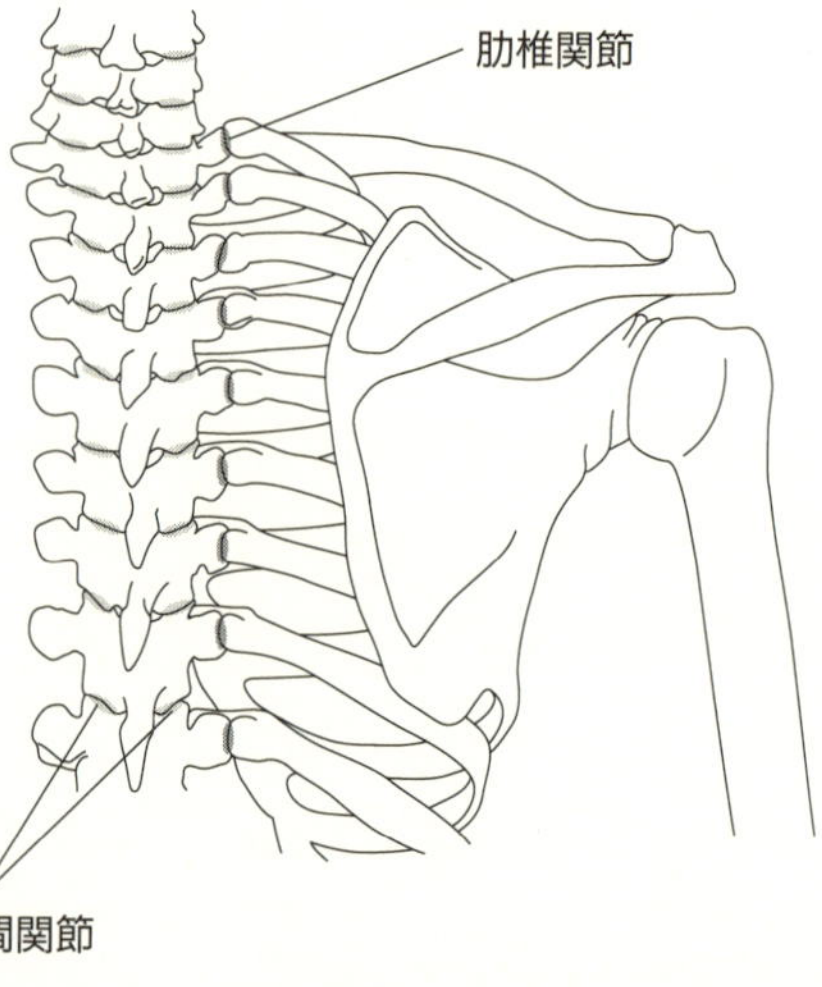

なる。すると、これら関節の高精度センサーは、手足のかばう動作から物理的なストレスを受けるばかりでなく、かばう動作に伴う姿勢の調節、つまり「重心コントロール」においてもストレスを受けるのである。

こうした理由で、体幹にある関節の方が、他の手足の関節よりもダメージを受けやすい特徴がある。またストレスを受けた近位関節は、「関節周囲の筋肉の緊張が高くなる」といった反射現象を起こし、それがいわゆる「硬さ」となって現れやすくなるのである。

以上のことから、「かばう動作」により、仙腸関節、脊椎椎間関節、肋椎関節それぞれに存在する高精度センサーの異常をきたしやすいことがいえる。センサーの異常は「近位関節の硬さ」となって現れるが、それは患部側の「背筋の硬さ」としてとらえることができる。

仙腸関節、脊椎椎間関節、肋椎関節それぞれの「かばう動作」によるストレスの伝達は、最終的には仙腸関節へと集中していく。慢性化した手足の痛みをもつ患者を検査してみると、患部から離れた骨盤の仙腸関節まで影響を受けていたなどということは日常茶飯事なのである。

このように「結果」として起こった近位関節の硬さは、今度はそれが「原因」となってずっと離れた部位にさらなる二次的な障害を生んでしまう。次にそれを紹介しよう。

痛みの伝達によるもう一つの障害

このようにわれわれの体には、患部の動きをかばう反射があるために、結果として近位関節に余計なストレスが伝達され、硬くなってしまう現象があることがわかった。同時に、視点を変えると、腰など体の中心部の関節で作られた硬さは、手足などに痛みとして伝えられることもある。

私たちの関節を、簡単に図式化して考えてみよう（図3）。図中、白丸で示されているのが脊椎の関節で、腕ならそれに肩、肘、手首などの関節が続き、足なら股、膝、足首となる。

それぞれに連なる関節を黒丸で示してみる。ここで、動きの中心となる脊椎の関節が十分な動きを持っているなら、それに続く関節も無理なく動いて動作が作られていく。図で考えるなら、真横を向いていた線（実際には手足）が、無理なく垂直方向に立つことができるはずである。

しかし、仮に脊椎の関節が十分な動きを持たないとすると、どうなるであろうか。目的とする動きを作るために（図でいうなら横向きの線を垂直に立てるために）、各関節は無理をして動きを作っていくことになる。

その結果、図4にも示されているように、どこかの関節で無理が生じてしまうのである。必要以上に

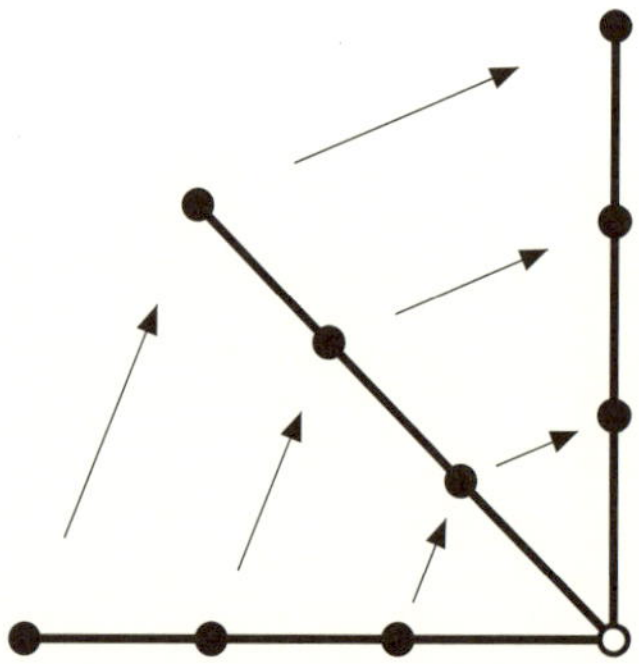

図3

動きを大きくしなければならない関節では、筋・腱のオーバーストレッチ（過伸長）が起きる。また、その逆側の筋肉では必要以上の動作を作るために、無理な収縮が起きてしまう。これをオーバーコントラクション（過収縮）と呼んでいる。

このように脊椎部分の動きの制限が、めぐりめぐって肩、肘など遠位の関節に影響することがある。そして、遠位に位置する関節ほど図5に示すように動きの範囲が大きくなるため、オーバーストレッチ、オーバーコントラクションの程度が大きくなる。

実際の人間の体でこの影響を受けやすいのは、動きが大きくて、筋肉で守られている関節、つまり肩と膝関節が該当する。

このような考え方でいくと、肩の痛みの原因が胸椎の動きの悪さにあったり、膝痛の原因の一つに仙腸関節機能障害があったりという具合に、意外なところの機能障害が患部の痛みを引き起こしていることが多い。また、動きをなくした胸椎、仙腸関節からは手足の筋緊張が高くなる反射が起こっているために、結果として肩、膝の負担が大きくなり、痛みが出やすくなってしまう。さらに痛みを発した肩、膝関節をかばおうとする反射が、近位関節の負担をますます増大させるといったような、がんじがらめの悪

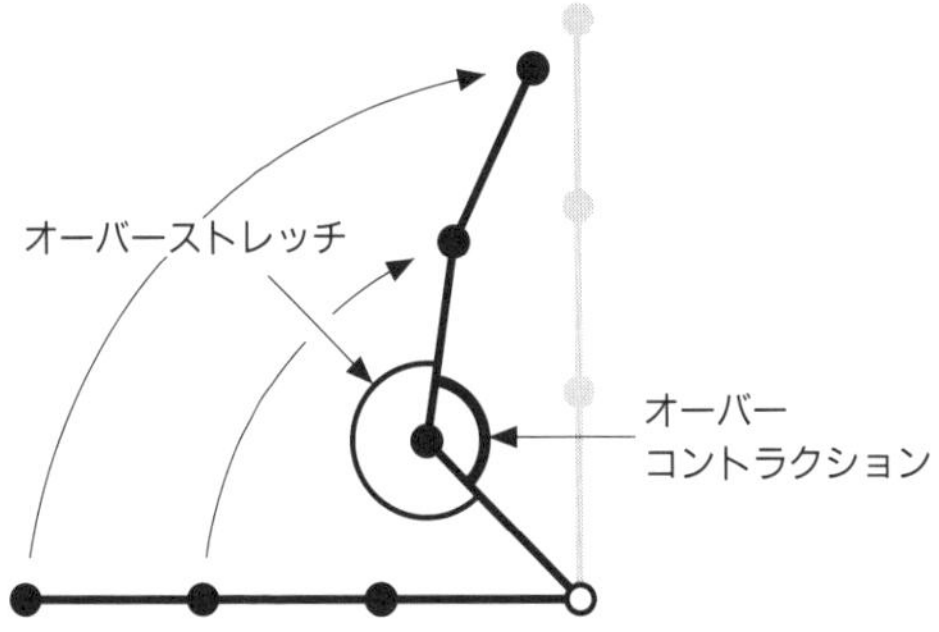

図4

循環に陥ってしまうわけである。一旦、この悪循環に陥ってしまうと、痛みの本当の原因がどこなのかわからなくなってしまう。

治療者の間では、痛みの原因を筋肉に問題があるとする人や、関節に問題があるとする人などで、いつも論議が絶えないが、こうした悪循環の場合には、「卵が先か、鶏が先か」を言い争っているようなもので、ほとんど意味がない。

さて、胸椎、仙腸関節の治療の話に戻るが、これらの関節はいずれも運動の軸として働く場合、実際の動きは2〜5ミリ程度しかない。しかし実際の治療では、この数ミリの動きを取り戻すようなリハビリで、その末梢の手足の痛みは反射的かつ物理的な影響から解放され、痛みが軽減されていくのである。

「原因が結果をつくり、その結果が原因となりさらなる結果をつくる」という、こうした人間の体の反射的、物理的なセオリーは、体の半分すなわち半身性に筋肉が硬く過敏になる現象として確認できる。

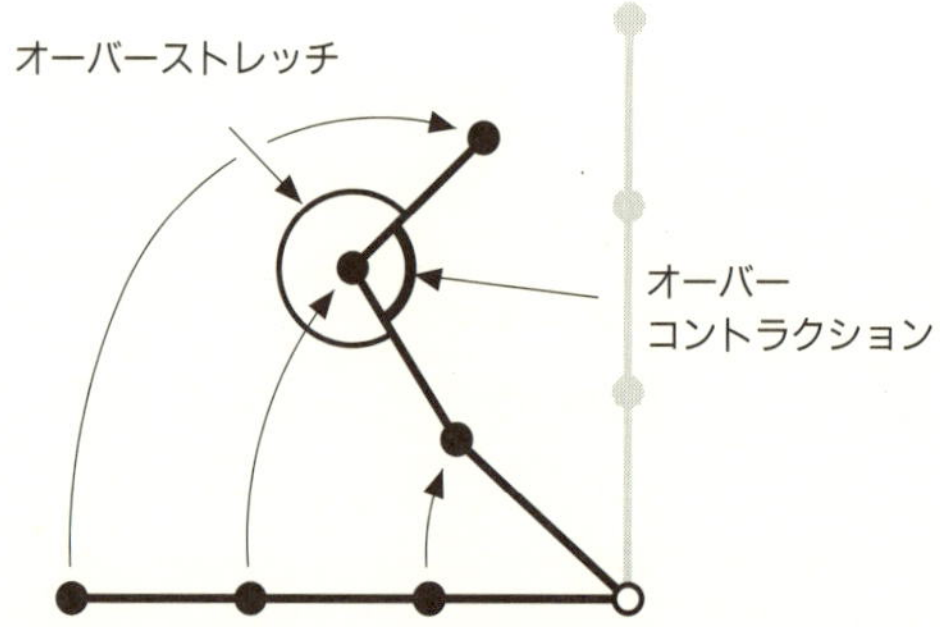

図5

高発生率の半身性筋スパズム

こうした痛みの伝達とでもいうべき物理的、反射的現象は、治療の現場では多くの例が見られる。痛む部分だけに原因があったのではなく、二次的に生じた仙腸関節、脊椎椎間関節、肋椎関節の硬さから、反射的に広い範囲の筋緊張が高くなり、痛みが助長されていた症例の発生率を図6にまとめてみた。図にもある通り、こうした症状は、痛みのある患部と同じ半身に影響が連なって、筋肉が過敏ないしは硬くなっている現象としてとらえられる。これをわれわれは、「半身性筋スパズム」と呼んでおり、スポーツ選手でも一般人でも、高い発生率を示していることがわかる。特にスポーツ選手は、80％以上に患部側半身に筋スパズムを触診できるほどである。

読者の方々も、もしも体のどこかに慢性的な痛みを持っているなら、これを体験できるかもしれない。はじめに、左右の太ももの裏の筋肉をつまんで硬さと敏感さを確認してほしい。患部と同側の（患部が左半身なら左側の）ももに筋肉の張りがあり過敏になっていたら、ふくらはぎ、腕の筋肉も同じように試していただきたい。いずれも患部と同じ側の筋肉に張り、過敏さを感じたとしたら、痛みの伝達による半身性筋スパズムである可能性が高くなる。自分でやってみてわからなければ、他人に触ってもらうとわかりやすくなる。仮に体の左側のどこかに慢性的な痛みを持っている読者の方で、半身性筋スパズムが確認できたとしたら、47頁の写真のように座って左側の太ももの裏のハムストリングスをストレッチして、反対側とも比べてみてほしい。左側は右よりも「痛いストレッチング」となってしまうはずで

半身性筋スパズム発生率［一般整形疾患］

疾患名	調査数	発生件数	発生率(%)
頸肩腕症候群	241	221	92
肩関節周囲炎	104	81	77
外側上顆炎	63	48	76
手関節炎	40	31	77
股関節周囲炎	47	40	85
膝内障	156	139	89
アキレス腱周囲炎	43	33	76
足底腱膜炎	21	15	71

半身性筋スパズム発生率［スポーツ疾患］

疾患名	調査数	発生件数	発生率(%)
頸肩腕症候群	51	46	90
肩関節周囲炎	95	86	90
外側上顆炎	56	49	87
手関節炎	38	33	86
股関節周囲炎	45	40	88
膝内障	130	122	93
アキレス腱周囲炎	54	48	88
足底腱膜炎	17	14	82

図6　半身性筋スパズム発生率（一般整形疾患/スポーツ疾患）
（調査期間：平成7年4月～9年2月）

である。痛いストレッチングは筋肉を痛めるどころか、関節をも痛めてしまう。

ストレッチング時に感じる痛みのほとんどは、筋肉そのものには原因がない。なぜなら、痛みは筋肉が硬くなる反射によって生じるからである。筋肉が硬くなる反射のほとんどの原因は筋肉そのものにはなく「関節の動きの悪さ」、それも近位関節の問題にある。これについては次章の「痛いストレッチング」のからくりを説明した項で詳述したい。

これまで述べてきたように慢性化した痛みを放置すると、体の広い範囲にわたって筋肉が過敏もしくは硬くなる現象が起きてしまう。慢性痛とされる体の一部の痛みはなんらかの「結果」であるかもしれないが、それはまた次なる痛みの「原因」にもなる。

こうしたことがわかって以降、私は慢性化した痛みを訴える患者には、患部のみならず、全身への影響を念頭において治療するようになったのである。

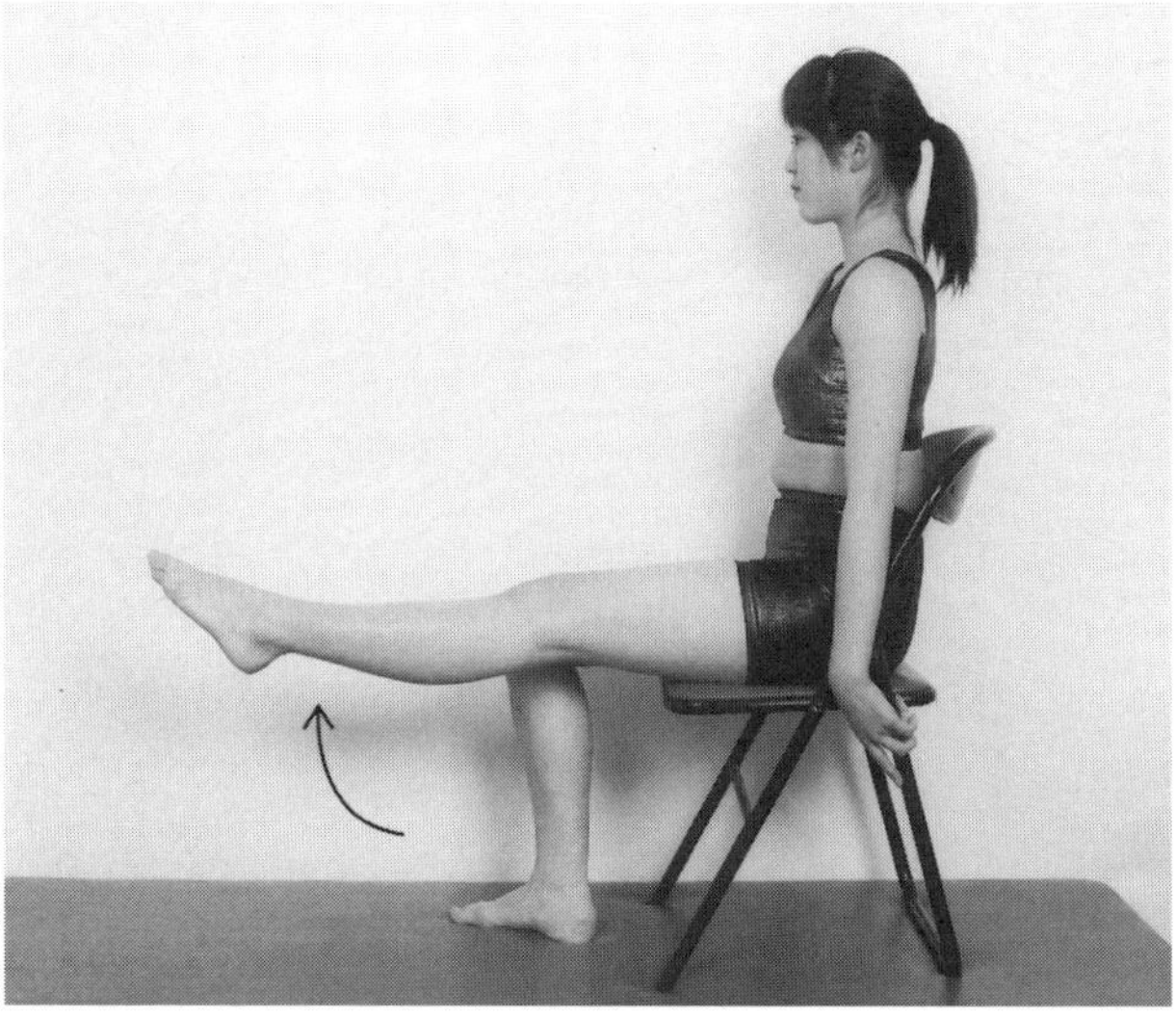

（モデル：平林美佳選手）

スポーツ選手の理想的なリハビリテーションとは、もっとも短期間でかつ効果的な機能回復訓練を実施することである。私も選手を治療して10年余りとなるが、当初は治療の場を病院の中に置いて、もっとも理想的で効率的なリハビリを目指して、選手の治療に明け暮れていた。

病院内での治療が進んで、選手のケガがある程度良くなると、私は練習場で実施可能なリハビリメニューを作成し、選手に手渡すことにしていた。また、コーチには選手が自分でリハビリができるよう、練習量の調節に関する内容の手紙を送った。

その後、練習に復帰した選手が、当然のことながら通院回数も減り、いつのまにか来院しなくなってしまうことに対してその時は何の疑いも持たなかった。しかし、ケガの回復途中の選手に現場で選手自身ができるリハビリを実施させ、練習に少しずつ慣れさせていくことが競技復帰までの確実なプロセスだと感じていた私は、後に予想しなかった事態を招くことになったのである。

ある日、コーチから一本の電話がかかってきた。

「手紙に書いてあるとおり、A選手の練習量を調節しているのですが、いまひとつケガの回復が見られないのです……」と、丁寧な口調で語られるそのコーチに、私は半ば恐縮しながらも、詳しい状況を尋ねてみた。

すると、A選手が私の処方したリハビリプログラムをやめて、鍼灸治療を受けているということであった。ある程度良くなった選手においては、筋力・柔軟性などの身体機能を向上させることが再発防止につながる治療の最終ステップなのである。そのため練習場でも、ケガのために弱くなった筋肉、硬くなった関節を個別にリハビリしなければ、最終的に痛みの消失は望めない。

その後、来院しなくなったA選手に会う機会があり、話を聞いてみた。彼からは、「痛みを早く完全に無くしたいから、先生の言われたリハビリよりも鍼灸治療を選びました」という答えが返ってきた。もちろん、鍼灸治療が悪いわけではない。問題は、復帰の最終段階では受け身の治療ではなく、「自分でリハビリを行う」という意識を選手に理解してもらえなかった私自身にあったのである。

この事件を契機に、私は選手のケガからの復帰に対する調査を行うようにしてみた。選手のコーチに連絡を細かく入れるようにして、ケガをした選手の練習復帰の状況を調べてみた。「練習量は調節できているか」「自分で行うリハビリは実行されているか」などを確認してみたのである。

すると、とんでもない結果が判明した。十分な治療計画を立てて復帰させたつもりが、完全に練習ができる時期になっても、実際には復帰できていないという現状が次第にはっきりしてきたのである。さらに驚いたことは、ケガの程度に関係なく、選手の練習への復帰率が異様に低かったのである。この結果に愕然とした私は、それ以降、「なぜ、ケガの程度に関係なく復帰率が悪いのだろうか？」と悩むことになる。これが私の第二の壁だった。

それからの私は、できるだけ練習の現場に出向いて、完全復帰できた選手とできない選手に話を聞くようにした。つまり、できるだけ選手の率直な意見を聞くことにしてみたのである。同時に、指導者たちにも、数多くの意見を伺った。

こうして数カ月間、自分なりに調査した結果、治療計画どおりにできた選手たちとできなかった選手たちには、二つの大きな違いがあることがわかった。

一つは、選手が自分で行うリハビリに自信が持てたか持てなかったのか、というリハビリに対する意識に違いがあったこと。もう一つは、私の一方的ともいえる手紙の内容に、コーチたちの十分な理解が得られていなかったことであった。

ようやく私は、治療者である私と選手、そしてコーチ、この三者それぞれのリハビリに対する考え方の違いが、二つの大きな問題を生んだことに気づいた。「早く治したい」「治してやりたい」という意識は三者に共通していても、私のこれまでの方法では、選手に「あせり」を感じさせ、またコーチの意見も聞かずに書いた一方的な手紙では、信頼を得るには不十分だったのである。

しかし、こうしたことが次第に明らかになるにつれ、この三者の考え方のギャップを埋めるためには何をしたら良いのかと、私の悩みはいっそう深いものになっていった。

あれこれ悩んだ末に、二つの問題点に対して、次のようなことを試してみた。

一つは、現場復帰した選手に「あせり」を感じさせないように、リハビリに対する選手の意識を変えるように努めた。初診時、多くの選手は、「私の体を治してください」という治療依存的な意識をもっている。その意識のまま治療やリハビリを続けると、練習場で行うリハビリの時期に、「あせり」という感情を生みやすくなってしまうのである。

リハビリとは患者にしてあげるものではなく、患者自身にしてもらうことが重要である。したがって、早い時期から選手に自分の治療計画を理解させるとともに、「私の体を治してください」という治療依存的な意識とは対極となるもの、つまり「私の体を治すためには、私は何をすれば良いのですか」という意識を育てることにしたのである。

具体的には自分の体を治すための手順を教え、同時に自分自身で行うリハビリがどんなに大切かをカウンセリングする、ということである。そうすることで、当初は治療依存的だった選手が、「自分で治す」という意識に変化し、「あせり」を感じることなく、リハビリの内容を信頼して行うことができるようになったのである。

もう一つは、コーチたちの理解を得るにはどうしたらよいか、という問題である。私とコーチたちとの考え方のギャップを埋めるためには、練習場に出向いて情報交換をする必要があった。コーチたちは選手の試合までのタイムスケジュール、練習内容の変更、選手への精神的なフォローなど、私以上に考えることが多い。私は、そのような「現場の声」を十分に反映させてリハビリメニューを作ることが選手の競技復帰に大切だと感じるようになっていった。こうして私は、コーチたちとの考え方に違いが生じないように、試合までのタイムスケジュールを踏まえ、ケガの程度に応じた練習計画の立案を行うようにしたのである。

その結果、選手の復帰率はもちろんのこと、練習内容そのものにリハビリ的要素も加えてくれるようになるなど、多くの問題が改善された。

このように、選手の理想的な完全競技復帰を果たすためには、コーチたちと共同作業で選手のフォローを行う事が基本になる。こうして私は、病院の中だけで行われる筋力や柔軟性の回復などといった指標は、「完全な競技復帰」という目標に対し100%安心できる指標とはならないことに気づいたのである。

第三の壁

それから5年間、私はコーチたちと積極的な情報交換を行うことで、病院から現場まで一貫したアスレティック・リハビリテーションを行えるようになった。それに伴い、当院のスポーツ外来数も1日平均100人を超え、地域のスポーツ選手にとどまらず、全国各地からたくさんの選手が来院するようになっていった。さまざまな症状の選手が増えていく中、スポーツ選手の患者層も少しずつ変化してきたのである。

その変化とは、「あっちこっちで治療を受けたが、なかなか治らないから診て欲しい」という選手ばかりが集まるようになったことである。最近ではスポーツ疾患来院者の6割以上が、他の医療機関で治らなかったという選手で占められている。そのような「わけありの選手」が多く来院する中で、私はついに最も大きな壁にぶつかることになる。

遠方からの選手は、地元の選手よりも、痛みが長い間とれないままで来院してくる。だから、「やることはやり尽くした。何をやっても治らない」と半ばあきらめ顔でやってくる選手や、「必ず治してください」と食いつかんばかりの形相で迫ってくる治療依存の強い選手がそのほとんどを占めた。そのような選手の特徴は、痛みの悪循環による全身的な症状が強く、精神的にもかなり落ち込んでいることである。治療はその分、時間をかけて行わなければならなかった。

私は、第一、第二の壁で学んだ教訓を活かして、全身的な症状を治療する傍ら、選手のリハビリに対する意識の改革を行い、またコーチたちとも密に連絡を取りながら、じっくりと時間をかけて調整していくようにした。そうすることによって、どんな選手でも時間をかければ、ほとんど練習可能な状態にまで回復させることができるようになったのである。

しかし、選手が練習に復帰していくなか、どうも納得のいかない不可思議なことが二つほどあった。一つは、筋力や柔軟性といった身体機能面の問題は完全に良くなっていて、練習もほぼ完全にできるようなレベルになっているのに、「痛みがいまひとつ無くならない」と訴える選手がいたことである。そしてもう一つは、痛みも身体機能も完全に回復し、練習が完全にできるようになっても、いざ試合となると「ケガをする以前のような競技成績が出せない」という選手がいたことであった。

この二つのケースに当てはまる選手は、共通して練習復帰までの時期が遅く、練習を再開できても、ケガをする以前の調子を取り戻せずに挫折することが多い。私やコーチたちが、「長い間痛かったのだから、時間がかかるのは仕方がない、ゆっくり調整しよう」「いつかは大丈夫になる」と励ましても、いつまでも本調子になりきれず、練習不足を理由にそのまま引退してしまう。そのたびに、私とコーチはやりきれない思いになり、自分たちの無力さに意気消沈してしまうのであった。

その後、「機能面でのリハビリの成功は、必ずしも痛みの消失や競技成績につながるものではない」と感じた私は、これまでのリハビリの内容に何が足りなかったのか、再び疑問を抱くようになった。

先に述べた二つのケースは、筋力、柔軟性などの機能面のリハビリに成功していても、痛みや競技成績が良くならないという問題点を抱えている。機能面以外のもので、「痛み」と「競技成績」に影響するもの、その答えを見つけ出すのに時間はかからなかった。そしてそれは、治療に携わって以来、いつも私の頭から離れることのない問題だった。しかし、そのことで悩むことがあっても、そのことの治療法自体が確立されていなかったので、避けて通っても何とかやり過ごすことができるものだったのである。

「痛み」に影響するもの、それは私がもっとも不得意で、目に見えない実体のないもの――「自律神経の異常」である。さらに自律神経の異常を起こしている原因は何かを考え始めたとき、当時の私にしてみればもっと実体のないもの、つまり「心」に行き当たってしまったのである。

そして、私の行き着いた結論とは、機能面のリハビリだけでは痛みがとれない選手や痛みが長期化しやすい選手は、自律神経の異常を起こしやすい、いわゆる「心身相関」という体質的な問題が原因だということである。また、機能や痛みが改善されても「ケガをする以前のような競技成績が出せない」原因は、選手の「心の故障」という気質的な問題だったということに、ようやくにして気づいたのである。

慢性的な痛みと「心身相関」という体質

スポーツ傷害に限らず、一般整形疾患で訪れる患者の中にも、疾患の程度に関わらず慢性化してしまう人と、早い時期に治ってしまう人がいることは、日頃の治療で私はよく経験していた。しかし、なぜそのような差があるのかということについて、当初は「真面目な人ほど早く治るのだろう」と考える程度で、問題視することはなかった。

しかし、スポーツの現場で痛みがとれないでいる選手は不真面目な選手なのかというと、全くそのようなことはない。真面目、不真面目に関わらず、その原因は体質的なものだったのである。私は練習の現場に出向くようになってはじめて、「心身相関の強い体質ほど治りにくい」という事実を少しずつ感じるようになった。

ここでいう心身相関とは、「心身ストレスが自律神経に与える影響」を指し、「その程度は個々の体質に依存する」という意味である。わかりやすく言えば、「心のストレスが体へ、また体のストレスが心へ、それぞれが影響しやすい体質か、そうでない体質か」ということになる。つまり、「心のストレスが体へ」とは、心のストレスが、体に自律神経症状となって現れやすいかどうかということを指し、「体のストレスが心へ」とは、体の「痛み」というストレスが心に影響しやすいかどうかということを意味する。

たとえば、心身相関が強い体質の選手を例にわかりやすく解説しよう。

「心のストレスが体へ影響しやすい」選手は、ケガをしている間、「ケガが本当に治るのか」「治っても元通りに動くのか」「たとえすべて元通りになっても、ゲーム勘は戻るのか」、さらには「自分のポジションを脅かすような選手が出てきているのではないか」といったような不安を持つ。それに加えて、自分に対しての「あきらめ」「怒り」、練習を再開することへの「びびり」などのマイナス思考が心のストレスとなり、体に自律神経症状となって現れやすくなるのである。

さらに厄介なことは「自分はケガをしている」という自覚さえも、心のストレスになりえる。ケガによる精神的な不安を感じている時間は、痛みを感じている時間よりはるかに長く、起きている間、ずっと不安という心のストレスにさらされることになる。すると、ストレスを感じている間は、自律神経の異常が体に影響しつづけていることになるわけである。これでは体はまいってしまう。

次に「体のストレスが心へ影響しやすい」とは、「痛み」という体のストレスが心のストレスになりやすいことを意味する。具体的には、体の一部の「痛み」の信号が脳へ伝達された時、視床《ししょう》辺縁《へんえん》系というところで、不快な感情を引き起こしやすいことを指す。加えて、「体がだるい」「疲れやすい」という肉体的な「不快さ」も、心のストレスの原因になる。

このようにケガをした選手すべてが、心と体の両面からのストレスに悩まされるわけであり、心身相関の強い体質の選手ほどストレスに弱く、自律神経症状が現れやすいという特徴がある。たしかに、あちこち治療遍歴を繰り返してきた選手の多くは、「腰が痛い」「肩が痛い」といった整形外科的な訴えのほかに、精神的な不安定要素を併せもつことが多い。また、練習に対する意欲の減退、疲労感、睡眠障害、便秘などの自律神経症状を伴っていたことも多かったのである。

厄介なことに、心身相関の強い体質の選手は、ケガをしているときに限って自律神経症状が現れるわけではない。ケガをしていないときでも、心のストレスコントロールがうまくいかないと、「寝つきが悪い」「便秘ぎみである」「食欲がない」「体がだるい」などの自律神経症状に、普段から悩まされている。そのような選手は、練習中の気のゆるみによる突発的なケガが多く、試合本番ではミスを連発するといったことが起こりやすいのである。序章の白石先生の話にでてくる、「稽古場横綱」や「ブルペンエース」といわれる選手の体質がこれにあたる。

自律神経の異常について、もう少し詳しく説明しておくことにしよう。

自律神経は交感神経と副交感神経に分かれて働いている。交感神経はさまざまな器官を興奮させる神経として働き、逆に副交感神経はリラックスさせる神経として働く。

心のストレスによる自律神経機能の影響とは「交感神経の活動異常」を指し、体にさまざまな症状を起こす。交感神経の活動異常は全身の血行循環を阻害し、安静時の筋緊張を高めるため患部の血行が保てず、「痛みがでやすい」「運動中に筋肉が疲れやすい」という体へ悪影響を及ぼすとともに「集中力が落ちる」「やる気を出してもうまくいかない」などという精神的な落ち込みの原因にもなる。また、いざ本番となると精神的緊張がそのまま肉体的緊張となって現れやすくなるのである。

心身相関の強い選手における痛みの治療は、注射・投薬・物理療法の効果も一時的であり、数分から数時間の持続効果しか期待できないという特徴がある。また安静時から筋緊張が高いため、柔軟性トレーニングでは痛みがでやすく、筋力トレーニングでも大した効果は期待できない。そのため、それぞれのトレーニング効果を高める方法としては、「交感神経の活動異常」に対するコントロール、つまり「副交感神経の活性化」を目的とした治療が必要になる。その方法は次章で詳しく述べることにしよう。

次に、心身相関の弱い体質の選手の特徴をとらえておこう。

心身相関の弱い体質とは、心身相関の強い人とは逆の「心のストレスが体に現れにくい」という体質をもっているということになる。つまり、痛みの信号が脳へ伝達され、不快な感情を引き起こしても、体に自律神経症状となって現れにくいことを指す。このような選手は、仮に不真面目で印象が悪くわがままであっても、ケガからの回復は早く、本番でもそこそこの成績をたたき出すことができるのである。「痛みに強い」「本番に強い」という言葉をよく耳にするが、その意味は「我慢強い」ということの他に、痛みがあったり、試合本番であっても「体が過緊張しない」という「心身相関のない」体質であるという意味も隠されている。

これまで私は、さまざまな競技のメダリスト、トッププロプレーヤーの体を治療してきた。そして、そうした選手の体質に共通しているのが、「心身相関のない体質」だったのである。

心身相関のない選手は、「どこででも寝ることができ、寝つきがいつも良い」「毎日決まった時間に便通がある」「肩こりや腰痛を経験しない」「疲れにくい」など、その特異性を持っている。

さて、これまでの話だと、心身相関のない体質がとても素晴らしく思えてくるかもしれない。しかしそうとは言いきれない。心身相関のない体質の選手も人間である以上、うまくコントロールされなければ、加速した心のストレスはいつかオーバーフロー（こぼれ出ること）を起こしてしまい、心身相関の強い体質の人以上に、もっと大きなダメージを体に受けてしまうのである。

これまでの心身相関の話をまとめて、イメージでわかり易く説明しよう。

図7にあるように、心のストレスの容量を器にたとえ、ストレス自体をアルコールとする。器の大小にかかわらず、ゆっくり溜まるぶんには、アルコールは少しずつ蒸発するからオーバーフローすることはない。しかし、仮にアルコールのたまり具合が加速したとしよう。器の小さい人は、あっという間にあふれてしまい、こぼれでた分、自律神経が異常を起こして体の変調をきたし不快になる。

それでは、そのような人はどうすればよいのだろうか。答えは、器をひっくり返して空にすればよいのである。もともと器が小さいので、ひっくり返す

図7

のは簡単である。具体的には、仕事の後のカラオケや飲み会、友人との語らいなど、そのストレス解消には時間を要せず、いとも簡単な方法で解消できるのである。

一方、器の大きい人はどうだろうか。加速したストレスというアルコールは、長い時間をかけて大きな壺のような器に溜まっていく。あふれ出る事がない分、自律神経の変調も起こりにくく、不快になることもない。しかし、いかなる大きな器もいつかはあふれてしまう。一旦あふれ出した大きな器は、その重さのために簡単にはひっくり返せなくなっている。メダリストやトッププロが、ひとたびスランプに陥ると、長い間スランプから脱出できないでいるのはこのためなのである。

すでにおわかりのように、器の小さい人とは「心身相関の強い」体質の人であり、器の大きい人とは「心身相関の弱い」体質の人を指している。

以上のことから、心の緊張が体に反映しにくい「心身相関が弱い」体質は、スポーツをするには得であるかもしれない。しかし、人生において得かというと、案外そうでもないことがおわかりいただけたことだろう。

では、「心身相関」という体質にかかわらず、慢性化の背景にある自律神経をコントロールするには、具体的にどうすればいいのだろうか？

答えは、器が大きかろうが、小さかろうが、要はストレスをためないようにすれば良いのである。ストレスをためないためには「ストレスをストレスと感じない」ようにすること。つまり、「ストレスをストレスと感じない体と心づくり」を行うことが基本になる。

最後の難関、「心の故障」という気質的な問題

「ストレスをストレスと感じない体と心づくり」を成功させる手段は何か、という疑問に対し、まず私の得意とする「ストレスをストレスと感じない体づくり」を課題として、治療を見直してみた。そして最初に始めたのが、「心臓機能」に対するリハビリであった。

心臓はそのすべての働きを自律神経がコントロールしている。心臓の機能が向上すると自律神経機能も向上するという医学論文を思い出して、心臓の機能を向上させるような持久的トレーニングを慢性痛の患者の治療に積極的に取り入れてみたのである。

その結果、社会心理的ストレスによる自律神経障害を背景とした「肩こり」「腰痛」を訴える患者には劇的な効果があった。併せて、彼らに全身の筋力トレーニングを行うと、体の一部の慢性化した痛みも無くなってしまうという事実に、将来の慢性疾患治療への大きな期待が持てたことは言うまでもない。しかし、喜んだのもつかの間、実は「ケガをする以前のような競技成績が出せない」という選手に対しては、あまり効果がなかったのである。

この結果に、私はまた愕然とした。選手が結果を出せない原因が体以外の何であれ、私にとってそれは「敗北」でしかないからである。

ケガをする以前の競技成績に戻すことが、選手にとって再出発点であり、未来の栄光につながる新たな第一歩になる。私は「やはりアレしかないのか」と、またその場でしばらくの間、足踏みすることに

なる。「ストレスをストレスと感じない心づくり」、それは「心の故障」という気質的な問題解決にあり、それは本格的な精神面へのリハビリを意味する。つまりアレとは「心のリハビリ」そのものだったからである。それまで、私の選手への「心のリハビリ」といえば、リハビリに対する治療依存的な意識を無くすようなカウンセリングでしかなかった。それも「心」を評価し、具体的な処方をしたわけでなく、私個人のセンスで対応していたのが実状である。

私は、「体」という目に見える実体の評価は得意であったが、「心」という目に見えないものを評価し、さらにコントロールするなど難しくてできるわけがないと思っていた。ましてや「心のリハビリ」の手順が書かれた西洋の学問書など見たことがなかっただけに、いつもこの問題は後まわしにしていたのである。

慢性的な「痛み」と、成績を出せずにいるケガをした選手の最後のからくりは、自律神経症状への対処であること、またその原因が「心」にあることを、私はうすうす感じていた。しかし、日常の臨床で体の治療に追われるなか、私は第三の壁に片足を引っ掛けたまま、ジレンマに陥ってしまったのである。その後、越えそうで越えられない第三の大きな壁は、無情にもこれまで私のしてきたことをあざ笑うかのように、長い間立ちはだかることになる。

3　白石先生との出会い（第三の壁を打破）

世に「餅は餅屋」という言葉がある。「物事にはそれぞれの専門家がいる」というほどの意味であろう。私は、昔から「心の専門家などというのは、精神医学か宗教関係ぐらいだろう」と思っていたので、その窓口さえもわからない状況であった。しかし、第三の壁にぶつかってからというもの、「心のリハビリ」に関する情報を何とか集めようとやっきになっていた。

初めは、精神医学から復習し、心療内科に至るまで色々と調べてみた。しかし、臨床医学の範疇に「勝てる選手を育てる手順」などあるわけがなく、そのヒントすら見つからなかった。そこで調べる範囲を広げ、社会全体でその糸口を探したのである。

すると、「メンタルトレーニング」という手段があることがわかった。「これだ！」と直感した私は、それから常に数冊のメンタルトレーニングの本を持ち歩くようになった。そして、その理論を勉強するにつれ、実際に試してみたいという思いにかられ、コーチと共に選手に指導してみたこともあった。

しかし、当初は不慣れなこともあり、選手の成績向上に直接つながるようなことはなかった。それでも「いつかは大丈夫」と自分を励まし、いくつかのメンタルトレーニングの理論や方法をさらに2年余りも勉強しつづけたのである。

それでも、好ましい結果はどうしても得られなかった。試合直前まで「良い手ごたえ」はあるのだが、試合の土壇場でいつも失敗してしまうのである。

いつになっても、良い結果につながらないことに業を煮やした私は、それまで学んだことはしょせん「机上の論理」であり、実践ではあまり役に立たないと思うようになっていった。

心については、「もはやこれまで」という妙にすっきりした「あきらめ」とともに、私は「機能面の回復とともに精神的にも必ず前向きになれるはずだ」「選手のやる気や自信の回復は、現場スタッフの役目である」という言い訳がましい考え方で、自分自身をごまかすようになったのである。

その当時の私の本音と言えば、「心のリハビリなんてまったくの専門外であり、メンタルなフォローなど自分のこれまでの経験に頼ったいい加減なものでしかない。実体のない心のコントロールなどできるはずがない」と思っていたのである。

それからの私は「心のリハビリ」の勉強を断念し、自分の得意とする「体のリハビリ」に専念した。そのせいか、「体の痛みのコントロール」というテーマに関しては、年間30回以上の講演も依頼されるようになった。それはもう「水を得た魚」のように活動していたのである。

いま思えば、第三の壁を越えられない葛藤を感じれば感じるほど、「体」というものに固執していたように思える。そのような私に、第三の壁を打破するきっかけはある日突然やってきた。

それは1994年9月、関西ジュニア体操連盟のコーチ研修会から「体操選手のコンディショニング」の講演を依頼され大阪に出向いた時だった。講演を依頼してきた小畑秀之氏とは、今でも将来の日本女子体操についてお互いの夢を徹夜で語り合える良き友人である。その小畑氏から「今回の研修会は、技術講習と先生の体のコンディショニングに加えて、メンタルトレーニングの講習もありますよ」と聞かされた。私は「心・技・体のそれぞれの専門家による研修会を開くとはさすがだな」と、小畑氏の精力的な活動に感心する傍ら、「メンタルトレーニングを語る人は数々いるけど、どうせまた机上の論理ばかりで、現場では通用しないのではないか」と、無関心を装っていた。

講演前夜、小畑氏が私に「大阪は食い道楽ですが、先生はともかくたくさん食べられるお店がいいでしょう」と、セッティングしてくれたのは「ちゃんこ屋」だった。そこに白石豊というメンタルトレーニングの先生も同席されると聞き、「店の前で、まず挨拶をしておこう」と、知らない顔ばかりの役員の中、白石先生らしき人を探した。私は、「大学で研究をする先生だから、きっと頭でっかちのいかつい顔の人だろう」と勝手に想像していたのである。

次々に役員らしき人々と挨拶を交わしたが、結局だれが白石先生なのかわからないまま、お店の中に入る羽目になってしまった。

座敷に全員着席し、小畑氏より個々の紹介があった時、初めて私の目の前に座っている方が白石先生だと知ったのである。ちゃんこ鍋から立ちのぼる湯気の中、対面に座って笑っているその顔は「いかつい顔」とはまったく異なる「仏さまのような顔」だった。湯気が何かしら線香の煙に思えて、思わず、ほくそ笑んでしまった。

日ごろ私たちが目にする「菩薩」とか「大仏さま」を彷彿させる白石先生の顔貌に妙に安心した私は、「メンタルと仏」という言葉の組み合わせに苦笑しながら、その夜は酒を酌み交わしたのである。

翌朝、朝寝坊してしまった私は、午前中の白石先生の講演を途中から覗くことになった。先生の講演は、資料とビデオを使って、現場のコーチたちが理解しやすい内容に工夫されていた。そして何よりも感心したのが、資料・ビデオの内容が単なる理論に終始することなく、実際の有名スポーツ選手の指導に際して、「何をどうして」成功させたかという実践法を多く紹介していたことであった。

私は、非常に実践的な内容をいとも簡単に語る白石先生に、「これまで本で学んだことと、何か違うぞ」と感じた。そして、メンタルトレーニングというものをもう一度最初から「生の声」で聞き、「肌で感じる」チャンスがあるかもしれないと直感し、翌日には先生に弟子入りを願い出たのである。その時、私が自分の過去の経験にとらわれ、「心」の問題に早期に真剣に取り組めなかったことを先生に話すと、何も言わずにっこり笑って握手を交わしていただいたのである。握手したその手は、温和な顔に似合わない、力強いごつごつした感触だった。私はその手に、実践で鍛えられた元体操選手の片鱗が伺えたとともに、なんとも頼もしい師匠ができたと感激したのである。

「これで本当のメンタルトレーニングを修得できる」と内心喜んだ私は、早速、本で学んだことと何が違うのか、白石先生に尋ねてみた。

すると先生は、「それはね、あなたが違うんじゃないの?」とあっさり言われたのである。私は、先生が何を言われようとしているのかさっぱりわからなかった。そして次に言われたのは、「メンタルトレーニングを修得したかったら、まずあなた自身を知ることから始めなさい」という言葉であった。つまり、「己を知れ」というのである。

私は先生のその一言で、「己の心のコントロールができずに、他人の心のリハビリなんてできるはずがない」ということを悟った。先生は、私のこれまでの失敗の、本当の原因を見抜いていたのである。そこで私は「では、まず何から始めればよいのですか？」と問い返してみた。すると先生は、「ストレスのない心を体験しなさい」と言われ、1週間の内観療法《ないかん》というものを勧められたのである。

内観療法については、白石先生が前著『実践メンタル強化法』の中で説明しているので、少し引用させていただくことにしよう。

内観法とは、今から40年ほど前に、奈良の吉本伊信が親鸞上人の「身調べ」をベースにして、宗教的な部分を取りのぞき、独特な心理転換技法として発展させていったものである。内観法の「集中内観」では、自分のこれまで生きてきた半生を振り返って、一日13時間、7泊8日、のべ100時間ほどの間、部屋の四隅を屏風で囲んだわずか半畳ほどの空間に静かに座り続け、具体的な誰かに対して（両親、先生、仲間など）、次の三つのことがどうであったかを調べていく。

一　……さんに何をしていただきましたか。
二　……さんにどのようなお返しができましたか。
三　……さんにどのようなご迷惑をおかけしましたか。

人間は死ぬ間際になると、自らの一生をまるで走馬燈のように一瞬にして目にすることができるとよく言われるが、この「集中内観」は1週間、100余時間のあいだに自分の半生を見つめ直すという作業である。つまり世間とは隔絶して、1週間のあいだ朝から晩まで、ひたすら自分の歩いてきた道をたどり、そのあいだの自分の行状を振り返るとともに、どれほど多くの方々に支えられて、現在の自分があるのかを確認するのである。

この修行法のもたらす効果の高さは、この方法が公的に日本やドイツの刑務所や矯正施設などで広く行われている事実からも、容易に推察することができるのではないだろうか。

またこの方法は、ひところ世間を騒がせた「マインド・コントロール」などとも明らかに一線を画している。それというのも内観法では仮に100時間座り続けていても、だれかからこのように考えよといった具合いに指示されたり、強制されたりすることはまったくない。こうした点からも私は、内観法は東洋的精神修行法の伝統である「独悟」というやり方を踏襲しているすばらしい方法だと考えている。

(中略)

実際に内観をやってみると、こんなに忘れていたことがあったのかと思うことがたくさん出てきたのには驚かされた。この時はすでに大学の教師になって10年近く経っていたし、あっちこっちで指導したりする機会も増えていたので、いっぱしの先生面をしていたのであろう。

ところが内観をしてみると、自分の力でここまでなったように錯覚していたものが、まず両親がいて先生がいて、そういういろいろな人たちからお世話になって、ただ今はこうなっているだけなんだという仕組みが、座っているうちにだんだんよくわかってきたのである。つまり自分の過去、半生を振り返って、涙が出るような思いを何度もしたし、終わったあとはずいぶん心が軽くなったような気がしたものだった。

白石先生は、こんな風に私に内観について説明され、できるだけ早い時期に体験するようにと勧めてくださったのである。白石先生の行動も素早いが、私も早い。さっそく先生の紹介で、鳥取県米子市にある木村慧心先生のもとで集中内観を経験することになった。

さて、1週間の内観療法を終えた私は、「ストレスのない心」を本当に体験できたばかりか、これまで感じたことのない新しい感覚を身につけることができた。それは「自分に対するストレスがなくなる」「どんなことでも人のせいにしなくなる」「患者さんの感情の動きがよくわかる」など「ストレスをストレスと感じない心」という新しい感覚の体験であった。さらに驚いたことは、疲れると常に悩まされていた腰痛、肩こりが、まったく消えてしまったことである。

私は内観療法に行って、初めて自分自身の心身相関の程度を知ることができたのである。

長い間抱いてきた「メンタルトレーニングを何冊学んでも、なぜ実践で成功しないのか」という疑問についても、だれから教えられるわけでもなく、「本当に、私自身の心の未熟さが原因であった」ことに気づくことができた。さらに「知っていることと実践することのギャップは、まるで天と地の差である」ということを心から知ることになったのである。

内観を終えて帰ってきた私に白石先生は、にこやかにこう言われた。

「やっと仲間になれましたね」

私は、狐にでもつままれたような気持ちではあったが、なぜかほっとしながら苦笑したのだった。

いま考えると、不思議な出来事だった。なぜなら、その時私は白石先生に何かを教わったわけではなく、ただ、答えに気づくようなきっかけを与えてもらっただけだからである。

まさに「餅は餅屋」である。

それ以来、私のリハビリは、「治してあげよう」から「治っていただこう」に変わっていった。外側から見れば、リハビリの手法そのものは、それほど大きく変わっているわけではない。ただ少なくとも、患者に接するこちら側の態度は、ひょっとすると180度変わったのではないだろうか。

私にとって内観は、第三の壁を破る大きなきっかけとなったばかりか、患者や選手を心と体の両面からケアしていけるような糸口を与えてくれることになった。そして何よりも、私自身を変えてくれたように思う。こうした体験を踏まえて私は、リハビリを志す後輩たちにだれかれとなく、集中内観を体験するよう勧めている。

昨年（1999年）のことだが、その中の一人である清宮里都子さん（佐倉市、治療院やすら樹勤務）が内観を終えて私の所にその報告にやってきた。彼女は3年前に、突発性難聴になった。通常、突発性難聴は片側に起こるとされているが、彼女の場合、両耳がほとんど聞こえない状態が続いていた。専門医からは「仮に治ったとしても、良くて六割の回復しか見込めない」と宣告され、私の病院で研修を始めたころは、補聴器で右耳がかすかに聞こえるほどしか回復していなかった。その彼女が「先生、耳がほとんど聞こえるようになりました。ありがとうございました」と、うれし涙でぐしゃぐしゃになりながら報告してくれた。

彼女の手記を最後に、この章を終わろうと思う。

私はこの間まで耳が聞こえませんでした。といっても聾唖《ろうあ》というわけではなく「突発性難聴」という病気らしいと診断されたのです。らしいというのは、一般的にこの病気は片耳に発症するはずなのに、私の場合は両耳が聞こえなくなってしまったからです。その当時、ほとんどの音の認識ができませんでした。つまり後ろで名前を呼ばれても、ラッパを吹かれても区別できなかったのです。医師からは、「病気が治っても以前の六割以下だろう」と言われ、私は治す努力もせずに補聴器に頼る毎日を送っていました。

そんな私も鍼灸師として職に就かなければならず、臨床研修をお願いした病院に脇元先生がいらっしゃったのです。

「大きくて怖そうだな」という第一印象も変わらぬうちに、私の症状を見た先生はすぐに内観を勧められたのです。私は異論を唱えることもできずに、早速米子に行くことになりました。

そのときの私の内観に対するイメージは「アヤシイ」の一言でした。宗教で洗脳されたり、入信させられるのではないかという不安でいっぱいでした。

内観が始まりました。一日目と二日目はどうやって逃げ出そうかという事ばかり考えていました。しかし、その度「ここで頑張らなければ仕事が無くなってしまう」と我慢していました。

そして長い三日目が過ぎ、四日目が終わる頃には、なぜか帰ろうという気持ちは全く無くなり、内観に集中することができるようになりました。

五日目・六日目の私に起こった出来事は、多分一生忘れることはできないでしょう。

私が内観を始めた頃、米子では選挙戦も終盤を迎えており、選挙カーが毎日のように内観研修所の近くを回っていました。補聴器を通して聞く選挙演説は、五日目の朝には耳鳴りがひどくなるという始末でした。そのため、補聴器を外してその日は内観をしていたのです。

しばらくして「お騒がせして申し訳ありません」のお決まりの台詞が聞こえてきたので「全くだ」とイライラしながら髪をかき上げると、補聴器を外している自分に気付いたのです。「あれ!?」と思いながら、もう一度耳を澄ましてみると「よろしくお願いします」という声が聞こえてきたのです。

「確かに聞こえた!」と半信半疑になりながらも、「夜まで補聴器を外してみよう」と、自分を観察し始めたのです。初めは壊れたレコードのように聞こえたり聞こえなかったりでしたが、意地になって補聴器を付けずに内観を続けてみました。そうするうちにだんだんと鮮明な音が自分の耳に戻ってきたのです。その夜は興奮してなかなか眠れませんでした。

翌朝、今までにない気持ちの良い朝を迎えられた私は、起きてすぐ「あいうえお」と何度も何度も、繰り返し発声してみました。そしてその都度、補聴器を付けていないことを確認せずにはいられなかったのです。

「私の体はどうなってしまったのだろう」と自分が信じられませんでした。私の耳に音が完全に戻ってきてくれたのです。内観によって、私は自分の耳を取り戻すことができたのです。

私は内観でいろいろな事を学びました。自分を知り、自分をいたわるという事を学びました。そして自分を知り、いたわれない人は、他人を知ることもいたわることもできない事を知りました。

今では、最後の日のあの気持ちと涙を忘れないように心がけ、内観で得てきたものを活かし、私と同じようなストレス性疾患に悩む患者さんの治療に一生をささげようと思っています。

第2章 ストレスコントロールの実際

1　ストレスコントロールの重要性

前章では、スランプに陥っているスポーツ選手への「体のストレス」に対する新しい治療方針と、最終的に競技へ復帰できない選手に必要な「心のストレス」への対処法の二点を述べた。つまりスランプからの脱出とは、「心と体のストレス」をいかにコントロールしていくか、ということである。

このことはスポーツ選手に限らず、われわれ人間が生きていく上で心身ともに健康を保ち、上手に生きていくにはどうすればよいのか、という問いに対する答えでもある。

この章は、「心と体のストレス」がどのように体へ影響しているかを、実際体験していただきながら体の基本的な調整法を紹介していく。

「体のストレス」とは、具体的に言えば「痛み」や「疲れ」といったような、体の「不快な感覚」を意味している。また「心のストレス」とは、体の不快な感覚とマイナス思考から生まれた「感情」を意味している。心と体、両者のストレスをイメージしながら読み進んでいただきたい。

最初に、心と体の両面に同時に影響を与える「痛み」というストレスについて、分類・特徴・治療法の問題を分かりやすく解説する。次に、「痛みの定義」から慢性化した「痛み」の構成要素について考えてみる。続いて、慢性痛の実体は患部の「実質の痛み」に反射の影響が加わったもので「みかけの痛み」であること、その反射がトレーニング効果に与える不利益、そして反射の起源は「関節」と「心」であること、それぞれを順にデモンストレーションを交えながら解説していく。後半は、痛みによって発生した反射の影響を科学的に説明し、反射を自分でコントロールするベーシック体操を図説していく。

ケガの分類と治療法の問題

本書では、ケガ（傷害）を「外傷《がいしょう》」「慢性外傷《まんせいがいしょう》」「障害《しょうがい》」という三つの言葉に使い分けて述べていく。まず捻挫や打撲、骨折のように、原因がはっきりしているケガを「外傷」という。一方、外傷を起こした後、予測された治療期間を過ぎても、何らかの痛みや後遺症により完治しないことがある。そのような外傷を「慢性外傷」と呼ぶ。代表的なものとして、交通事故によるむちうち症や、コンタクトスポーツでの頸部外傷などが挙げられる。三つ目の「障害」とは、外傷のようにはっきりとした原因がなく、いつからともなく自然に発生した痛みを指す。代表的なものに肩こり、慢性腰痛、神経痛がある。

以上の三つのケガに対するリハビリの進め方には、共通するプロセスがある。それは、炎症がなくなれば、患部周囲の関節と筋肉の柔軟性回復を目的としたストレッチングから始め、そして患部の筋力強化トレーニングへと進んでいくというプロセスである。

確かに、この手順に誤りはない。なかでも「外傷」は、原因も明らかであり、程度によりスポーツの復帰時期を当初から予測できるため、そのような患部治療の手順で治ることは多い。しかし、外傷から移行した「慢性外傷」や、自然発生した「障害」による慢性化した痛みを訴える選手には、「外傷」と同じような患部中心の治療手順を踏んでも、いっこうに良くならないことが多い。なぜなら、慢性痛に悩む選手の多くは、患部に腫れ・圧痛などの組織学的破壊所見が少なく、レントゲン、MRIなどの画像所見からも、患部に原因が見つからないことが多いからである。

前章で述べた心身相関の強い体質、つまり痛みに対して過敏な体質の選手は、外傷から慢性外傷へ移行しやすく、また障害になりやすいという特徴がある。つまり、慢性痛を訴える選手には、心身相関の強い体質が多いのである。

そのような選手の治療には、痛みを感じている患部の治療だけでは、実際効果は現れにくい。それは前章で述べたように、痛みを発している患部は「結果」であり、患部外の「原因」に対する「体」の治療と「心」の治療を加えなければ治らないからである。しかし、多くの医療現場では三つのケガを同じものとして扱い、患部の治療に終始してしまう現状がある。

痛みを分解してみよう

では、なぜ医療現場では、患部に目を向けた治療に終始してしまうのだろうか？
それは、第一に「痛み」そのものを客観的に評価することができないところにある。なぜなら、痛みというものは、「あくまでも主観的なもの」を表しているからである。しかも慢性痛のように、客観的所見も少なく、そのうえ、痛みの評価も難しいとなると、個々に応じた適切な治療選択などできるはずがない。いつまでたっても見通しすら立たず、その間無意味な治療を繰り返すことは、患者や治療者にとって不幸なことでしかない。

そこで私は、慢性痛に客観的所見が少ない以上、再び「痛み」そのものに目を向け直して治療選択しなければ、根本的な問題解決は難しいと考えるようになった。それから数年、「痛み」そのものを構成している要素に対し研究を重ね、「痛み」を解決する糸口を少しずつ、つかみ始めたのである。

結果、痛みを構成する要素は、

①患部の組織破壊に由来するもの
②痛みを起源とした筋スパズム（筋肉の異常な緊張、体性《たいせい》神経反射）
③痛みで起こる患部の血行障害及び感情反応から起こる交感神経活動異常（自律神経反射）

以上の三つであるという結論に達した。

このことを「痛みの定義」と照らし合わせてみよう。痛みの定義は、「真の組織破壊あるいは潜在的に組織障害を示す感覚と、感情反応とで構成される複雑な主観的現象である」とされている。

慢性痛を「痛みの定義」から解釈してみよう。まず「真の組織破壊」とは、患部の「実質の痛み」を意味している。しかし慢性痛は、患部の客観的所見が少ないことから、患部の組織破壊が主因となるとは考えにくい。とすると、次の構成要素である「潜在的に組織障害を示す感覚」と「感情反応」が絡み合った痛みが慢性痛の正体と考えられる。

「潜在的に組織障害を示す感覚」とは、私の解釈で言えば、痛みを起源とした筋スパズム（体性神経反射由来）と痛みに対する患部の血行障害（自律神経反射由来）による影響を多く含んだ感覚を指している。各反射による症状は、患部の張った感じや安静時のジワジワした違和感、動かすと痛いが、圧痛部分が特定できないという特徴をもつ。

続いて、「感情反応」とは、痛みや不安という不快な感覚から起こる交感神経活動異常（自律神経反射）を意味している。交感神経による症状は、患部を中心として、血管運動神経（自律神経支配）失調による血行障害、軽い皮膚拘縮《こうしゅく》、知覚過敏などが起こり、痛みと共に全身性に波及していく。

以上を理解するには、言葉の問題として少々難しいかもしれないが、慢性痛の正体とは、筋スパズムと交感神経活動異常という反射が「実質の痛み」を数倍にも助長し「みかけの痛み」に変化させている、ということが幾分おわかりいただけたであろう。

ストレッチングに潜む「みかけの痛み」の正体

筋肉に対するストレッチングは、スポーツのウォーミングアップやクールダウン、あるいは健康を保つために利用される身近な体操である。運動習慣の無い人でも、学校体育やレジャーなどで一度は経験しているはずである。いつでもどこでも誰でも即実践できる体操として、一番親しみのあるものであることは間違いない。しかし、この最も身近な筋ストレッチングでさえ、大きな誤解をしている人が多い。ここで、ひとつ読者の方に体験していただこう。今、本書を読んでいる姿勢のまま、片膝を伸ばしていただきたい。椅子に座っている方や床に座っている方も片膝をいっぱいに伸ばすのである。体のやわらかい方は、膝を伸ばした後、さらに上体を前に倒してみよう。ハムストリングス（太ももの後面の筋肉）が伸ばされ、殆どの方は「痛み」を感じてしまうだろう。運動不足の方、腰痛のある方は、さらに強い痛みを感じるはずである。

　ストレッチングを励行している読者はご存知のとおり、痛みを伴うような筋のストレッチングではその効果が薄れてしまう。これは、痛みを感じた感覚器官の伝達により、伸ばそうとしている筋に「伸ばされまい」とする伸張《しんちょう》抑制《よくせい》反射が生じるためである。そのため、本来は、痛みが生じない範囲で筋ストレッチングは実施されなければならない。しかし、筋ストレッチングをどんな目的で行う場合でも、実際は痛みをある程度我慢しながら行ってしまう人が多いのではないだろうか。

　「痛いストレッチング」に対して、「運動不足だからしようがない」「ゆっくり伸ばしても痛いのだからしようがない」と多くの人は思っている。医療の先生でも、一定の固定期間後、動かすことができなかった部分をストレッチングするのだから痛みが出ても仕方ない、と考える方も多くいるであろう。

しかし、この痛みには、実質的に生じる痛みだけでなく、不必要に生じている「みかけの痛み」が含まれていることに気がついている人は少ない。

この「みかけの痛み」の正体こそが「筋スパズム」である。筋スパズムとは、「動かしていない安静時の筋肉が必要以上に緊張している状態（過緊張状態）」を指す。先ほどのハムストリングスのストレッチング時に痛みを感じた方は、今度は、膝を曲げハムストリングスを緩めて、手のひら全体で筋肉をつまんでいただきたい。このとき、痛み（圧痛）を感じるのは、安静時の筋緊張が高いことを意味し、ストレッチング時も強い痛みとして感じてしまうのである。

以上のように、筋スパズムには二つの特徴がある。一つは筋ストレッチ時の痛みと、もう一つは安静時の筋肉の圧痛である。この筋スパズムの発生は前章でも述べた通り、「反射」現象によって起こるのである。では、どこを起源として発生した「反射」現象なのか？

現在、わかっていることは、筋スパズムは「関節からの緊張性反射」と「心からの緊張性反射」からそれぞれ発生するということである。「関節からの緊張性反射」とは、前章で説明したように、近位関節、つまり仙腸関節、脊椎椎間関節、肋椎関節という体幹にある各関節が原因となっている。「心からの緊張性反射」とは、心のストレスがオーバーフローすると、自律神経のうち、交感神経が異常な活動状態になることを意味する。この両者の反射が、筋スパズムを発生させるのである。

読者の方々は意外に思われるかもしれないが、筋ストレッチングの痛みは、筋肉そのものに原因があることは少なく、その殆どがストレッチングしようとしている筋の外部から「反射」として発生した筋スパズムが引き起こしているのである。

さて、「みかけの痛み」の正体である筋スパズムの原因は、「関節からの緊張性反射」と「心からの緊張性反射」であることがわかった。次は、筋スパズムがトレーニング効果に与える影響と、実際にそれぞれの緊張性反射の原因である「関節」と「心」をご自身で調整してイメージを深めていただくことにする。

2　筋スパズムの影響と解消法

トレーニング効果も失わせる筋スパズムの影響

心と体の緊張性反射による筋スパズムは、痛みを助長するだけでなく、継続したトレーニング効果も失わせることがある。筋スパズムによる不利益を、身体的側面と精神的側面から見てみよう。

前述したように、身体的側面からは筋ストレッチングで痛みを感じるため、ウォーミングアップとしての役割を果たせず、その後の筋力トレーニングの効果も下げてしまう。また、筋力トレーニング中も、筋肉の中でエネルギーを発生させる機能が低下し、極端に疲労しやすく、痛みが出やすい。ケガをした選手の筋力トレーニングの効果が今ひとつ上がらないのはこの理由からである。

次に精神的側面から考えると、不快な感覚により集中力が持続しない、トレーニングに対する意欲がなくなる、強い治療依存を招く、など不利益が大きい。ただでさえケガをした選手は、自分の好調時のパフォーマンスが本当に取り戻せるかどうか、ライバルに追い抜かれてはいないか、いつ復帰できるのかなど、常に強い精神的ストレスを背負っている。そのような心の緊張状態は、血管運動神経である自律神経のうち、交感神経に影響を与えトレーニング中の筋内血行を阻害するため、筋力トレーニングの効果は期待できない。

体と心の両面から考えても、ストレッチやトレーニング中の「痛み」が、さらなる痛みの反射を生み悪循環を形成してしまう。スランプの背景には、常にこういった「痛みが痛みを生む」悪循環が存在しているのである。

以上のことから、筋肉のストレッチングとトレーニングの効果を最大限に得るためには、筋スパズムのコントロールが最も重要であることがわかる。それには、体幹にある関節のうち、仙腸関節、脊椎椎間関節、肋椎関節の柔軟を目的とした、後述する「ベーシック体操」の実施と白石先生の「メンタルトレーニング」を同時に行うことが必要である。

では、「関節」と「心」の反射から起こった筋スパズムの存在を次に紹介していくので、実際に確かめていただきたい。

「関節からの緊張性反射」による筋スパズムの治療体験

左右のふくらはぎの筋肉を写真1のように手のひら全体で強くつかんでみてください。まず右から、次に左のふくらはぎをつかんでください。デモンストレーションは、つかんで痛みが強い側（過敏な側）のふくらはぎを使います。

次に、立って痛みが強い側のふくらはぎをストレッチして下さい（写真2）。この時ストレッチされたふくらはぎの痛みを覚えておきます。

仮に過敏な側が左として、次から簡単な体操と関節運動の方法を図説します。最初は、仙腸関節に対する柔軟運動です。

①写真3のように立位で、体を右横に1回倒します。

②次に座った状態で写真4のように上体を前に倒します。両脚の間に上体をゆっくりと入れ込むようにします。このとき股関節につまる感じがする方は、そのつまりを解くように、ゆっくりと股関節周囲の力を抜きながら、上体を前に倒してください。

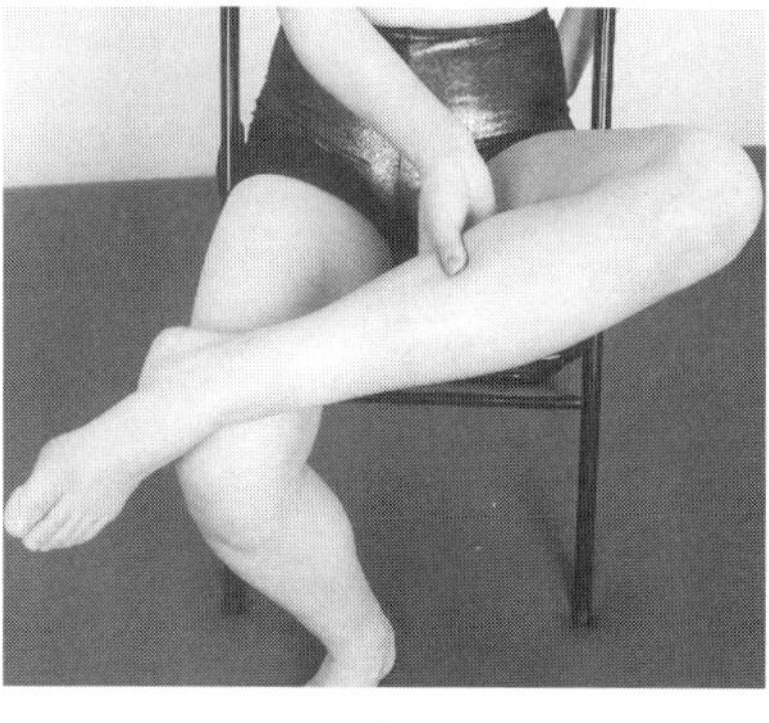

写真1

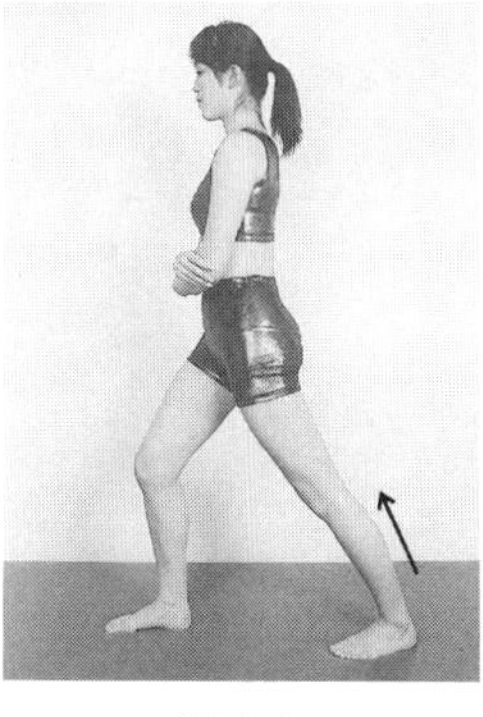

写真2

この時、ハムストリングスの張り、痛みを感じないように膝を曲げながら行うことが大切です。

次は、踵《かかと》の関節に対する柔軟運動です。

③写真5のように左手で足首を固定します。内くるぶしと外くるぶしのすぐ下を、それぞれ親指全体と人差し指・中指全体

写真3

写真4

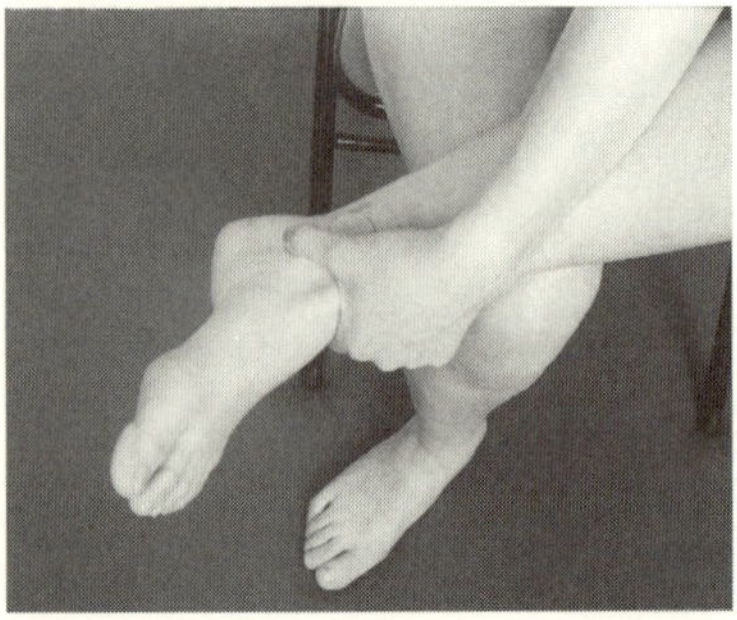

写真5

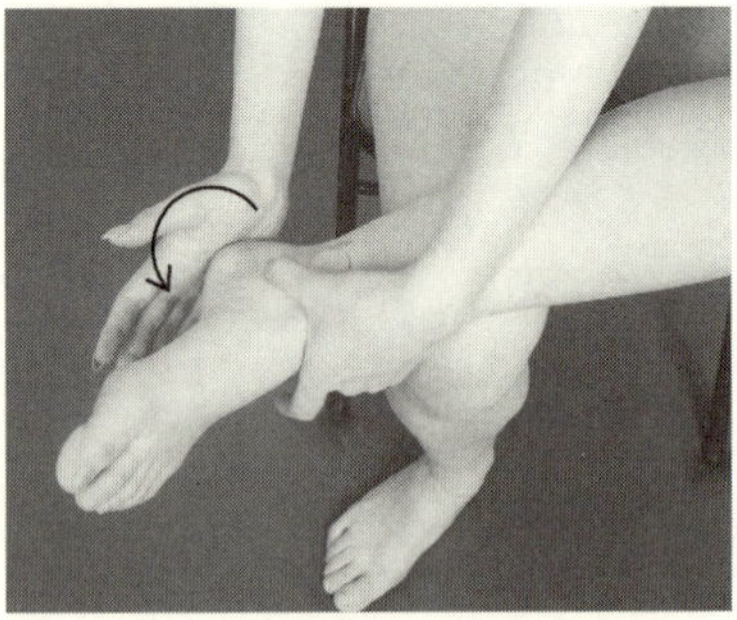

写真6

で固定して下さい。

④右手のひらを写真6のように軽く踵に触れて下さい。そして、踵の骨をゆっくり大きく矢印の方向へ20回程回します。このとき、踵を柔らかいお団子に見立てて、強く押しつけることなく、球状に形作るようなイメージで踵の骨を動かしてください。次に矢印とは反対方向へ同じ要領で20回程回します。

以上で終わりです。それでは再評価してみましょう。

先ほどと同じように、まずふくらはぎをつかんでみて、反対側の感覚と比べてみてください。過敏さが半減しているのがわかります。うまく実施できた方は、過敏さが左右逆転しているはずです。次に立ってふくらはぎをストレッチして下さい。そのときの左右ふくらはぎの痛みを比較して下さい。

「みかけの痛み」から「実質の痛み」に変化した瞬間を感じとることができたでしょうか。ふくらはぎをつかんだ時とストレッチした時の痛みの正体が筋スパズムであったことと、ふくらはぎの筋スパズムが仙腸関節と踵の関節の柔軟運動で軽減されたことを体験できたかと思います。

この実験で、最初から過敏さが少なく、上述した方法で全く変化しなかった方は、心身ともに健康か、心身相関が弱い体質と言えます。

以上これらは、ふくらはぎの筋スパズムをコントロールする「関節の柔軟」法であり、ふくらはぎの肉ばなれ、こむらがえり、アキレス腱断裂の予防に非常に有効な体操である。

読者の方々は、まず柔軟体操というと「筋肉の柔軟」である筋ストレッチを思い浮かべるであろう。しかし、「筋肉の柔軟」の前に「関節の柔軟」を実際に行うことがいかに重要なのか、本書を読み進めながら、いっそうイメージを深めていただきたい。

「心からの緊張性反射」による筋スパズムの治療体験

「心からの緊張性反射」は、全身的な筋スパズムとして現れるのが特徴である。そのため、私は体の中でも特に影響を受けやすい部位を評価する方法として、ストレスセルフチェック法を考案した。

「心からの緊張性反射」の治療には、3分間瞑想《めいそう》法を引用した。これは実在するアメリカの第一線のストレスクリニックで行われている心へのデモンストレーションである。第7章に記載されている白石先生のヨーガの説明にある「制感」にもつながる初歩的なリラクセーション法にあたる。読者の方々は、3分間瞑想法の実施前後の効果判定をストレスセルフチェック法によって確かめていただきたい。

ストレスセルフチェック法

〈評価1〉大腿後面の筋の張り（写真7）

両足をそろえて立ち膝を曲げないように上体を前屈させながら、大腿後面の筋（ハムストリングス）の張りをみる。突っ張り始めたところで止め、指から床までの距離を目測で確認します。

〈評価2〉肩周囲の筋の張り（写真8）

片方の腕を体の前方で水平の位置まで上げて、肘を他方の手のひらにのせて力を抜く。そのまま静かに胸に近づけ、肩周辺の張りの具合をみます。

〈評価3〉首の筋の張り（写真9）

首をゆっくりと後ろへ倒します。このとき首後面の付け根のつまりを感じる角度を首の倒れ具合で確認しておきます。

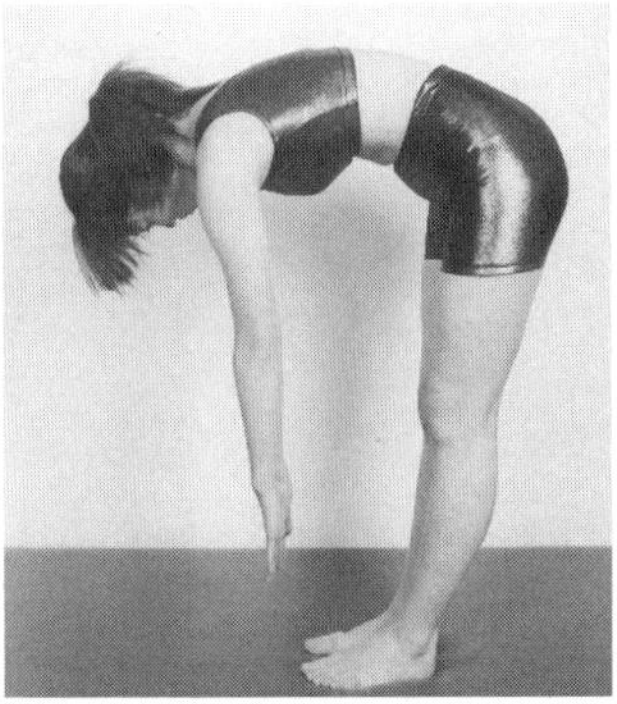

写真7

写真8

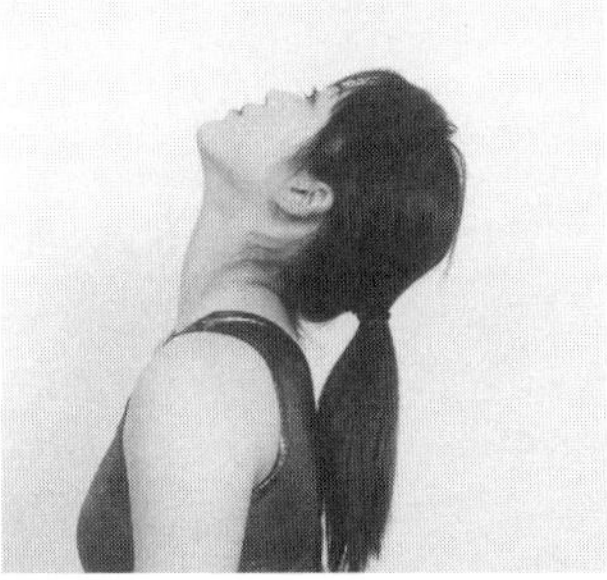

写真9

3分間瞑想法

①椅子に深く腰掛けます。背もたれを使って背筋をまっすぐにし、肩を落として、肩の力を抜いてください。両手のひらを上に向けて太ももの上へおきます。

②ゆっくり深呼吸を2~3回行い、体のどの部位にも余計な力が入っていないか自分で確かめてから、目を閉じてください。

③腹部が、息を吸い込むときには膨らみ、息を吐いたときには引っ込むのを感じとれるように意識を集中します。

④次に、まるで自分の呼吸に波乗りをしているように、息を吸い込んでいる間も、息を吐き出している間も、呼吸のすべての瞬間に注意を集中してください。

⑤途中、心の中にさまざまな雑念が浮かんできます。昨日あった出来事とかこれから起こるであろう出来事とか……それらはすべて意識が呼吸から離れてしまうことで起こります。そのたびに呼吸から注意をそらせたものは何かを確認してから、静かに呼吸に注意を戻し、息が出たり入ったりするのを感じ取るようにしてください。

⑥意識が呼吸から離れてほかのことを考え始めるたびに、常に呼吸に注意を引き戻すように努力してください。どんなに気をとられようとも、そのたびに注意を呼吸に引き戻してください。雑念がいろいろ浮かんで集中できなくても、そういう自分に対して「あきらめ」「怒り」の感情を持つことなく、「ただ観察する」位の軽い気持ちで実施してください。

①〜⑥の手順をイメージできるようになったら、3分間だけ実施してみて下さい。実施後、再度ストレスセルフチェック法を行ってください。

実施前に感じた脚、肩、首の張りがかなり軽減していることを体験できたかと思います。

なぜこの呼吸法で筋スパズムが軽減するのかというと、次の二つの作用が関係している。一つは、呼吸のリズムをゆっくり行うことで呼気が強調され、副交感神経機能が活性化すること、もう一つは呼吸に意識を向けることで「意識を外に向ける」心理状態に変化するためである。

さらに分かりやすく説明すると、呼吸運動は、息を吸っている（吸気）時には交感神経機能が活性化され、息を吐いている（呼気）時には副交感神経機能が活性化される。精神的なストレスが多くなると、呼吸は浅くかつ速くなり、吸気が強調され、交感神経機能が優位になる。逆に落ち着いた心理状態の時には、呼吸は深く、ゆっくりとした呼吸となり、呼気が強調され、副交感神経機能が優位となる。3分間瞑想法は後者の状態を作り出すことによって、体をリラックスさせ、筋スパズムを軽減するのである。

また、呼吸に意識を向けている間は、心で感じるストレスを制御できるため、交感神経へのストレスがなくなり、副交感神経機能が回復する。そのため、筋スパズムは軽減されるのである。体の一部に痛みがある読者ほど、集中しても意識が内へ向きやすい傾向にあるので、あきらめずに何度もトライしていただきたい。

この呼吸法の実施中に、うまく呼吸を意識できるようになると、最初は心の集中力の高まりを感じ、より落ち着いた状態を体験でき、普段の生活でも自分の考えや外部のプレッシャーにむやみに反応しなくなるという利点がある。そして、この呼吸法を獲得できると、普段の生活の中でも「今」という瞬間に目を向けられ、一瞬一瞬の時間を感じられるようになる。

人の感情の動きは、意識を内に向けている間に起こるものである。

この呼吸法は、ヨーガでいう「制感」を基本として、内に向いている意識を外に向けることで感情をコントロールし、集中力の強化に役立つトレーニングである。

いつでもどこでも、何をしていてもできる呼吸法として、ぜひ読者の方々も一日一回、試していただきたい。

心の集中と体のリラックスは同時に起こる

意識を外に向け集中することは、いわば心が「無心」の状態で集中することを意味している。

人は「無心」で集中すると、体の筋肉は自然とリラックスしていくことをご存知であろうか？　試合でのミスやトレーニングで思うような効果が得られないのは、「無心」ではなく、意識が内を向き、心が動いている状態になっていることが原因とされる。意識が内を向くと、あせりや不安によって交感神経が異常興奮し、心身ともに緊張した状態になってしまうからである。

以下に、「無心の集中は、体の力が抜ける」ことを、読者の皆さんに体験していただきたい。

①まず、両手の指をしっかり、固く組み合わせます。
②次に互いの人差し指を伸ばします。このとき、ほかの指はしっかり組み合わせたままの状態で人差し指を伸ばすと、かなりの力を必要とします。もし軽い力で人差し指を伸ばせた方は、再度しっかり指を組み、やり直してください。ここまでが下準備となります。
③次に、写真10のように互いの人差し指の指先の空間に視線をおき、じっと見つめて意識を集中させます。このとき意識を指先の空間に集中すれば集中するほど、互いの指はまるで磁石のように引き合いくっついてしまいます。

以上の方法は「偽《ぎ》催眠《さいみん》法」と呼ばれ、臨床の催眠面接法の場で利用される。暗示にかかりにくい、「意識が内を向きやすい」患者に処方され、受動的注意集中を促す手技、つまり「意識を外に向ける」ことを体験させる手技である。

集中して互いの人差し指が自然にくっついた読者は、意識が外を向いた「無心」の状態を体験したことになる。多くの方はマジックのように思うかもしれないが、それは「人は集中すると体の緊張が高まる」と勘違い

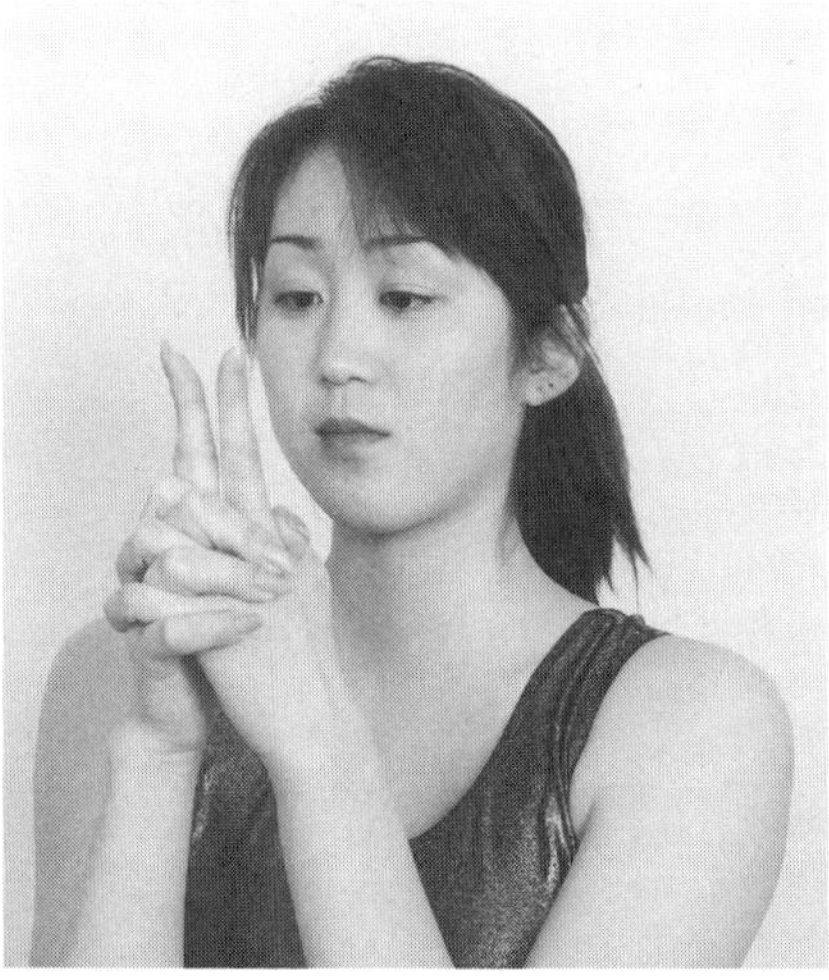
写真10

されているためであろう。

「頭が集中し、体がリラックスする」ことにより、スポーツにおいて、いつでも瞬時に爆発的な筋力を生み出すことができる。逆に、意識を内に向けやすい選手は筋肉が過緊張してしまい、筋肉を動かすタイミングがずれ、ミスを連発してしまうのである。

このように「心のストレスによる緊張性反射」の抑制には、交感神経の異常な活動をコントロールする、つまりリラックスすることが重要である。しかし、ここまでの方法論は、対症療法の域を超えていないことを忘れてはならない。本来は、「ストレスをストレスと思わない心づくり」が根治療法となる。それには本書パート2のメンタルトレーニングの修得が最も有効なのである。

次に、「心のストレス」が体に与える不利益を、もう少し詳しく述べていくことにしよう。

3　痛みが及ぼす自律神経と脳波への影響

交感神経の活動異常は、寝ても体を苦しめる

痛みがあると交感神経の活動が高まり、私たちの体も緊張状態になる。このことは、痛みがあると意識が内に向きやすくなることを意味している。痛みというストレスは、人間特有の思考の中では、決し

てプラス思考とはなりえない。安静を保つために、体も心も消極的になるよう生まれつきセッティングされているからである。

痛みと不安によるマイナス思考は、体の交感神経を持続的に興奮させ、さまざまな弊害をもたらす。

心のストレスを判断する一つに、脳波を用いる方法がある。脳波にはいくつかの種類があり、図1のように分類される。このうち、交感神経に異常をきたさないとされているのは、α波が出現している状態である。とりわけ「ミッドα」と呼ばれるα_2が優勢になっていると、集中力が増して、筋肉がリラックスするという好ましい状態になる。つまり、意識を外に向けやすくなるのである。

心と体のストレスコントロールが十分になされた選手は、トレーニング中もそれ以外の日常生活の時間も、脳の活動状態はα_2が多く検出され、トレーニングの実質的効果を上げやすい状況にある。一方、ケガのためにトレーニングに消極的になっている選手の脳の活動状態は、β波が多く検出される。これは痛みと不安というストレスで、交感神経が優位になっているためである。このときの心身の特徴は、筋肉、関節が硬く、また疲れやすくなっており、集中力も持続せず注意散漫となる。

そのような選手の一例を紹介しよう。図2は腰痛を訴えてきた騎手の脳波である。交感神経優位をしめすβ、α_3が多く検出され、リハビリに理想的な心の状態を示すα_2の出現は少ない。問診をしてみると、体の疲労がひどく不眠傾向にあり、レースに対する意欲も低下していることが判明した。疲労の蓄積、不眠は交感神経優位によるものと判断された。精神状態も「あきらめ」「びびり」「いかり」などのマイナス思考が顕著に現れていた。

脳波と意識状態

ストレス強

β	過緊張、注意散漫、交感神経活動異常
α_3	緊張集中、心身緊張
α_2	心身リラックス、集中力向上
α_1	心身ともに非常にリラックス
θ	眠気、まどろみ
δ	睡眠

ストレス弱

図1

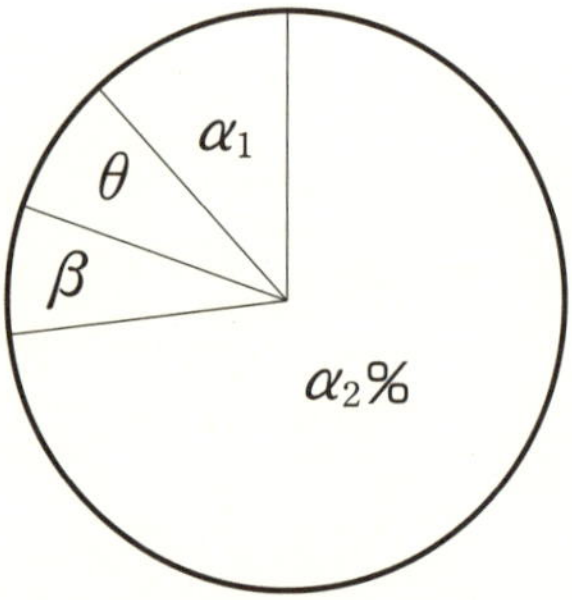

図3

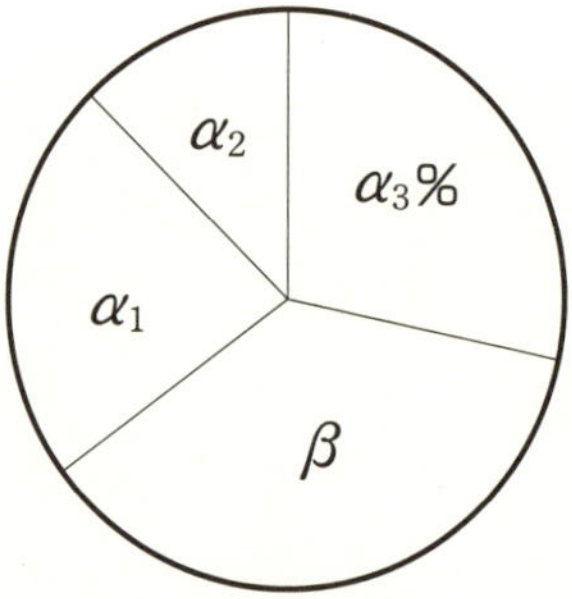

図2

治療およびトレーニング前後に3分間瞑想法、ベーシック体操（次節で説明）を取り入れ、2週間ほど治療を実施後、症状が改善した。その時の脳波が図3である。競技にとって理想的なα_2が圧倒的優位な状況になっている。その後、レースに復帰し、久々に勝利を得た翌日の脳波が図4である。

もちろん当初の主訴であった腰痛も解消した。腰部にはレントゲンで椎間板障害が確認されたが、痛みの原因は前述した「みかけの痛み」と心身の緊張が原因になっている筋膜性の痛みであったことがわかったのである。

こうした脳のリラクセーションは、副交感神経の活動とリンクしている。副交感神経は交感神経と拮抗する神経で、これが高まることで私たちの心身はリラックスし、内臓は良く働き、再び集中力を増すことができるようになる。

次に、脳波と実際の自律神経の関係を述べておこう。

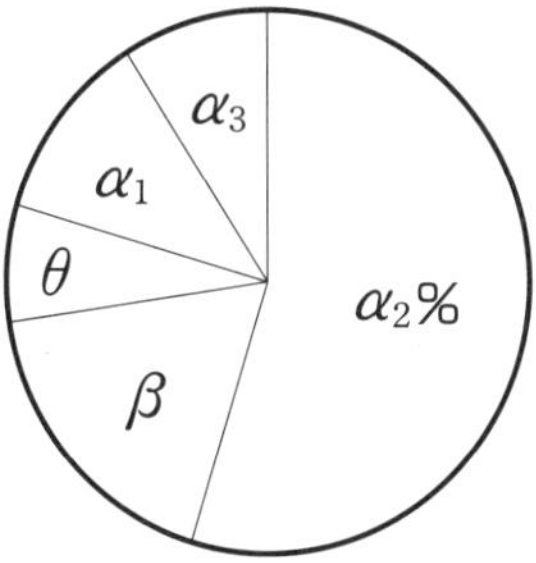

図4

脳波と心拍変動スペクトル法（自律神経の評価）

図5、6は心身ともに健康な人と、歯痛と肩こりに悩む人との、副交感神経の活性度を比較したものである。交感神経の状態は、副交感神経の活性度と反比例すると理解しながら、図を見ていただきたい。

図5からわかる通り、健康な人では就寝中、朝食後（8時すぎ）、昼食時（12時前後）、夕方からのプライベートな時間に、それぞれ副交感神経が働いて活性度が高くなっている。それ以外の時間は仕事に集中しているため、副交感神経の活性度が低い。もちろんこれは入れ替わりに交感神経の活動が優位になっていることを表す。脳波においても、寝ている間はδ波、起床とともにα波が優位になっている。典型的な健康生活のパターンであるといえよう。

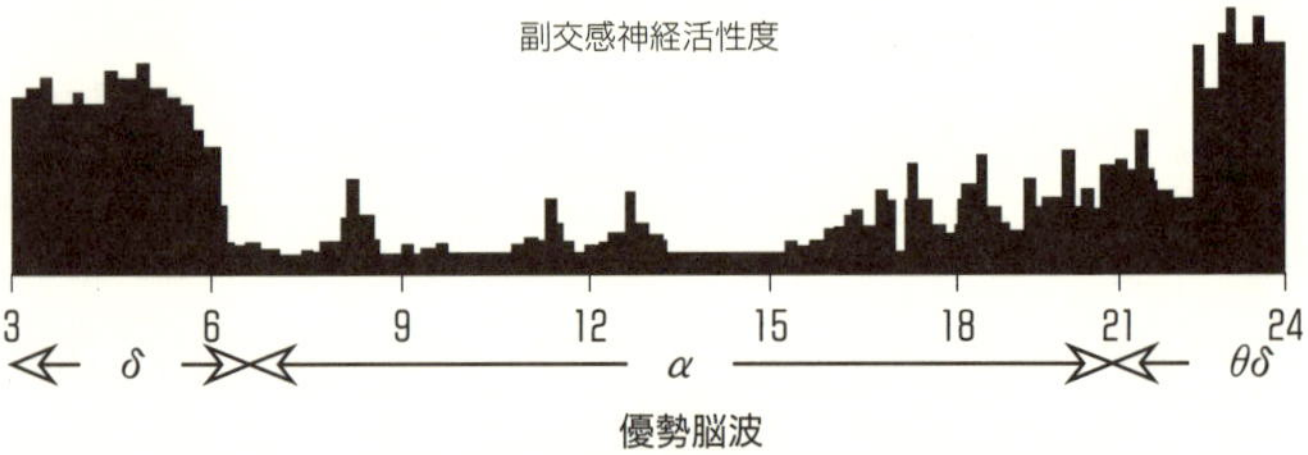

図5　脳波と自律神経（正常例）

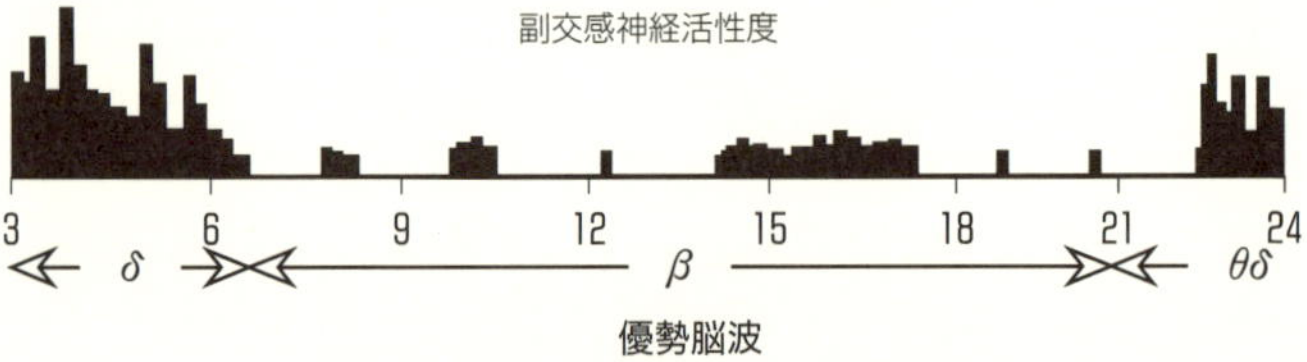

図6　脳波と自律神経（肩こり例）

一方、図6は歯痛と肩こりに悩む人の副交感神経と脳波の関係である。まず寝ている間の副交感神経の活性度がばらばらであることがわかる。つまり、熟睡できていない。起床してからも、仕事中である10時前後と15時前後に疲れのため集中力がとぎれて、逆に副交感神経がやや高くなっている。また、リラックスすべき昼休み前後と夕方からのプライベートな時間にあるはずの副交感神経の活性がみられない。

歯痛、肩こりという不快なストレスが仕事に集中するという能力を下げ、休憩、食事中、仕事後の時間もリラックスできず、交感神経が優位になっている。日中の脳波も過緊張、注意散漫を示すβ波が優位である。

体の痛みと不快な感覚が、脳波と自律神経に悪影響を与えている典型的なパターンといえよう。

このように、体と心のストレスコントロールが心身の健康を維持していく秘訣であることがイメージできたであろう。体に対するストレスコントロールは「ストレスをストレスと思わない体づくり」が大切なことは述べた。具体的には運動習慣を持ち、「体力」を向上させれば良い。しかし、いくら体力が高くても心のストレスコントロールができていないと、心を起源とする反射によって体が緊張し「障害」などが発生してしまう。そうなるとスポーツでも社会生活でもミスを連発することになるのである。

次に、体に溜まった心身ストレスを開放するベーシック体操を図説しよう。

4　ベーシック体操

スランプになったきっかけが、ケガであろうが心の不安であろうが、その解決法は心身ストレスから生じた反射のコントロールであることを述べてきた。体性神経反射である筋スパズムのコントロールには「ベーシック体操」が、自律神経反射である交感神経活動異常には、次章からの「メンタルトレーニング」が最も有効となる。

ベーシック体操の具体的な動きそのものは、特に目新しいものがあるわけではない。ヨーガの体操を元に、既存の体操から必要と思われるものを取り出し、新たに体系的に組みなおしたものである。

その考え方は、仙腸関節、脊椎椎間関節、肋椎関節を整えることにある。つまり、これらの関節周囲に存在する、高精度センサーの異常興奮を正常化し、全身の筋スパズムを反射的に緩解する体操なのである。またこれらの関節の調整は、二次的に自律神経反射も緩解することができる。

いずれの体操も、無理に筋肉を伸ばさず、関節を軽く刺激するだけで十分な効果が瞬時に得られる。

効果を評価しながら2種類を使い分ける

ベーシック体操は、筋スパズムにより自分の動作がどれだけ制限されているかを評価することから始める。評価は、先に紹介したストレスセルフチェックを利用する。そして実際にベーシック体操を行い、そのつど、動きがどれだけ改善されたかを確認して進んでいただきたい。

ベーシック体操は2種類に分けられる。スポーツを中心に考えれば、それは「ウォーミングアップ」の体操と「クールダウン」の体操であり、一般の人には「朝の体操」と「夜の体操」という分け方になる。「ウォーミングアップ」「朝の体操」は、基本的には仙腸関節のセンサーに予告刺激を送ることで、重力に対して動くための準備となる。

対して「クールダウン」「夜の体操」は、逆に重力からのストレスを解き、体をリラックスさせて副交感神経の活動を促すことがねらいとなる。

いずれも、近位の関節の調整が明確で、効果の確認もしやすい。体操に慣れてくれれば、わずかな動きをつくるだけで必要な効果を得ることができるようになる。

「ウォーミングアップ」「朝の体操」

以下に紹介する「ウォーミングアップ」「朝の体操」は、仙腸関節を整えることで筋ストレッチ効果を高め、スポーツや仕事など、重力に抗した運動の前に適した心身調整法である。仙腸関節の不具合は、各体操で「股関節のつまり、張り」として確認できる。「股関節のつまり、張り」とは、股関節を深く曲げたときに写真11の斜線領域につまりや痛み

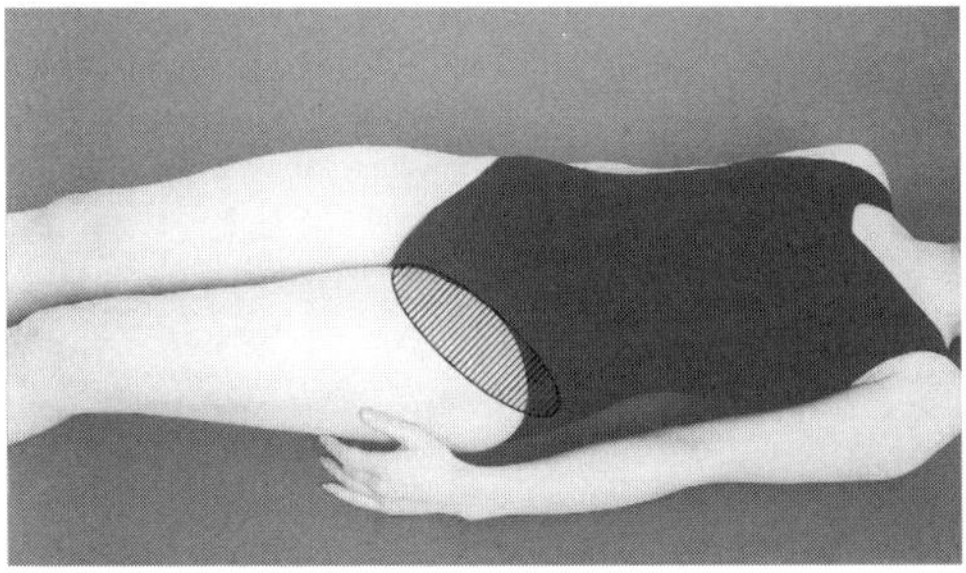

写真11

を感じた場合を指す。

心身ともにリラックスした状態で、反動を使わず、筋肉の伸張感を感じないよう、ゆっくりと実施することが重要である。

以下の①〜④の体操は、すべて1回ずつで十分な効果が得られる。

①座位四股（初級、中級）
椅子に浅く座り両膝を広げ、息を静かに吐きながらお腹を床に落とすように、上体を両膝の間に前屈させます（写真12、四股初級）。このとき、左右の股関節の内側につまりを感じるポイントで一旦前屈を止め、少し上体を戻して、息を吐きながら股関節のつまりを解くイメージで再度前屈します。息を吐ききったら、ゆっくり上体を戻します。

股関節の固い方は、はじめはひざの高さの座面からはじめ、徐々に低い座面にして（写真13、四股中級）、股関節のつまりが少なくなるように毎日励行してください。

②立位四股（上級）
肩幅よりやや広めに両足を開いて立ち、両手を膝におき、胸を張り

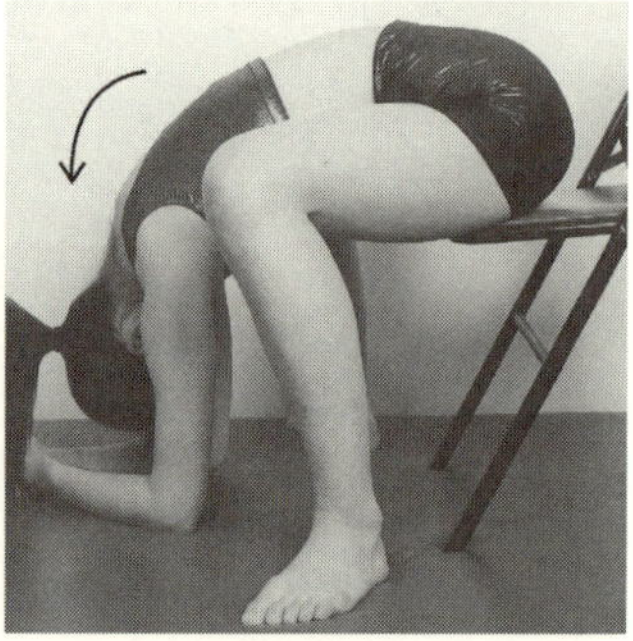
写真 12

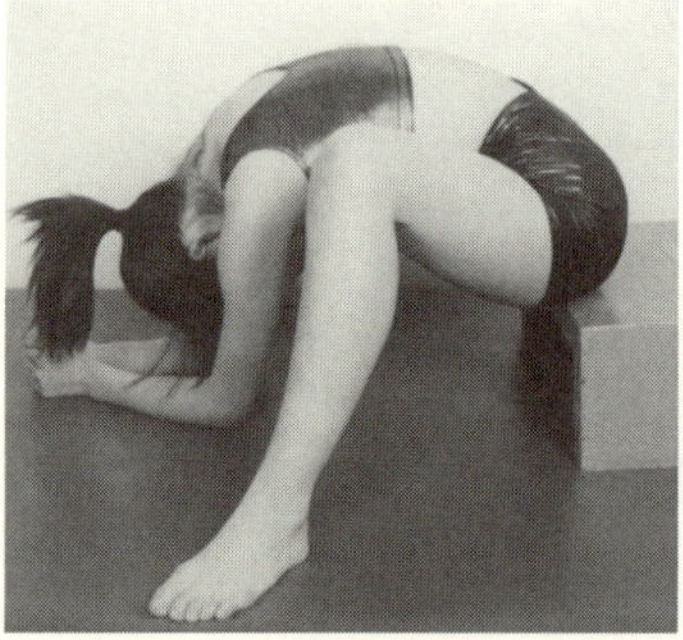
写真 13

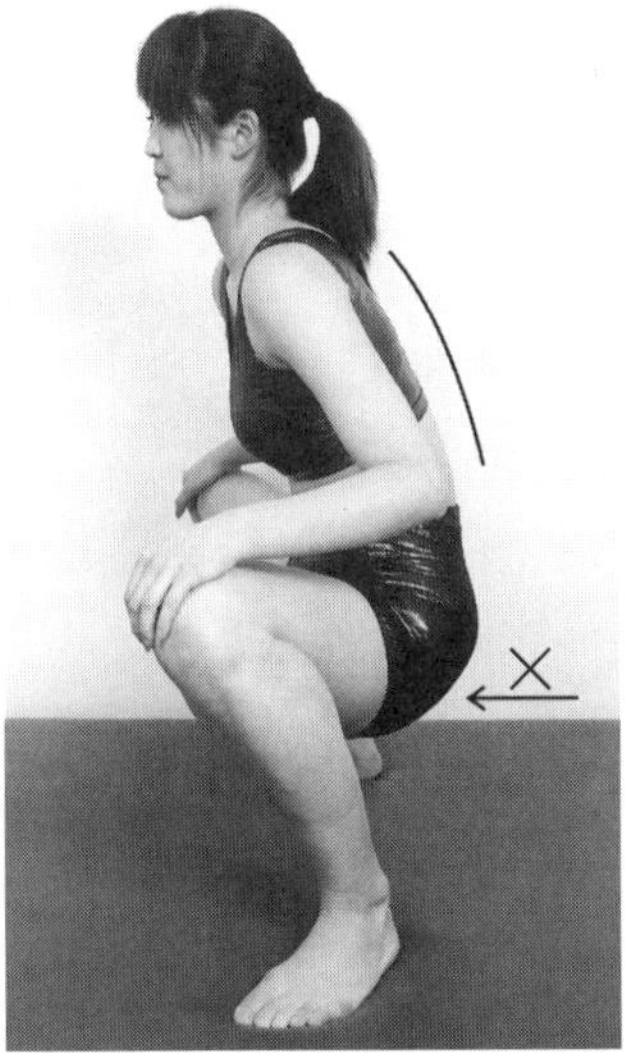

写真 15

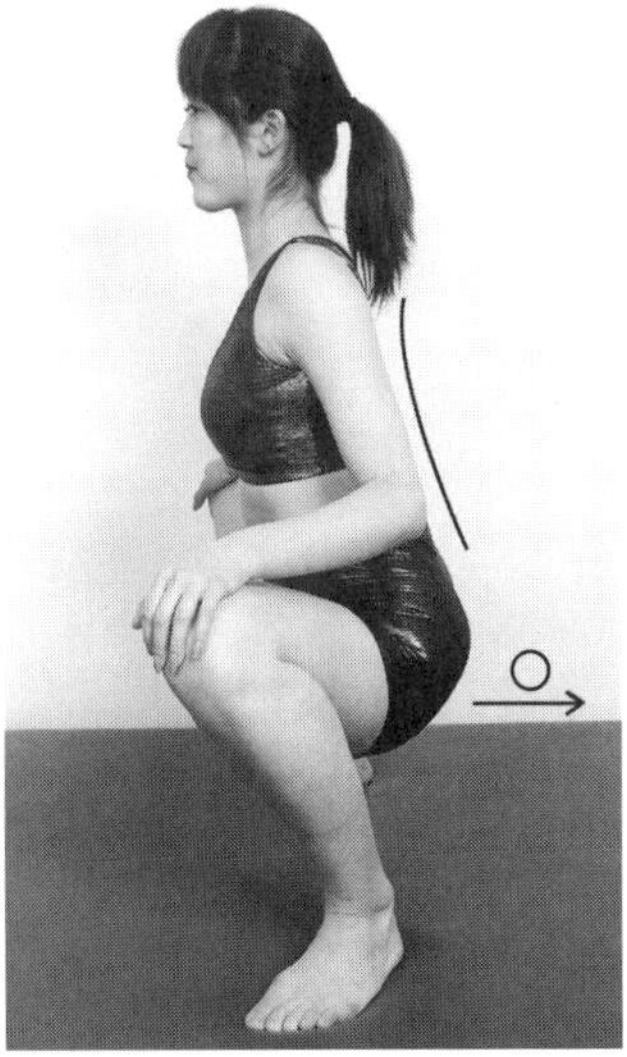

写真 14

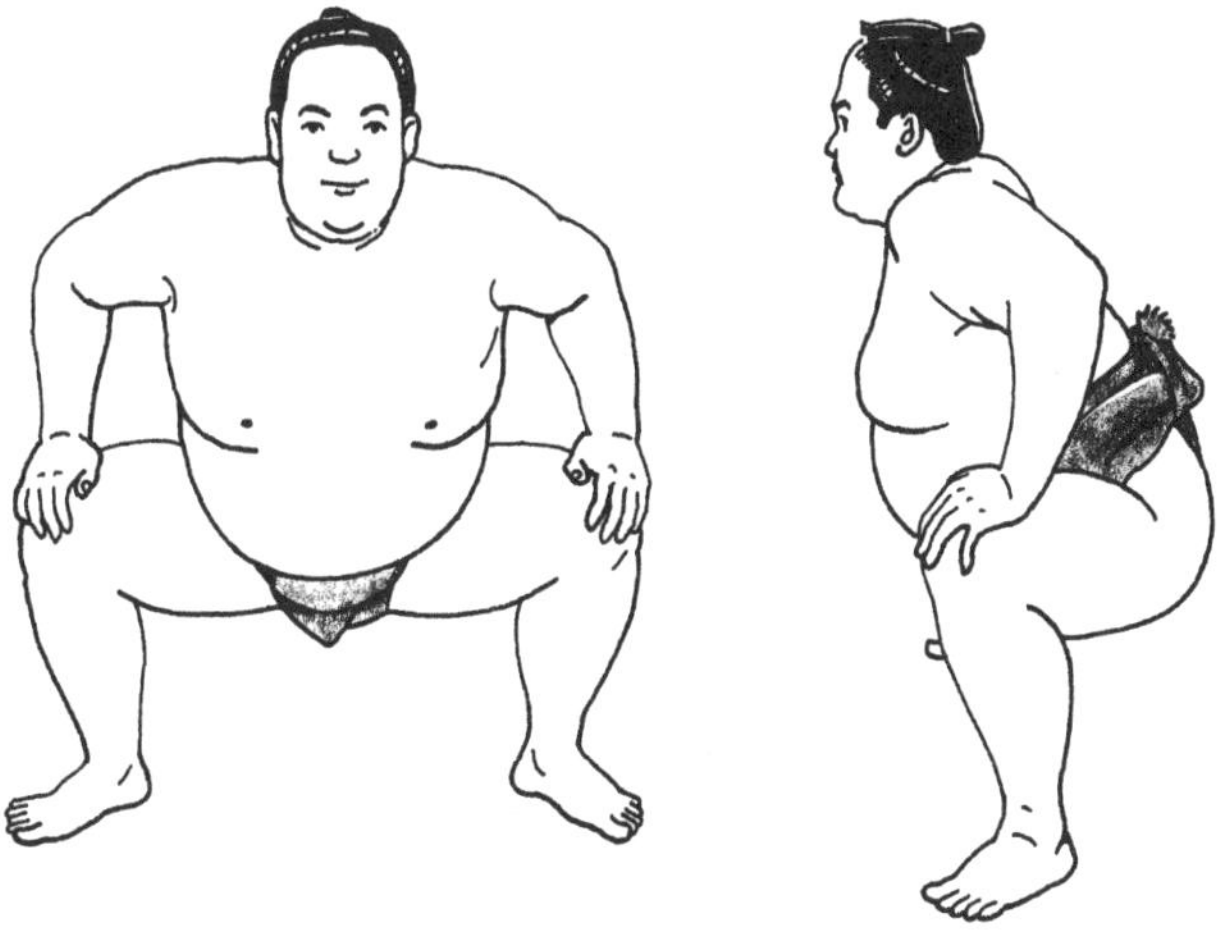

図 7

写真14のようにお腹を出しお尻をやや突き出すようにして、息を吐きながら腰を落としていきます。まさに相撲取りの四股の姿勢です（図7）。

見た目にもきれいな動作になるまでには、時間がかかりますが、四股は一番効果のある体操ですので、第三者に動作をチェックしてもらいながら習得して下さい。

悪い四股と正しい四股の比較をしましょう。悪い四股では、写真15のようにお尻が矢印の方向に引かれてしまい効果は得られません。良い四股とはお尻が引かれることなく、お腹を突き出し、また尾骨が後ろを向いた状態で腰を落とすことが重要です。

股関節が固い人の場合は、写真16のようにお尻が引かれそうになる時点で上体を前に軽く倒すようにしてください。もしくは「①座位四股」で毎日練習しておきましょう。

③立位体幹側屈（写真17）

肩幅より少し広めに両足を開いて背筋を伸ばして立ち、股関節がロックするまで左脚に7割位体重を移動させます。

写真16

次に、息を吐きながら上体を右斜め前に倒します。左わき腹の筋肉が少し張る位置まで、側前方にゆっくり軽く倒します。逆も同様に行います。このとき腰まわりに力が入らないように、可能な限りリラックスして下さい。重力を利用して上体を倒すように行うと良いでしょう。

いずれも一回ずつ上体を倒すだけで十分な刺激が得られます。

④四股捻転

四股と同じ要領で、まず膝の高さまで腰を落とします（写真18）。両手は膝の上におき、両肘を伸ばし両腕で上半身の重みを受けるようにして肩の力を抜きます。

次に、背骨を軸にして上半身を1回だけ捻ります（写真19）。リラックスして力をできるだけ使わずに捻ると一層効果があります。逆も同

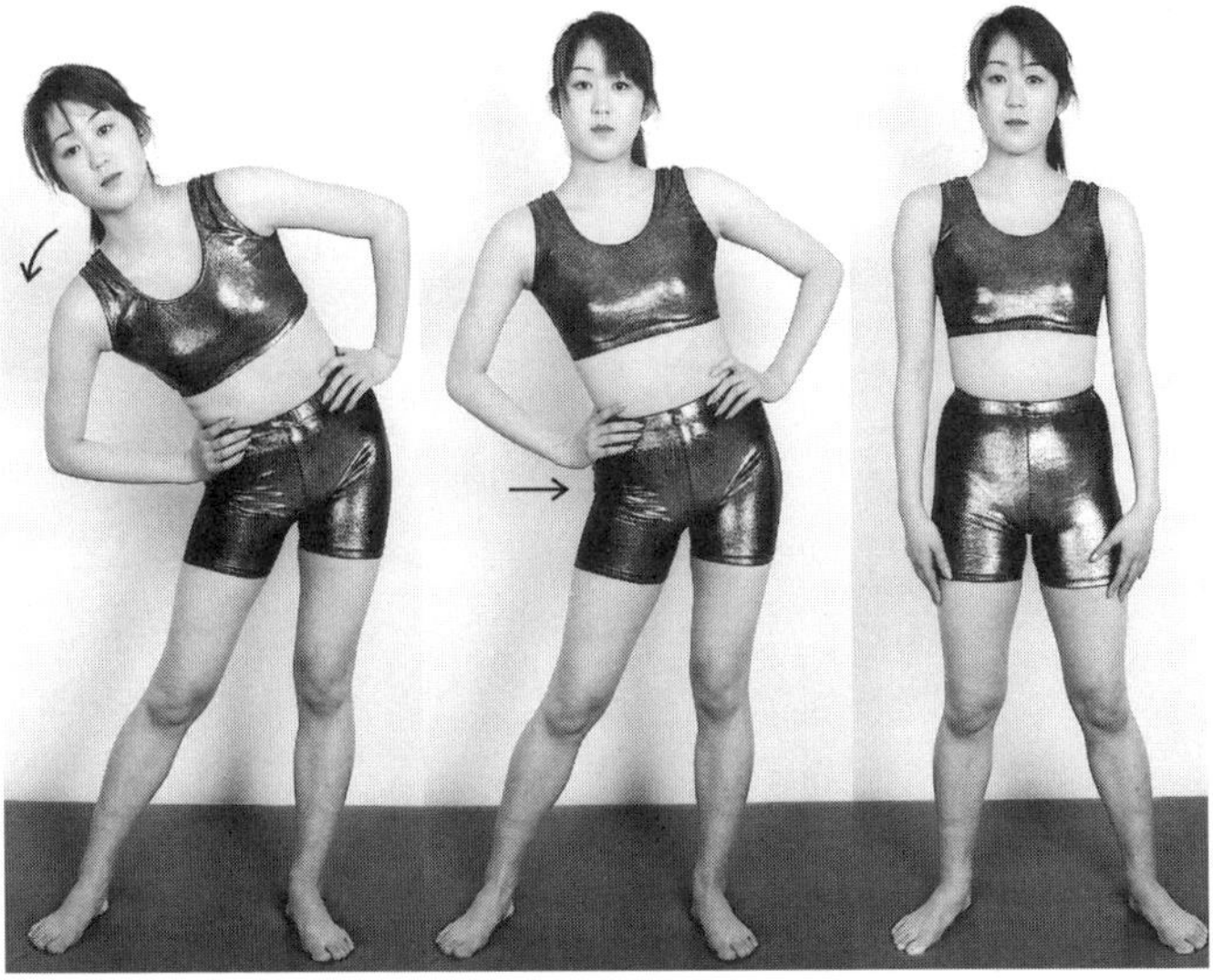

写真17

様に行ってください。

⑤腰回し

普通の腰回し運動ですが、①~④の体操のクールダウンとして、とても重要な体操です。左右回旋を1~2回ゆっくりと息をはきながら実施してください。

正しい腰回しと悪い腰回し運動を図説します。

写真18

写真19

写真20は正しい腰回しです。体の中心の軸をまっすぐに保ったまま、大きく円を描くようにゆっくりと腰を回旋させています。頭の位置が動かないようにすることで、軸のぶれを防いでください。

写真21は悪い腰回しです。頭部が体軸から離れると効果が薄れます。

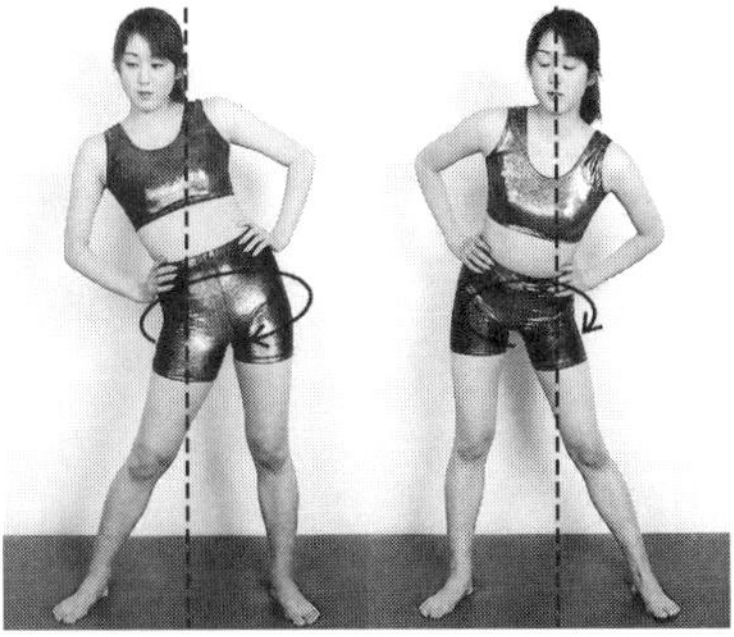

写真20

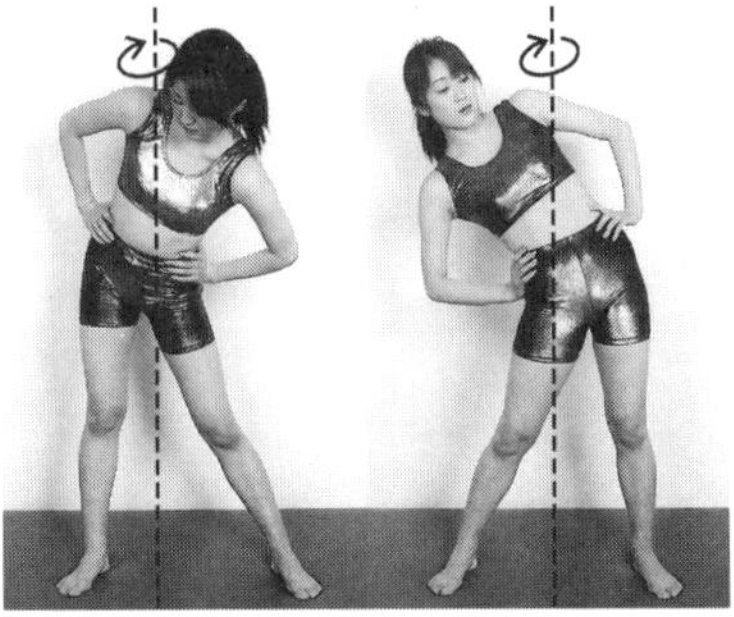

写真21

体のかなり柔らかい方の体操

体の柔らかい方の体操は、立位四股（上級）を加えて、以下の順に行ってください。

①立位四股（上級）

腰を完全に落とした位置で股関節のつまり感を解くように、息をゆっくり吐いて実施してください。

②左右開脚位で上体を側屈させる体操（写真22）

上体を倒した反対側わき腹の筋肉の張りに意識を集中して、張りを解くようなイメージをもちながら息をゆっくり吐きます。

左右上体を倒してみて、わき腹の張りが強い側を1～2回の体操によって解き、反対側の張りに近づけるようにします。

③左右開脚位で上体を前屈させる体操（写真23）

両足を左右に開脚し、息をゆっくり吐きながら上体を前屈させます。このとき左右股関節のつけ根のつまりを観察します。

左右のつまりの差が大きい場合や左右ともに強い痛みを伴うつまりがある時は、足の開き具合を小さくしてからやり直します。つまりを感じる股関節に意識を集中して、つまりを解くようなイメージをもちながら息をゆっくり吐きます。

なかなかつまり感が薄れない方は、②の体操に戻ってやり直すとうまくいきます。

④前後開脚（写真24）

図のように足を前後に開脚します。このとき前の脚側では股関節の前部のつまり感を、後ろの脚側では股の前部の筋肉の伸張感を、これまでの方法と同様、呼吸とイメージで解いていきます。

逆も同様に行ってください。

写真 22

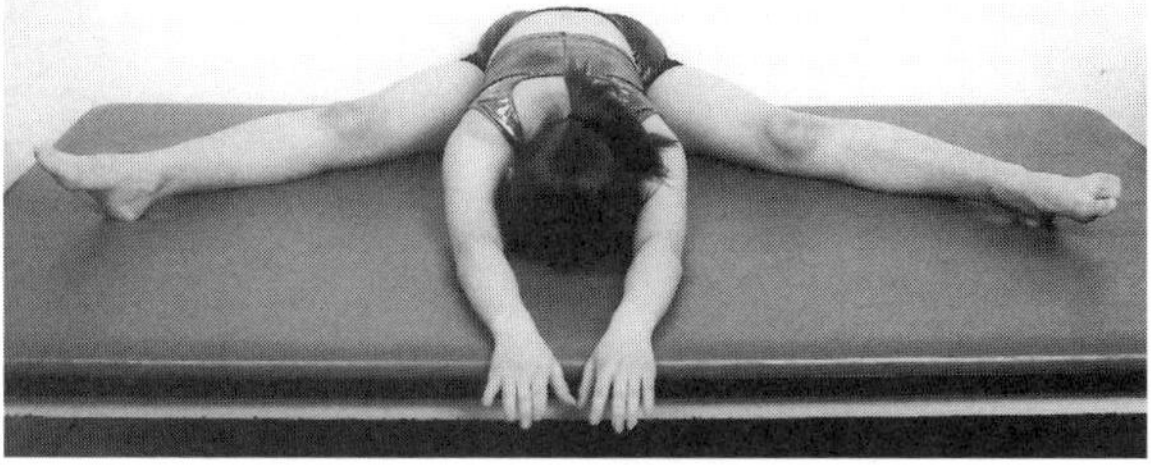

写真 23

写真 24

「クールダウン」「夜の体操」

「クールダウン」「夜の体操」は、スポーツや仕事など、重力に抗した運動後に行う心身調整法です。

この体操はすべて寝て行うことから、重力除去位の体操とも呼ばれ、重力と戦った関節の疲れをいやすイメージで行います。

以下の①～④の体操は、すべて5～10回ずつで十分な効果が得られます。朝の体操と同様にリラックスし、反動を使わず、ゆっくり行ってください。

①両足抱え運動（写真25）

膝を立てた姿勢から、息を吐きながら両膝を胸に抱えるようにし、同時に頭を起こし両膝の間に鼻先を入れます。

息を吐ききったらゆっくりと体を元に戻します。

膝を抱える動作のとき、股関節につまり感を感じたら、両股関節周囲に意識を向け

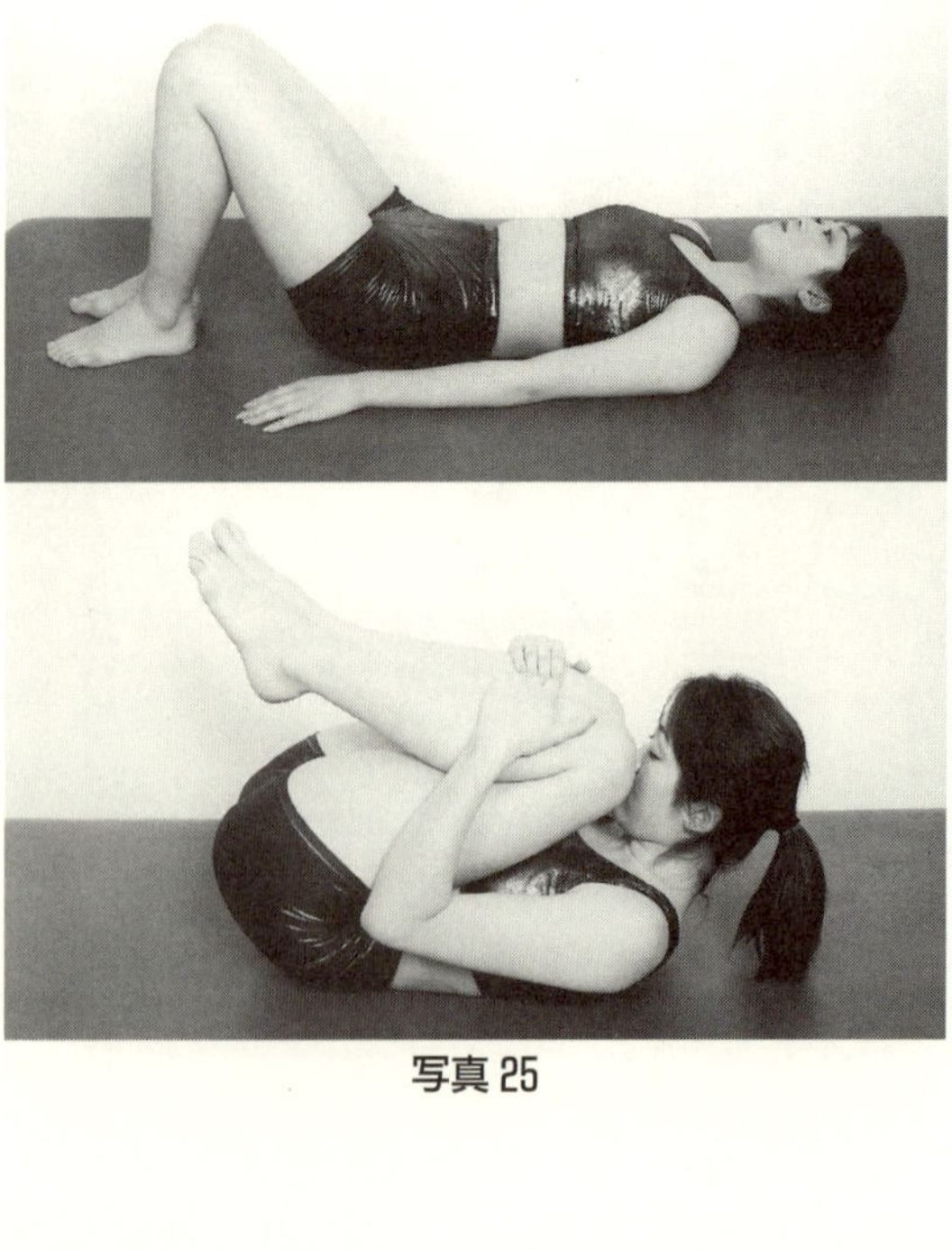

写真25

て、余計な力が入っていないかを十分気をつけながら、再度ゆっくり動作を行うことが大切です。

②片足抱え運動（写真26）

両足を伸ばした状態から、息を吐きながら片膝を胸に抱えるようにし、頭を起こして膝に鼻先をつけるようにします。

この体操でも股関節のつまり感を解くように行うことが大切です。

③腰の捻転運動（写真27）

あお向けで図のように右足をかぶせるように足を組みます。

次に右足の重みを利用し、息を吐きながら右方向に腰を自然な力で捻ります。このとき顔は逆方向を向きます。右足の重みだけで腰を捻ることが重要

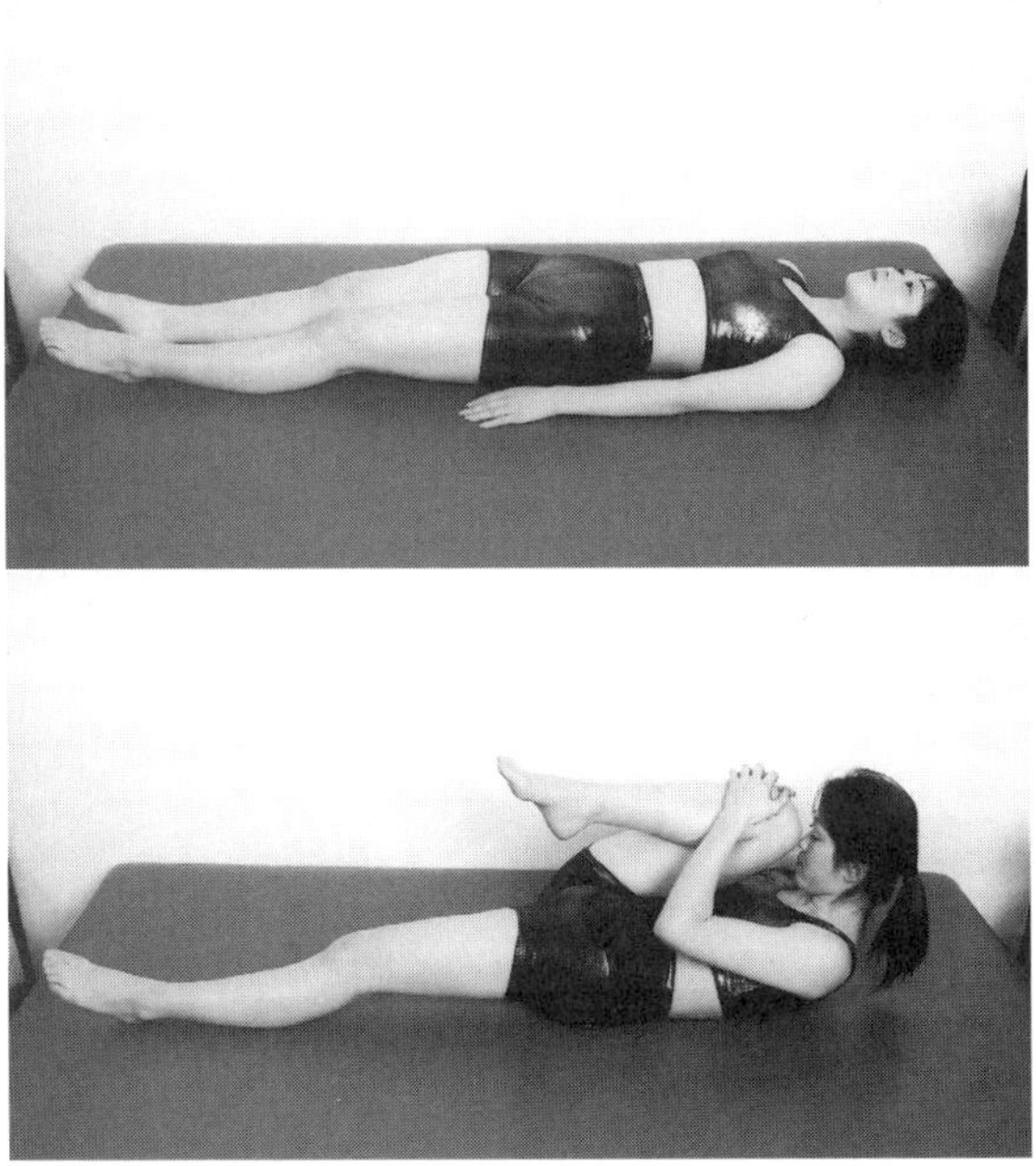

写真26

で、同時に左肩がなるべく床から離れないようにすることがポイントです。

息を吐ききったら、もう2～3回深呼吸を行い、息を吐くときに股関節周囲と背中の筋の張りを解くように意識を集中してください。

逆方向も同様に行います。

④股関節の曲げ伸ばし運動（写真28）

横向きに寝て右足をつかみ、息をゆっくり吐きながら膝を鼻先に近づけます。

次にゆっくりと息を吸いながら、右足全体を後ろへ反らせます。

鼻先と膝が近づく瞬間と、足を反らして太ももの前方が張る瞬間に、できるだけ股関節の力を抜くことが重要です。

4～5回ゆっくりとした動作で、右足の重さを半分、手で支えながら実施できるとより効果的です。

逆も同じように行ってください。

写真27

ベーシック体操のすすめ

前項のベーシック体操をご自身で試してみて、ストレスセルフチェック法で評価してみた感想はいかがであろうか。試していただいた方は、お気づきのようにほとんどの体操の実施中に、股関節前あたりに「つまり感」や「張り感」などの違和感を感じたはずである。この違和感が前述した仙腸関節の不具合を表していることを理解していただけたと思う。

ベーシック体操の醍醐味は、この違和感をいかにリラックスすることで解くか、ということである。つまっているから入れ込む、張っているから伸ばすというような力を使ったやり方では、その効果は一時的に終わってしまう。あくまでも「つまり」や「張り」が軽く出現した位置で、その部分に意識を向けて、時間をかけて「氷が溶ける」ようなイメージで、集中して欲しい。そうすることで効果が持続できるのである。

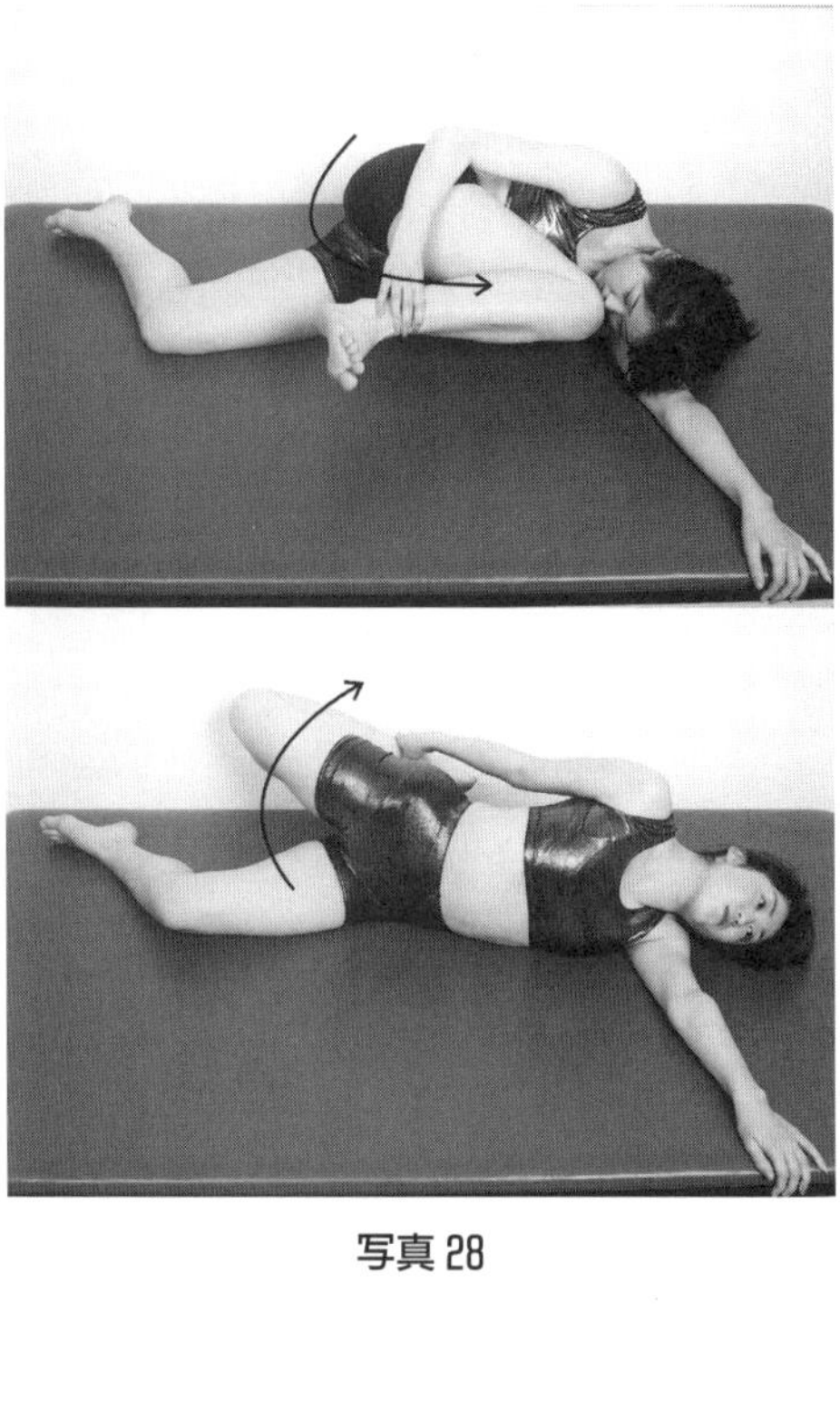

写真28

初めての方は、自分のゆとりのある時間を利用して1日に1回行っていただきたい。体の一部に慢性的な痛みを持っている方は、早ければ2週間、遅くても2カ月で効果を実感できると確信する。読者の方々には早速、今日から始めていただきたい。

5 パート1からパート2へ

私はこれまでの2章を通して、体のコンディショニング法の中でも、特に痛みに対する基本的な治療理論を紹介してきた。

私の治療は、現代の西洋医学の主流をなすバイオメカニカルな研究に加えて、東洋医学的な治療論を組み合わせた新しい体系が特徴である。そしてその理論の応用は、今日では治療医学はもとより予防医学的方法論にまで発展させることが可能となっている。なかでも4000年の歴史を誇るインドのアーユルヴェーダ医学は、「体と心を一体化して治療したい」という私の望みを充足するに十分な材料となった。

体とともに心の治療を優先するアーユルヴェーダ医学は、近年増えつづける社会心理的ストレスによる病気に悩む人々にとって、もっとも有効な治療理論を提示している。さらにその根底に流れる思想は、今後の心身治療医学の発展に不可欠なものであると思われる。

私がアーユルヴェーダ医学と出会った当初は、われわれ西洋医学を学んだ者にとってそれは受け入れがたく、まるで別世界の知識を学んでいるような違和感を覚えたものである。しかし、その内奥を知るにつれ、それが西洋の心身医療を超えた「全人的《ぜんじんてき》医療」の実践であり、医療が体だけでなく、心と社会生活への対応までも改善させなければならないということに気づいたのである。

当時の私でも、今後の医療は心と体のみならず、社会生活や生活環境にまで対応する能力を回復させようとするアーユルヴェーダ的な医学的思想が必要であることは十分理解していた。しかし、心の世界にはまったく不案内だった私が、仮にそれを机上で学ぶことができたとしても、自らの治療実践に応用するというのは、とうてい不可能なことだと思っていた。

そんな矢先、白石先生に出会うことができたのである。先生はスポーツの選手やコーチの体験を持つと同時に、現在は大学の教授として、西洋的な運動学の視点と併せて、東洋思想に基づいた心のコントロールについて研究を続けられている。しかし何よりも、先生はスポーツの現場でその研究成果を応用し、多くの選手をスランプのどん底から立ち上がらせるばかりか、最高潮（ピーク、ゾーン）に至らしめるようなサポートをされている実践家なのである。

体だけの身体医学治療に限界を感じていた私にとって、白石先生は私にないものをすべて補ってくれる絶好のパートナーであり、私の治療理論を実証するため必要な数多くのヒントを与えてくれる方だったのである。

白石先生と私は、「体の治療と心の治療は一体である」という理念の元に、これまでもいろいろなスポーツ現場で仕事を共にしてきた。小さな失敗も数々あったが、それ以上の大きな成果を二人三脚で成し得てきたと思っている。そこでは、「体の異常が及ぼす心への影響」と「心の異常が及ぼす体への影響」を各々の立場で評価・治療し、トレーニングを処方するということを幾度となく行い、その基本的なセオリーに修正を重ねてきた。

本書はこれまでの白石先生と私とで行ってきた活動の集大成であり、われわれとしては十分に手応えのある内容となっている。執筆にあたっては、理論的な側面もできるだけわかりやすく解説するとともに、その実証を、読者の方々が実際に本を読みながら体験できるように工夫したつもりである。また、現場で活躍されているコーチ及びメディカルサポートスタッフの方々にとっては、ご自身の既知のセオリーに本書の理論を加えていただくことで、心や体の諸問題に悩む選手をケアする際に役立つものと確信している。

「パート1・フィジカル編」を終えるにあたり、著稿に際し終始ご助力いただいた私の前職場である船橋整形外科院長道永幸治先生、ならびに副院長白土《しらつち》英明先生にこの場をかりて深謝の意を表したい。

［パート2］メンタル編

白石　豊

第3章　メンタルレッスン1
心の力をチェックする

1　メンタルトレーニングの意義

集中力や自信の欠如、恐怖心や不安などの精神的な問題が、スポーツの成績に悪い影響を及ぼすことはよく知られている。しかしそうした問題が、それに相応したメンタルトレーニングを行うことによって改善されるということは、競技スポーツの世界でも最近ようやく理解され始めてきていることである。

オリンピックの歴史を簡単に振り返ると、1950年代までは選手個々の才能と努力が勝敗を決する〝前科学的トレーニング〟時代といえよう。60年代に入ると、技術面では運動学やバイオメカニクスなどの研究成果が大きな技術革新を生み始める。体力面でも生理学、栄養学、トレーニング学などの研究によって、まるでサイボーグのように強靱な体をもった選手が生み出されるようになっていった。そして70年代の半ば頃から、残された最後の領域として各国で急速に研究が進められていったのが心の強化、つまりメンタルトレーニングである。

スポーツの技術や体力が、練習やトレーニングによって次第に向上していくということは、だれもがよく知っている。ところが心を鍛えるということになると、さまざまな答えが返ってくる。たとえば、「精神力は生まれつきのものだ」と言いきる人もいる。また「精神力とは、いわゆる根性だ。だから日々の厳しい練習に耐えていけば自ずと身についていくものだ」という人もいる。さらには「技術や体力と同じように、精神力だってトレーニングすれば向上するとは思うが、でも具体的にどうすればよいかがわからない」という回答もかなりある。

第一の見解、つまり「精神力は生まれつきのものだから、トレーニングしたって変わりっこない」というのは、われわれ人間のもつ巨大な学習可能性をまったく否定しており、とうてい賛同することができない。ここで人間の巨大な学習可能性について少し述べておくことにしよう。

私は97年に光文社から『運動神経がよくなる本[34]』という本を出版した。そこで私がまず強調したかったのは、運動神経は遺伝ではないということである。運動神経などというと、つい先天的に体の中に埋め込まれたものといったような印象を持ちがちだが、これを運動ができるかどうかと言い換えてみれば、「あれ、やっぱりやればできるのかなあ」という気になってくるのではないだろうか。

96年3月に、光文社の編集者が一冊の本を携えて私の研究室を訪れた。その本とは、京都大学名誉教授の川畑愛義先生がお書きになった『背がグングン伸びる本[14]』である。その中で川畑先生は、身長の伸びを決定する要因として、栄養（31％）、運動（20％）、環境（16％）などを挙げている。つまり、身長のようなまさに遺伝的なものとして考えられてきたことですら、後天的な要因が67％を占めているというのである。

川畑先生のこの本は、20年あまりで30刷を超えるロングセラーとなった。先生の理論と方法の確かさに加え、身長にコンプレックスを持つ人が、予想以上に多いようだと編集者は説明した。そして、こうした事情は運動についても同じだというのである。

とび箱が跳べなくてベソをかく。駆けっこをすればいつもビリ。ボール運動ではボールに触ることもできない。体育があるというだけで、学校に行くのがいやになる子どもが確かにいる。しかし、そうした子どもたちが運動を苦手にするのは、遺伝によるものなのだろうか。答えは「ノー」である。

このことはその習得プロセスが運動と類似している、言葉のことを例に出せばよく理解できることだろう。つまり、運動も言葉も一定程度の環境刺激が与えられさえすれば、人並みなレベルには知らず知らずに到達してしまうものである。たとえば母国語の習得は、その豊かな言語環境に支えられて、特別な才能を持たずとも、またすぐれた教師や指導方法によらなくとも自然に習得されていく。これに対して外国語の習得となると、かなり熱心に学習もし指導もされるのに、なかなか思うように上達しないという問題がある。日本では中学から10年近く英語を学んでも、自分の意志さえ満足に伝えられない人がたくさんいる。しかし、アメリカで生まれた日本人の赤ん坊ならどうだろうか。普通に成長すれば、アメリカ人と寸分たがわぬ英語を話すにちがいない。

こうした事例からも明らかなように、われわれが何事かを学び、身につけていくプロセスにおいては、それにふさわしい環境というものがきわめて重要な要素を占めているのである。このことは運動についてもまったく同様で、マイネルも、「人間の随意運動は生得的なものではなく、すべては環境との積極的な対峙関係の中で発達する」[16]と述べている。つまり運動も体も、そして心も、すべては生まれてからどのように生きていく（外界と交流していく）かによって異なってくるということなのである。これが、「自分の心の弱さを親のせいにするなどとんでもない」という私の見解の所以である。

二番目の考え方は、「精神力とは根性だ。日々の厳しい練習に耐えていけば自ずと身につく」というもの。劇画『巨人の星』に代表される〝スポ根〟路線である。死に物狂いで技を磨き体を鍛えれば、自ずと心も練れてくるという考え方には確かに一理あり、私もそのすべてを否定しようとは思わない。

しかし現在のスポーツ界を見ると、技に秀《ひい》で、体に勝《まさ》って日本のトップに立つ選手でも、心にぽっかり空洞があいていて、学生や社会人としては何とも頼りない人を目にすることがある。厳しい練習を自ら課すような選手なら、そんなことにはならないのだろうが、指導者から与えられたハードなメニューをただこなすだけの、まるでロボットのような選手も少なくない。

こういう選手の競技人生を見ていると、確かにハードトレーニングに耐えて強くなり、パッと花が咲いたような一時期を迎えることもある。しかし、それはごく短い時間で、あっという間に燃え尽きてやめてしまうようなことがよくある。

三番目の回答、つまり「技術や体力と同じように、精神力だってトレーニングすれば向上するとは思うが、でも具体的にどうすればよいかがわからない」というのは、しごくもっともなものだと思う。トレーニングによって心だって変えられると思っても、それでは具体的にどうすればよいのかとなると困ってしまうという選手が数多くいるのは事実である。しかし、最近ではメンタルトレーニングの研究もずいぶん進み、事情は少しずつ変わりつつある。私自身は、心・技・体の三つの領域をたえず関連させ、そこに東洋的な哲学や手法を加えながらスポーツ選手のメンタルな問題を取り扱ってきた。そういう意味で言えば、現在では選手たちにある程度のアドバイスができるようにはなってきた。

さて具体的なトレーニングに入る前に、まずメンタルスキルという考え方を理解していただきたい。たとえば体力トレーニングの場合には、「筋力」「持久力」「柔軟性」「敏捷性」などといった大きな要素に分けて、それに応じた細かな測定や評価を行い、個々に適したトレーニング方法が提示されるのが一般的である。メンタルトレーニングの場合もそれと同じように、トレーニング対象となる心の力をいくつかの要素に分けて評価し、具体的な強化方法を講じるような方向に進んできているのである。

2　スポーツ選手に必要なメンタルスキル

私が選手の心の力をまずおおざっぱに把握する場合には、以下の6つの精神的要素＝メンタルスキルをチェックしている。スポーツ選手に必要な、と書いたが、実はこれらのスキルはだれにでも必要なものばかりである。

最初に、自分の心の力を10点満点で自己評価してみよう。以下の説明にしたがって点数をつけ、その理由も書いておくとよい。たとえば、「意欲10点（最近やることなすことうまくいって、練習がおもしろくて仕方がない)」とか、「集中力6点（ときどき調子に乗りすぎて、軽率なプレーをしてしまうことがよくある)」などと書き添えるのである。

（1）意欲

現在の選手としてのやる気はどうか。朝起きたときにその日の練習を思い浮かべてみよう。新しい技術をマスターできそうでワクワクするなら10点。練習を考えて憂鬱になるなら1点。

（2）自信

選手としての自信はどうか。自信にあふれていれば10点。自分のプレーや行動にまったく自信が持てないなら1点。

（3）感情コントロール能力

どんな状況でも冷静沈着に対処できるなら10点。些細なことでイライラしたり、落ち込むようなら点数は低い。

（4）イメージ想起能力

鮮明なイメージがリアルに思い描けるなら高得点。目を閉じて何かをイメージしようとしても何も浮かんでこない人は1点。

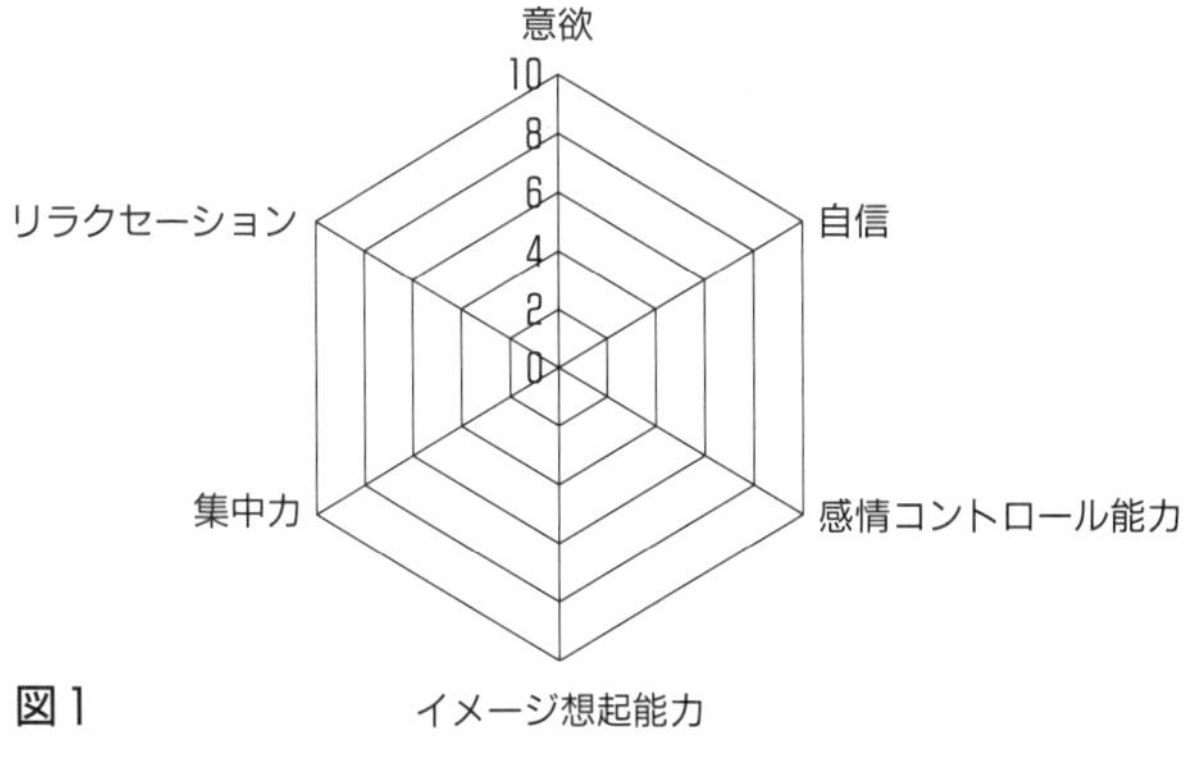

図1

（5）集中力

何かをやるときに、そのことに完全に没頭できる人は得点が高い。逆に頭の中でいつもいろいろなことが雑多に浮かんで能率の悪い人は得点が低い。

（6）リラクセーション

プレッシャーのかかる場面でも、心も体も意図的にリラックスできるなら高得点。逆にすぐに緊張して硬くなる人は得点が低い。

心の力の自己評価はいかがだっただろうか。

図1のように結果を六角形のレーダーチャートにすると、現在の心の強さが一目瞭然となる。これはあくまで自己評価なので、同じ方法でコーチや同僚など、できれば三人ぐらいに客観的な評価をもらって比較するとよい。その際にも、評価理由を書き添えてもらうと改善点が明確に見えてくる。

こうした簡便な心の力の評価に加え、質問紙による心理検査を利用するのもよい。心理検査というとYGやクレペリンなどを思い浮かべる方が多いかもしれない。しかしこの10年ほどの間に、スポーツ選手のメンタルスキルを評価できるような心理検査法が開発され、利用されている。私もいくつかの検査法を他の診断法と組み合わせて利用することが多い。新体操チームの指導で利用したのは、九州大学の徳永幹雄先生が作成された「心理的競技能力診断検査」である。詳細は先生の著書『ベストプレイへのメンタルトレーニング―心理的競技能力の診断と強化―』[37]を参照していただきたい。

新体操ナショナルチームの指導にあたっては、メンタルトレーニングを始める前の心の状態を知りたかったので、徳永先生の質問紙を前日に配布し回答してもらった。ところが一晩かけてデータを処理した私は、「これはどうしたものか」と考え込んでしまった。それというのも、オリンピック出場権がかかった世界選手権を4カ月後に控えた選手たちとしては、これで本当に戦っていけるのだろうかと心配

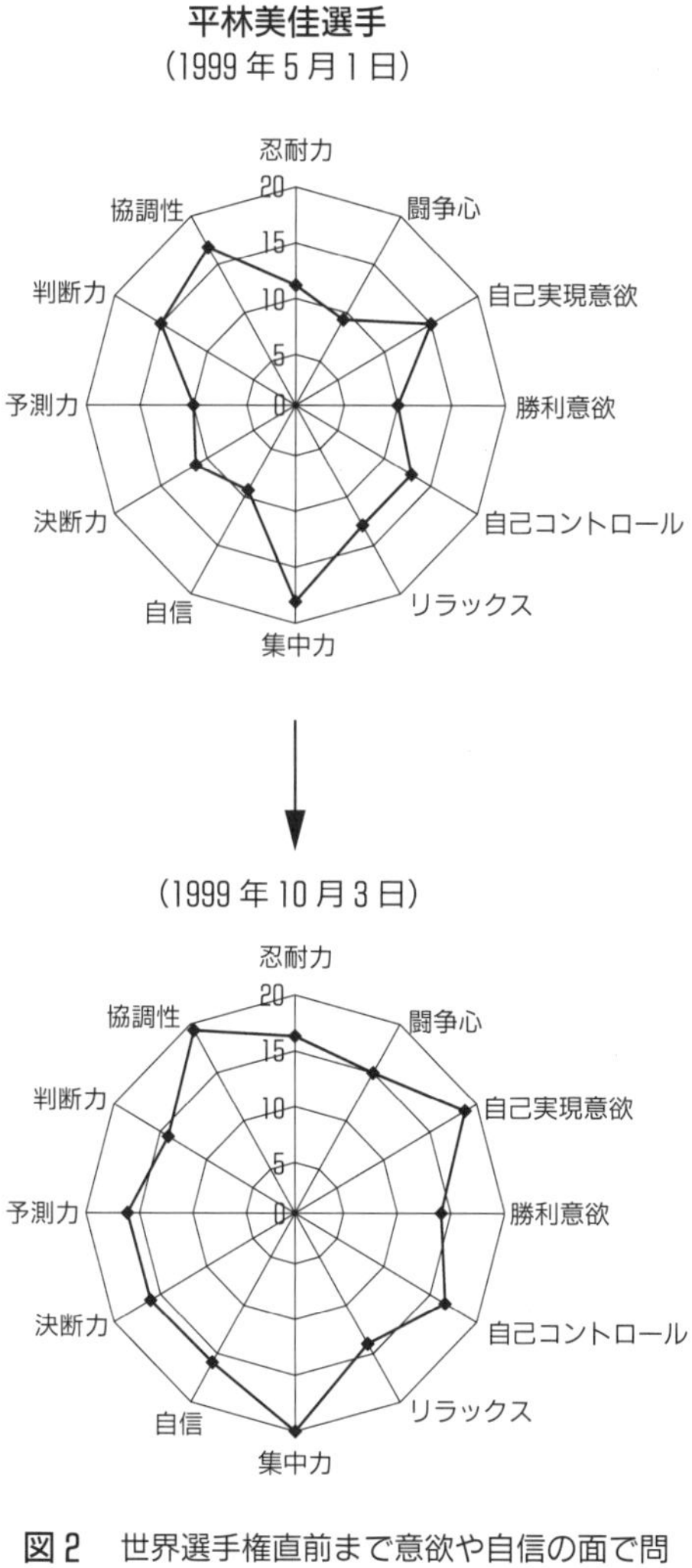

図2　世界選手権直前まで意欲や自信の面で問題を抱えていたにもかかわらず、あることをきっかけに大変身し、すばらしい活躍をした平林選手の検査結果(終章参照)

になるほどスコアが低かったからである。

図2からも明らかなように、協調性や自己実現意欲などを除いたほとんどの項目でスコアが低い。私はプロ・アマを問わず、多くの一流選手に同じような調査を行ってきたが、日本を代表するレベルでこれほど低い例は初めてだった。こうした検査ばかりでなく、コーチや選手たちとも面談して、さらに個々の心の力をチェックしていった私は、「集中力」「感情コントロール」など改善すべき多くの要素に先んじて、まず着手すべきは「自信」というメンタルスキルにあると判断した。

すでに序章でも述べたように、彼女たちは本番の大舞台でゾーンに入って最高の演技を披露した。コーチたちからの依頼もあり、その直後に再び徳永先生の検査用紙を配り、選手たちの心の力の変化を調べてみた。結果は驚くばかりだった。

図2からもわかるように、4カ月という短期間にこれほどの変貌を遂げた選手を私は知らない。ところがこうした変化はこの平林選手にとどまらず、個人、団体あわせて11名の選手全員に顕著な改善が見られていたのである。とくに「自信」「集中力」「リラックス」などの項目は、どの選手も大幅に向上していた。

こうした事実をあらかじめ頭に入れた上で、第4章「適切な目標設定と自信」、および第5章「コミュニケーションスキル」へと読み進んでいただきたい。

第4章　メンタルレッスン2
適切な目標設定と自信

1　自信についての誤解

　自信は、メンタルスキルのうちでも、もっとも重要な要素といってよい。「自信をもってプレーや行動ができれば……」とはだれもが願うが、自信について誤った考え方をしている人が多いのもまた事実である。つまり、「自信の大きさは実績に比例する」という考え方である。確かにすばらしい実績を持つ人は自信にあふれて見える。しかし、過去に実績がなければ自信は持てないのだろうか。

　答えは「ノー」である。メンタルトレーニングの面から言えば、試合に勝ったから自信がついたのではなく、何らかの手だてによって試合にのぞむ前にあらかじめ自信をつけ、その結果として成功する可能性を少しでも高めるという方が正しい。

　繰り返すが、自信は過去の実績に比例しない。プロ野球解説者が「彼は去年3割を打って自信をつけた」とか、「この1勝で次は自信をもって登板できる」というのは、自信という心の力の実態を正しくとらえている言葉ではないのである。

では本当の自信とは、どういうものなのだろうか。

米国のスポーツ心理学者マートンは、自信を「過去の経験に照らし合わせ、今、自分がやらなければいけない事態は何とかうまくやれそうだと思える感じのこと」と説明している。[17] 私もこうしたとらえ方が適切だと考えている。そうでなくては、試合にのぞむ前にあらかじめ自信を持つためのメンタルトレーニングというものは成り立ちはしない。

前人未踏の868本のホームラン記録を持つ王貞治氏（現ダイエーホークス監督）は、毎年キャンプインのインタビューでは、よくこう言っていた。

「去年、三冠王がとれたとか、55本もホームランを打てたということは、確かによかったと思っている。でも、正直な気持ち、いつもキャンプインのこの頃になると、今年はひょっとして1本も打てないんじゃないかと思って怖くなるんだよ。僕はその怖さをうち消すためにも、やっぱり一にも二にも練習するしかないと思っている」

プロボクシングの名コーチだった故カス・ダマトもこう言う。

「一流のボクサーほど、試合の何カ月も前からゴングが鳴るまで、ずっと怖がっているもんさ。怖いから練習するんだよ。ところが三流の奴ときたら、ゴングが鳴るまでは平気な顔していてろくな練習もしやしない。それが始まったとたんにガタガタ震えるんだから、勝てっこないやね。恐怖心というのは火のようなもので、使い方によってはこれほど便利なものはないが、ちょっと間違うとたちまちわれわれを焼き尽くしてしまう」

この言葉にしたがえば、選手・王は過去の実績にあぐらをかくことなく、恐怖心（不安）を利用したすさまじい練習によって、開幕の頃には「よし、今年もやれる」という自信を築き上げていったといえよう。

この「大丈夫、やれそうだ」と考えられる心の奥底に存在しているものが、セルフイメージ＝自己像である。「私はどうもおっちょこちょいで」とか「私は根が明るいから」などは、すべてこのセルフイメージによっている。スポーツでも「自分はプレッシャーに強い」とか「練習ではいいけど本番はうまくいかない」といった、よく聞く言葉もセルフイメージのなせるわざである。

そしてその大きさこそが自信の大きさと比例する。逆にいえば小さく凝り固まったセルフイメージを拡大できれば、本番に先立って自信が持てるということになる。

2　自信とセルフイメージ

日本を代表する選手の多くも、最初は私のような自信のとらえ方を理解できなかった。たいていの選手が、自信にあふれて試合を迎える大切さは熟知していながら、「良い成績が残せて初めて自信が持てる」と考えていたのである。しかし、彼らに過去の試合を振り返ってもらい、成功したときとそうでないときの心の状態を書き出してもらうと、決まって「良いときは試合前からなぜか自信にあふれていた」という。逆にそれまでの練習で、技術的にも体力的にもレベルアップが図られていたにも関わらず、内心ではどうにも不安をぬぐい去ることができなかったときは、たいてい散々な結果に終わっている。

そもそも、指導者や選手が望んでいるのは、良い結果が出た後で得られる自信ではない。結果を出すために、あらかじめ自信を持つことである。そのカギになるセルフイメージは、心の中でサーモスタット（自動温度調節装置）のような働きをしており、われわれの行動を一定の枠の中でコントロールしている。

「自分は一流だ」という大きなセルフイメージを持っている選手は、たとえ苦しい試合展開になっても、「こういう時こそ頑張るのが自分らしい」というセルフイメージに支えられて、最後まであきらめずに全力で戦い続けることができる。こうした姿を外から見た人は、「あの選手は自信にあふれてプレーしている」と言うであろう。これに対して、「自分はしょせん二流か三流だ」と決めてかかっている選手は、練習ですばらしい技術や体力を身につけても、いざ本番になると「試合では失敗するのがお前らしい」という長年つくりあげたマイナスのセルフイメージによって、まったく実力が発揮できないということがよくある。

すでに述べたようにセルフイメージと行動（成果）は比例する。これをラニー・バッシャムは、「セルフイメージの第1原則」と呼んでいる。(2) この第1原則が成り立つとすると、行動や成果を改善するためにはセルフイメージを変える必要があるということになる。それではそんなことができるのだろうか。「セルフイメージは変えられる」というのがその答えである。これが「セルフイメージの第2原則」といわれるものである。

こうなると次にはその具体的な変え方について述べなくてはならないのだが、その前にもう一つだけ説明しておく必要がある。それはわれわれのセルフイメージはいったいどのようにして形成されてきたのかということである。

3　セルフイメージはいかにして形成されるのか？

人間は運動であれ言語であれ、あらゆることを人的・物的な環境との積極的なやりとりによって発達させていく。セルフイメージもまた同じように、われわれが生まれてから今日に至るまでに遭遇したさまざまな環境や、それとともに蓄積される経験によって形成されていくのである。

その中でも、私が最も大きな役割を演じていると考えているのが「言葉」である。

人間はこの世に生を受けたときから、実に多くの人に取り巻かれて成長していく。親、兄弟、友人、先生など歳を重ねるほどにその種類も多岐にわたる。ここで注意すべきは、それらの人々との交流の中で、われわれに対して膨大な言葉がかけられ続けているということである。結論を先取りすると、こうした他者からの言葉かけで、セルフイメージのかなりの部分がつくり上げられると私は考えている。言葉かけの影響は、胎児のときから始まると言われる。また「三つ子の魂百までも」ではないが、言葉をはっきりと理解できるようになる3歳以降では、その影響の大きさは想像して余りある。

先ほど、「他者からの言葉かけによって、セルフイメージのかなりの部分がつくり上げられる」と書いた。すべてではなく、かなりの部分と書いたのは、セルフイメージが心の中にしっかり根を張るまでには、もう一つの言葉かけも関係してくるからである。それはセルフトーク、つまり自分が自分に語りかける言葉である。

この二つの言葉の関係は、こんな例で説明することができる。

ある子どもが小学校に入学したとしよう。それまでは幸いにも順調に育まれていたセルフイメージが、ちょっとしたことで強烈なダメージを受けることがよくある。たとえば運動会で、その子が徒競走に出る場面を想像していただきたい。お父さんは最新のデジタルビデオカメラを構えて、わが子の走りっぷりを撮影しようと大張り切りである。お母さんも懸命に声援を送っている。その子も期待にたがわずはじめはトップを走っているが、最後につまずいて結局ビリになってしまう。子どもは当然べそをかくし、親は親でため息まじりに、「もったいないなあ。もうちょっとで一番だったのに。どうしてあんなところで転んじゃうんだろう」とつぶやいたりする。

小学校の運動会ばかりでなく、こうした光景を至る所で目にする私としては、こんな時ちょっと心配になる。たとえば、「あのビデオはいったいどうするんだろう。家に帰ってからまた一緒に見るのだろうか」とか、責めるつもりはないにしても、「どうして転んじゃったの」とその子が言われるのではないかとヒヤヒヤするのである。

こういう言葉かけがされると、子どものセルフイメージはあっという間に萎縮する。さらに、翌年の運動会の朝、1年前のことをすっかり忘れていた子どもにお母さんがこんなことを言ったりする。「今日もみんなで応援にいくからね。頑張って走るんだよ。去年みたいに最後に転んだりしちゃあだめだよ」と。これでは結果は目に見えている。再び最後で転んでしまったその子には、またしても「いつもどおり走ればお前は一番なんだけどねえ。どうも本番になるとだめだねえ」という言葉が聞こえてくる。そして今度はその子も自分の中で、「僕ってやっぱり本番に弱いのかなあ」とつぶやき始めるのである。ネガティブなセルフイメージの形成過程はざっとこのようなものである。

これを私は「ネガティブワード（否定的な言葉かけ）によるバッド・パフォーマンスループ（悪循環）」と呼んでいる。こうした落とし穴に落ち込まないためには、相手への言葉かけとセルフトークの内容を吟味し、ネガティブワードを速やかにポジティブワードに変えるテクニックを身につける必要がある。つまり、外や内から聞こえてくるさまざまなネガティブワードを、たえずポジティブなものに言い換えられるように日頃から訓練していかなくてはならない。

転んで失敗した事実は消せないが、一度や二度の失敗なんてどうということはない。いやそれが十回や二十回だってたいしたことはないのである。私は選手が失敗してしょんぼりしていると、「転んだら立てばいいじゃない。もう一度立ち上がるだけでもすごいし、転んだときに手に何かが触れたら、それをしっかりつかんで立ち上がればいいよ」と言うことにしている。失敗から学ぶことは必要だが、ネガティブなイメージや感情を蓄積することは禁物である。

言葉が選手のメンタル面に及ぼす影響は絶大である。言葉の問題については、コーチング上いくつかの留意点が残されているので、その点については第5章でさらに詳述する。

4 適切な目標の設定法

目標設定の意義

繰り返しになるが、本当の自信とは「これから自分がやろうとすることに対して、だいじょうぶ自分はうまくやりこなすことができるという確かな感じが持てること」である。そうした感覚を持つもっともよい方法は、適正な目標を小刻みに設定して、それを確実に達成していくことである。

多くの人が口にする「もっとうまくなりたい」「勝ちたい」という漠然とした目標は、旅行代理店の窓口で「とにかくどこかへ旅したい」と言うくらい意味のないことである。どこへ、いつ、どんな交通手段で行きたいか、それらがわからなければチケットは出せない。同様に漠然と目標を考えると、ベストの尽くし方も曖昧になり、一生懸命やっている気になっているだけになる。そしてたいていは、目標を達成できないままで終わる。

「天才とは、高みに登る階段を人に見せない人だ」という言葉がある。凡人にはとうてい手の届きそうもなく思える天才たちの所業も、実は細分化されたスモールステップを根気強く登っていった結果なのであり、ただその過程を人は知らないだけだということであろうか。もちろん天才ばかりでなくだれにとっても、小さな成功体験を積み重ねることが、揺るぎない強固な自信を築き上げるのである。

セルフイメージを改善し、確かな自信をつくるためにも、適切な目標を設定する「技術」が必要となる。高すぎて達成できない目標設定は、自信喪失と不安を生み、意欲を失わせることにつながってしまう。もちろん目標がやさしすぎるのでは、これまたすぐにやる気と集中力を失わせるばかりか、大切な達成感をもたらしてくれない。

あらゆるジャンルで成功している人々は、目的達成の第一ステップに自分を奮い立たせる目標を設定し、注意とエネルギーをそれに集中させていく。言い換えれば、自分が何を望んでいるかをはっきり意識できるからこそ、目標達成に必要なステップが見えてくるのである。

現状分析

手持ちの地図に目的地は載っているが現在地はないというのでは、目的地までの細かいルート設定はできない。同じように、適切な目標設定をするためには今の自分がいるのは「どこ」かを正確に知る必要がある。そこでまず、現時点での自分の力（心・技・体）を正確に把握することが必要となる。

ノートを使って自分の現在の力（技術面、体力面、メンタル面などのすべて）をセルフチェックするのである。こうしたチェックをすると、自分が今どんなプレーをしているかがよくわかるようになる。私はアドバイスを求めてきた選手に「あなたがなりたいと思っているプレーヤーになるには、どんな技能や資質が必要ですか。ボールコントロール、ボディコントロール、シュート、リバウンド、筋力、持久力、自信、集中力など、思いつく項目すべてをノートに書き出しなさい」と指示する。

自分なりのチェック項目が記入されたら、今度は各項目を10点満点で自己評価させる。この場合、1点というのは、その項目が非常に弱いということであり、逆に10点は最高に良い状態だということである。自己評価が終わったら、その選手のことをよくわかっている人三名に同じ項目について、今度は客観的に評価してもらい、それぞれの項目ごとに他者評価の平均を出しておく。

すべての作業が終わったら、まずは自己評価を見る。これを選手たちと一緒に眺めていると、彼らのほうから「やっぱり体力トレーニングが不足しているんですねえ。書いてみるまでは、自分なりに体には気をつかっていると思っていたんですけど。4点とはねえ……」などと言ってくることがよくある。自分を漠然ととらえていた証拠だが、紙に書いて初めて自分の感じと実際のギャップに気づくのは、珍しいことではない。

もう一つの他者評価は、自己評価が陥りやすい独りよがりの部分を補う意味で、これまた大切である。自己評価との間にプラス・マイナス2点以上の差が出たら、その理由を注意深く調べてみる必要がある。

たとえば、ある選手の場合では、「練習」の項目の自己評価が6点であるのに対して、他者評価の平均が3点だったとしよう。つまり、自分としてはまずまずいい練習ができていると思っているのが、他人の目から見ればとてもそんな状況にはないということである。ただし、ここで重要なのは、単純な数字的ギャップではない。評価が大きく食い違った原因をさまざまな形でディスカッションし、お互いにはっきりつかむことなのである。

いずれにしてもこうした評価結果に基づいて考えてみると、その選手のどこが改善されればよいのか、またまずどこから手をつけていけばよいかということが明確になってくる。

適切な目標設定のポイント

これまでは、自己の可能性を引き出し成功を収めるには、適切な目標設定が不可欠であることを述べてきた。ピークパフォーマンスに到達しようとするなら、まずそこに至る道筋がわかっていなければならない。それはちょうど目的地に行くために地図が必要だったり、コンピューターを有効に使うためには、仕事内容に応じたいいソフトウェアを利用しなければならないのとまったく同じことである。つまりスポーツでも、ピークパフォーマンスに至るためのガイドブックが必要となる。

そしてそのガイドブックには、以下のことが細かく書かれていなければならない。

・行きたい方向性が明確に示されている（目標設定）
・いつ目標を達成したいか

・目標の達成に向けて何を、どうすべきかについての綿密な計画
・達成後の評価や報酬（ごほうび）

それでは目標の適切さはどうチェックすればよいのだろうか。英国のコーチングセオリーの一つに「ＳＭＡＲＴ Ｇｏａｌ Ｓｅｔｔｉｎｇ」がある。ＳＭＡＲＴ＝「賢い」だが、5つのアルファベットは目標の適切さをチェックする言葉の頭文字ともなっている。「あなたの目標は具体的（Specific）で、測定可能（Measurable）で、頑張れば達成できそう（Achievable）で、現実的（Realistic）で、期限が限定（Time Phased）されていますか」ということである。

Specific（具体的な）

まず目標は、その内容と方向性が具体的に示されていなければならない。よく耳にする「もっといい選手になりたい」とか「強くなりたい」という目標は、あまりにも漠然としていて、いざ実行に移ろうとしても具体的に何をしたらいいのか見当がつかない。たとえば何カ月か経ってから、こういう目標を口にした人に、「それじゃあ、あなたはこの数カ月練習した結果、どのくらいいい選手になりましたか」とたずねると、たいてい「ええ、けっこうよくなっていると思いますよ。もちろん、まだいろいろ直すところはありますけどね」というような答えが返ってくる。しかし、これではいつまでたっても技能を伸ばすことなどできはしない。つまり、ここでいういわゆる「いい選手」とは、いったいどんな選手な

のかを、もっと具体的に表現してみる必要がある。

Measurable（計測可能）

目標が計測可能なものであれば、いつそれを達成できたかがはっきりわかる。自分の立てた目標に対して、それがどのくらい達成されたかがよくわからなければ、あとどのくらいやればいいのかという目途も立たないし、達成したときの満足感を得られないことになってしまう。

Achievable（達成可能）

目標は、達成可能なもの（チャレンジしがいのあるといってもいい）でなくてはならない。不可能だと途中で嫌気がさし、「できそうにない」という消極的な思いが先行するようになる。目標があまりに難しいと、目標そのものがプレッシャーとなって心配・不安・過緊張などを生み出し、パフォーマンスが低下する。頑張れば達成可能で、そのために全力を尽くそうと思える目標なら、心は平静で筋肉もリラックスし、非常に集中力の高まった「ゾーン」状態に入りやすくなる。

Realistic（現実的）

目標を定める前に夢を描くことは重要である。夢がなければ、人生はとてもつまらないものになってしまう。しかし、夢と目標は区別すべきである。多くの成功者たちは、もちろん大きな夢をいだいてそれを実現してきた人たちである。しかし、彼らがそうできたのも夢を現実的な目標に細分化し、それらを一つずつ確実に達成していったからに他ならない。

Time Phased（期限を区切って）

期限を区切るというのも、目標を設定して達成するうえでは、どうしても必要なことである。たいていの人は、大切なこととはわかっていても、ついつい先延ばししてしまいがちである。「後でやろう」とか、「明日やろう」と思っているうちに、何もしないままどんどん時間だけが過ぎていくことなどいくらでもある。「今やらずにいつやるか、自分がやらずにだれがやるか」というほどの強い思いを持つためにも、目標は期限を区切らなくてはならない。

5　スマートゴール設定の具体例

こうした目標の設定は、簡単そうで意外に難しい。個人の目標を設定するだけでも1、2時間はゆうにかかるし、チーム全体だと少なくとも丸1日はかかる。それというのも全員の意識を統一できるまでには、それぞれに直接面接し、個々の目標とチーム全体の目標を出してもらい、全体としての共通理解を得られるまで調整しなければならないからである。

たとえば、私がアトランタオリンピックをめざしてバスケットボール・ナショナルチームの指導に着手した際にも、この作業にかなりの時間を費やした。まず中川文一ヘッドコーチと面談し、オリンピックでの目標をたずねた。中川コーチからは次のような答えが返ってきた。

「先生、ご承知のように、日本は昨年（１９９５年）のアジア予選の最終日に、台湾と3枚目の出場切符を賭けて戦い、残り6秒で1点差という薄氷を踏むような勝ち方でオリンピック行きを決めたんです。それも20年ぶりのオリンピック出場なんです。まあ正直言って、こうした過去のいきさつと各国のレベルを考えると、メダルという目標を掲げるのはちょっときついと思っています。オリンピックでは12カ国がA、B二つのグループに分かれて予選リーグをまずやります。それぞれの上位4カ国が決勝リーグへ進めるんです。日本はAグループなんですが、そこには前回のバルセロナで金メダルをとったロシアと銀メダルの中国、それに2年前の世界チャンピオンのブラジルが入っています。この3チームに勝つのは至難のことですね。ただ残りのイタリアとカナダには、日本がいいプレーをすれば勝機は十分あると思っています。この二つに勝てれば、なんとか決勝リーグに進めますし、そこでもうひと暴れして6位にでもなれたら、現状としては最高ではないでしょうか」

この中川ヘッドコーチの現状分析と目標を聞いた上で、私は二人のアシスタントコーチとナショナル強化部長にも意見をうかがった。その結果、指導陣の目標設定には、まったくぶれを感じなかった。選手全員もそうであるなら、何の問題もなく次の段階へ進むことができる。しかし、召集された15名の選手たちはけっして同じレベルではない。3カ月後の7月9日に、オリンピック選手として成田を発てるのは、そのうちの12名なのである。こうしたことを考え合わせると、チームでありながらオリンピックに対する個々の目的意識には、この時点ではまだ多少のズレがあると私には思えたのである。

一人ひとりの選手との面談が始まった。スターティングメンバーである5名の選手の語る目標には、首脳陣との大きな差異は認められなかった。一人だけ「メダル」をという目標を口にした選手がいたが、これについては現状をよく分析してもらい、夢と目標の違いを理解してもらった。

問題は実力的に次に続く5人と、さらに最後の5人だった。それというのもスタメンでない5人は、オリンピック代表からもれることはないとは思っていても、自分たちがイニシャチブをとって、何としても決勝リーグ進出を決めようというほどの強い意識を、前面に打ち出すまでには至っていなかったからである。また最後の5人は、それこそオリンピック選手になること自体が最大の目標であり、チームとしてどう戦うかといったことまでには意識が至ってはいなかった。

チームゲームで共通の目的意識を持たずにプレーするなど考えられないことなのだが、その構成員である個々の選手にはやはりそれぞれの事情があり、実際にはなかなか大変なことなのである。長い面談の末、ようやく首脳陣の目標と選手全員の目標に一致をみた私は、その旨を中川ヘッドコーチに報告した。かくして翌日には、ナショナル合宿の会場である静岡のシャンソン化粧品の体育館には、「めざせ決勝リーグ進出、6位入賞」と大書された横断幕がかけられることになる。

99年の新体操世界選手権でも、これと同じ作業を日本選手団に行ってもらった。その結果、個人選手たちは「個人での国別対抗で5位に入り、五輪出場権を最大の二枠確保する」、団体の選手たちは「8

位入賞で初の五輪出場権を獲得する」という目標を提出してきた。個人は2年前の世界選手権8位が日本の最高位。5位は120%の目標だった。団体は前回10位。実力をフルに発揮できれば8位は十分達成可能な目標ということだった。

私が目標を立てる際には、実力が120%発揮されたとき、つまり選手がゾーンに入り、神がかりの活躍をしたときを最大としている。それでも届かないような目標を設定することは、無謀になる。また逆に実力の80%しか発揮できなくとも、それはそれで十分に評価に値するとも思っている。それというのも試合は、大変なプレッシャーのかかる緊迫した状態の中で行われるものであり、その中で実力の8割を出せたということは、最低限の勝負ができた証だと考えているからである。

新体操世界選手権での私の対応は、個人選手たちの目標は5位を最大として、いかにそこに至らせる工夫をするかということにならざるを得なかった。しかし団体の目標に対しては、8位では不十分で6位入賞に修正するように提案した。なぜなら8位をねらっていって一つ間違えば、それでオリンピックの切符は他の国に渡ってしまうからである。つまり多少できが悪くとも、なんとかオリンピックの出場権を得られる許容範囲で食い止められるような意識（潜在意識）を、選手たちに持ってもらいたかったのである。そのうえで、ゾーンという状態のあることを説明し、場合によっては6位プラスマイナス2位である4位から8位までの順序があるということを説明した。

大舞台でゾーンに入った経験もない選手に、そうした状態に持ち込めたらこうなるといっても、最初はなかなか信じてもらえない。新体操の選手たちもコーチたちも、それまでの度重なる国際試合での失敗がよほど身にしみているのか、こうした私の説明にも半信半疑の表情を浮べる人のほうが多かった。

何位に入るとか何秒で走るといった目標は、それがいかにSMARTに立てられていようと、あくまでも「結果の目標」である。しかし本当に大切なのは、その結果に至るまでに具体的に何をするのかという「行動の目標」なのである。つまりいかに時間をかけ、SMARTに目標が立てられようとも、そこに至るプロセス（スモールステップ）が明確でなかったら、それはまさに絵に描いた餅でしかない。

6　行動の目標

アトランタオリンピックで「決勝リーグ進出、6位入賞」の目標を設定した日本女子バスケットボールチーム。過去の経験から、選手に目標をたえず意識させることの重要性に気づいていた私は、それを実現するための行動の目標を設定する作業にとりかかった。これが後にスポーツ新聞などで大きく報じられた「女子バスケお経作戦」である。

洋の東西を問わず、そもそもお経や聖典というものは、われわれ人間が生きていくための指針が記されたものである。同じようにスポーツ選手がよいプレーをしたいのであれば、そのために何をしなければならないかという明確な指針を持つ必要がある。つまり、それがその選手用のお経であり、目標を現実に達成したいのであれば、それこそ1日に何十回もそのお経を唱える必要があるというわけである。

こうした考えに基づいて私は、バスケットボールの日本代表選手としてアトランタで最高のプレーをするために必要な要素を、中川ヘッドコーチに選び出してもらった。つまり、「選手がこれだけのことをやってくれたら、僕は何も言うことはない」という項目が、96年の5月の段階では7つ、アトランタオリンピックに臨む頃には10挙がってきた。それを私が標語化し、その唱え方や回数まで細かく指示したのである。

この勝利の十箇条を朝5回、練習前に5回、練習後に5回。最低でも1日30回は唱えることで、プレーの指針を意識レベルを越えた潜在意識レベルにまでインプットしようとした。参考までにこの「勝利の十箇条」を挙げておこう。

①ゴールと戦え！／②シュートは入る！／③豹のように走れ！／④うるさく守れ！／⑤攻撃の連続性を狙え！／⑥ニュートラルボールを奪え！／⑦緻密なプレー！／⑧集中！集中！集中！／⑨闘争心を燃やせ！／⑩自分を信じろ、仲間を信じろ！

読めばわかるように、この中には否定語は一言も入っていない。また二つ目の「シュートは入る！」以外は命令文である。しかし命令文でも、この場合は、自分で自分に対して命令（自己指示）しているのであって、決して監督に命令されているのではないことを選手に伝えた。また②を「シュートを入れろ！」と、命令文にしなかったのは、シュートはバスケットボール選手の命だからである。ただでさえシュートのときには大きなプレッシャーがかかるのに、「入れろ」と要求すると選手の精神的負担が増し、かえって逆効果になると考えたのである。

さらにアトランタでは、「ジョージアドームで最高のプレーができている自分をイメージしながら唱えなさい。ゴールに対してちゃんと戦っている自分。3万5千人の観客の中で、シュートがゴールに吸い込まれていく様子をイメージしながら『シュートは入る』と言いなさい」と変えていった。

この勝利の十箇条は、行動の目標を標語化したセルフイメージ改造法でもある。しかし、行動の目標を立てる上でもっと細かな事項が出てきたら、それを徹底する方法として、以下のような自己指示の確認書（ディレクティブ・アファーメーション）という手法をとることもある。

7　セルフイメージ改善法のための自己指示の確認書

セルフイメージを改善するための強力なメンタルテクニックとして、自己指示の確認書（ディレクティブ・アファーメーション）という方法がある。この自己指示の確認書は、B5程度の紙にまず達成したい目標の期限と内容を書き、次にその目標が達成された時の自分にとっての価値と、目標達成のための計画のアウトラインを具体的に書く。この確認書を目標を達成したい数カ月（できれば6カ月）前に5枚手書きで作成し、日常よく目にふれるところに貼っておいて、読んだりイメージしたりするのである。

こうしたことを習慣づけていると、何もしない選手に比べて、目標が達成される確率は飛躍的に高まってくる。すなわち、何度も読んでイメージしているうちにセルフイメージが目標にふさわしいようにつくり変えられ、大きくなっていくのである。

またチームゲームの場合には、チーム全員がチームとしての適正な目標と個々の目標を前述したようなステップにしたがって設定し、それに応じたアファーメーションを作成して、折に触れてそれを読んだりイメージしたりする。こうした方法を実行することによって、選手個人の意欲や自信が高まるばかりでなく、チーム全体の士気や一体感が高められることになる。

この方法を実践することで成果を上げた例は、私が指導しただけでもかなりの数にのぼる。前著では、アトランタオリンピックで大活躍し、後に日本人としては初めてアメリカ女子プロバスケットボールリーグ（ＷＮＢＡ）の選手となる萩原美樹子選手の自己指示の確認書を例として挙げておいた。今回は、私のもとで長い間メンタルトレーニングを行ってきた、日本ハムファイターズの白井一幸選手（現コーチ）のものを掲載する。これは彼が、再起不能とまでいわれた肩の負傷から立ち上がり、完全復活を遂げようとするときに作成した時のものである。

白井一幸が完全復活するための自己指示の確認書

１９９１年のシーズン終了時に、私は１３０試合すべてに出場し、１３０本以上のヒットを打ち、故障から完全に復活して、深い満足感をもってシーズンオフを迎えている。（目標）

１３０試合出場するためには、体調チェック、強い意志と、それに伴う成績が必要である。まず全試合出場を目標にすることにより、技術、体力、精神力の充実と向上が望まれ、トレーニング内容、計画がはっきりしてくる。またシーズン１３０本以上のヒットをめざすことにより、トータルとしての成果を得ればよいので、１打席１打席に一喜一憂することもなく、１シーズンを安定した心の状態で過ごすことができる。そのことがひいては心身の充実につながり、結果的にはよい方向へ自分を導いてくれることになる。またオフには結婚式も控えており、そうした意味でもこの目標を達成できることは、自分にも妻にも深い満足と幸福感をもたらしてくれる。（価値）

そのためにはストレスリカバリーチェック表とトレーニング管理表で、心身の調子を完全にチェックする。また朝のヨーガに、腹背筋の強化運動を入れ、腰痛の予防につとめたい。

バッティングに関しては、まず全体に力を入れてグリップしていたのを、小指と、腕の外側でグリップできるようにトレーニングしていくことが必要である。またバットスウィングの軌道をもう少しダウンスウィングに直す必要がある。これを修正することにより、肩の開き、軸足側のカベ、体重移動のすべてが修正できる。この二つのポイント修正には、毎日の練習と並行してもう少しイメージを強くすることが大切である。このキャンプを通して強化・修正していけばシーズンには十分完成できることである。

守備に関しては、ゴムチューブをつかった肩の強化に重点をおいてトレーニングしていくことが必要である。特にここ2、3年は肩をかばうあまり、守り全体のリズムをくずしていたので、トレーニングによってこの不安を解消すれば、問題はまったくない。

最後にメンタルな面では、自信に満ちあふれてプレーすることが今の自分にもっとも必要である。そのためには今まで同様に、ヨーガを通した心のトレーニングを続けるとともに、終始チャレンジ精神あふれる選手を演じることと実行目標をたえず言葉にし、それに完全に集中しきることを徹底して実行していくことにより、自信に満ちあふれた態度を持ち続けてプレーすることができる。

以上のことを達成するために、毎日の目標をヨーガのなかで設定し、必ずノートに目標を書きしるす（毎朝のヨーガ終了後直ちに）。またこの自己指示の確認書は、必ず次のような時に声を出して読み、目標が達成されている姿をたえずイメージする。

（1）朝、目を覚ましたら、起き上がる前に一度読み、さらにその日の自分の目標や行動を頭の中でリハーサルする。
（2）練習に出かける前に、もう一度読み、その日の課題とそれが達成されているイメージを描く。
（3）夜、寝る前に再度、自己指示の確認書を読み、その日の目標や予定がうまく達成されたかどう

かを反省し、記録表に記入して、翌日の目標を確認してから眠りにつく。（方法）

1991年のシーズン終了時に、私は130試合すべてに出場し、130本以上のヒットを打ち、故障から完全に復活して、深い満足感をもってシーズンオフを迎えている。（目標）

この年、白井選手は、打率3割1分1厘（パ・リーグ1位）、得点圏打率3割8分5厘（パ・リーグ1位）という成績で、肩の故障による引退の危機を完全に乗り越え、見事に「カムバック賞」に輝いたのである。

さて「自信」を試合に先立って高めるためのレッスンはここで終わりである。選手の自信に対して言葉が及ぼす影響の大きさが、理解できたことだろう。次のレッスンでは、この言葉の問題をさらに具体的に述べていくことにしたい。

第5章　メンタルレッスン3

コミュニケーションスキル

1　もう一つのメンタルスキル

近年、指示されたことはよくできるが、自分から何かをするということができない受動的な子どもが増えてきていると言われている。いや子どもばかりでなく、学生や社会人でも事情はさほど変わらないようである。こういうタイプの人たちを称して、「指示待ち人間」という。

これは現在の学校教育や家庭教育の在り方に問題があるのではないかという指摘がある。確かに教師や親が教え込もうとすればするほど、子どもたちは受け身になりやすい。スポーツでもこうした指導をよく見かける。コーチが「かくあるべき像」を設け、選手をそこに押し込めようとするのは珍しくない。このようなコーチのもとでは、選手はただ言われるままに練習をするだけになってしまい、主体的に自分でやり方を工夫するといったことをしなくなりがちである。それではもっと能動的に練習を進めていくには、どうしたらよいのだろうか。

第3章では、スポーツ選手に必要なメンタルスキルとして「意欲」「自信」「感情コントロール」「イメージ想起能力」「集中力」「リラクセーション」の6つを挙げた。さらにこうしたスキルは、選手ばかりでなく指導者もまたトレーニングしなければならないものである。しかし指導者には、さらにもう一つのメンタルスキルが必要である。「コミュニケーションスキル」と呼ばれるものである。

人間と動物を区別する第一の特徴は直立歩行だが、二番目に挙げられるのが言語の所有であろう。しかし指導という場面で、果たしてわれわれは、本当に適切な言葉を使うことができているのだろうか。

選手がコーチの一言一句に敏感に反応するのは当然である。両者が緊密な信頼で結ばれているほど、コーチが発する言葉の影響力は大きくなる。だからこそコーチの選手への言葉かけには、十分な配慮が必要なのである。つまり指導者は、自分の意図をわかりやすく正確に伝え、意欲や自信を喚起するコミュニケーションスキルを身につけなくてはならないことになる。

最近、私も選手個々にメンタルトレーニングを指導することと併せて、指導者たちに講習をする機会が多くなった。そうした機会にいつも強調しているのが、コミュニケーションスキルに関連する以下のような事柄である。

2　教育者の心構え

現在ではスポーツの指導者の意味で使われているコーチ（coach）という英語も、本来は「馬車のような乗り物」を指す。この言葉の語源をたどってみると、ハンガリーのブダペストに近いコーチ(Kocs)という町の名に由来するという。

16世紀にコーチの町で乗り心地のよいすばらしい馬車がつくられ、それはやがてヨーロッパ中に広まり、町の名をとってコーチと呼ばれるようになった。さらに時を経て、その馬車を操る御者のことをコーチと呼ぶようになったという。五頭立ての馬車を巧みに操るのはかなりの技術を要する。こうしたことが転じて、さらに後には家庭教師のことをコーチと呼ぶようになり、次第に同じ意味でスポーツ界でも使われるようになった。

また「教育」という日本語は、読んで字のごとく「教え」「育てる」という意味だが、そこに上の者から下の者へ、あるいは知っている者から知らない者へという、やや押しつけ的なニュアンスを感じるのは私一人のことであろうか。「教育」という言葉は、英語ではEducation、ドイツ語ではErziehungというが、どちらも語源的には、われわれ人間の内にあるすばらしいものを「引き出す」という意味がある。

こんなことに私が気づくようになったのは1985年のことだった。この年の夏、私は幸運にも故佐保田鶴治先生（大阪大学名誉教授）に教えを受ける機会を得たのである。先生は当時すでに86歳になられていたが、ご専門のインド哲学でも大変高名であるばかりでなく、日本におけるヨーガの第一人者としても知られていた。私が教育学部で教鞭をとっていることを知ると、先生はこう言われた。

あんたも知っているように、中国には古くから三つの道徳論が対立していたんだよ。一つは、人間の本性は善であるという孟子の「性善説」。これに対して、人間は本性が悪なのだから、厳しく教え込まなくてはならないという荀子の「性悪説」。そして三つ目は、人間は生まれつき性善でも性悪でもない、まあ習慣によって、悪人にも善人もなるのだという孔子の「中庸」という考え方。ただ孔子のは常識説で、理論的には意味がないんだね。だから教育者としては、性善か性悪かのどちらかの立場に立つということになるわけだ。でも私は、性善説の立場に立たないと教育はやっていけないと思うんだよ。英語でEducationというのは、内に入っているものを引っぱり出すという意味だからねえ。内に入っているものが悪いものなら引っ張り出さん方がよいが、やっぱり善いものだから引っぱり出すんだよね。これが教育の根本だと思うよ。だから私は、教師となった当初から、腹が立ったら叱らない。叱る時は腹が立たん時にと決めて、この何十年かやってきたつもりなんだ。

先生は、教え込むのではなく引き出すのが教育の本質といわれたのである。ところが、これまでの体育やスポーツ指導の現場では、本来的な意味での教育（引き出す）ではなく、動物を調教するがごとき指導（教え込む）が行われてきた。つまり、うまくいかなければ怒鳴りつけ、成功すればご褒美を与える「アメとムチ」の指導である。

3　自ら学ばせる秘訣

ジョン・ホイットモア（英国）は、『インナーゲーム』[5]の発案者であるアメリカのティモシー・ガルウェイのもとに出向き、精神集中を利用した自然上達法を自国に持ち帰った一人である。彼はその著『コーチングの技術』の中でこう言っている。「コーチングの最大の目的は、選手に意識と責任感を持たせることだ。そのためにはインストラクション（指示、命令する）をやめて、選手に質問するように話しかけることだ[9]」

ホイットモアによれば、従来の「ああしろ、こうしろ」という教え込みは、インストラクターと呼ばれる人たちのやり方であり、指導の際に主として命令文ばかりを使うので、選手たちにやる気や自主性が生まれてこないという。これに対して、選手の能力を十分引き出し、常にやる気と自覚を持たせるコーチになりたければ、できるだけ疑問文を使うようにしたほうがよいと彼はいう。

よくご承知のように、英語の代表的な疑問詞に5つのWと1つのHがある。「いつ（When）、どこで（Where）、だれが（Who）、何を（What）、なぜ（Why）、どんなふうに（How）」である。これらはまた、われわれが自らの意志を他人に伝えようとするときの基本ともなる。

たとえば、「ボールをよく見ろ！」という指示は、あらゆるボールゲームで言われる注意事項である。野球で内野手が簡単なゴロをエラーしたとしよう。この時、指導者からその内野手に浴びせられる言葉は、「罵声→どうして……（Why）→命令→否定命令」の順である。つまり、「馬鹿野郎！　どうしてお前はそんなにエラーばかりするんだ。しっかりダッシュしろ。待って捕るな!……」という具合である。このような光景を見聞きするのは、なにも野球のグラウンドに限ったことではない。

しかし、このコーチの言葉は、ほんとうに次のエラーを防ぐための指導になっているのだろうか。われわれ日本人は、これまであまりにもこうした指導に慣れっこになっていて、その是非を問うような感覚がすっかり麻痺している。ホイットモアによれば、選手の持っている力を十分に引き出したいのであれば、怒りの感情を含んだ指示や命令は、百害あって一利なしということになる。それではどうすればよいのだろうか。

選手は罵声で育つと勘違いしている指導者には、なんともまだるっこしいやり方に思えるかもしれないが、エラーした選手にこんなふうに聞いてみるのである。「前にダッシュできたか? ゴロを捕るときに腰はよく落ちていたか? バウンドのどの辺りでキャッチしようとしたか?……」こうした疑問文による問いかけに対して、選手自身がしっかり答えようとするだけで、ボールに対する集中力ははるかに増し、結果的にエラーはなくなってしまう。そうなったら今度は、おおいに誉めればよい。

よく誉めることの大切さが説かれる。指導者もそんなことは十分理解しているのだが、ミスばかり続いては、いったいどこを誉めればいいのだと言いたくもなろう。しかし、だから怒るというのでは、指導者としての手腕を問われることになる。こんなときこそ次にはうまくやれるような言葉かけをしてやり、少しでもいいところが出たら、間髪を入れず誉めてやればよい。コーチとは、結果が出てから誉める人のことではなく、誉められるような結果が出るようにしむける人のことなのである。

ところで、5W1Hの中にも、コーチングで使うべきではない疑問詞が一つだけある。それは「なぜ、どうして」という意味のWhyである。このWhyという言葉をなぜ使うべきではないかというと、この言葉は本来、次に「なぜならば」という理由説明を要求しているからである。つまり先ほどの例でいえば、どうしてエラーしたのか言ってみろといった問い詰めのニュアンスが含まれている。

私はいろいろなスポーツ種目の練習や試合の場に立ち合うことが多いが、わが国のスポーツ指導においては、命令文とWhy、すなわち「ああしろ、こうしろ」と「どうしてお前はできないんだ」という言葉ばかりを聞くような気がしてならない。しかも、「どうして……」と問いつめておきながら、選手が「それは監督なぜならば……」などと答えようものなら、「うるさい、言い訳するな」とばっさりやる。これでは選手のやる気や自信を育てることは難しい。

4　選手を伸ばす指導者のことば

NHK「ことばテレビ」

「ことばテレビ」という番組が、NHK教育テレビで放送（毎週土曜日午後）されていた。毎回、日本語にまつわる事柄をさまざまな切り口で解説していくなかなか面白い番組だった。そこで初めてスポーツのことを取り扱ったのが、1998年の10月に放映された「選手を伸ばす指導者のことば」であり、私がその解説を担当した。

幸い番組は好評を得たようで、その年も押し迫った12月30日にも再放送されたし、たくさんの方からお手紙もいただいた。寄せられた感想の多くは、指導の際に罵声、Why、命令文を使うのではなく、疑問文で問いかけるようにするというやり方に興味を持ったというものだった。

テレビでは、実際に指導のやり方を変えて大きな成果を上げた例が紹介されていたので、よりわかりやすかったようである。そこで以下にその事例を紙面に再現することで、指導者の言葉かけの重要性についてさらに理解を深めていただくことにしよう。

県大会ベスト8から全国大会準優勝へ

この番組に登場する具体的な事例とは、福島市立野田中学校女子ソフトボール部である。顧問の近藤利晃先生は、この部を指導して5年になるが、それまでの最高の成績は県大会ベスト8だった。ところが98年は、春先からメンタルトレーニングを導入したことで、3カ月後には県大会で優勝。さらに2カ月後の全日本中学選手権大会では、なんと準優勝してしまったのである。

誤解を招くと困るのであらかじめお断りしておくが、この中学生たちに私がメンタルトレーニングを指導したことは一度もない。すべて近藤先生が勉強されて、ご自分の指導法を変えられた結果である。

野田中学校（以下、野田中）というのは、私の自宅から車で10分ほどのところにあるのだが、私自身は9月になってNHKの取材に同行するまで、この部の練習を見たことも聞いたこともなかったのである。

ただし近藤先生がご自分の指導法を変えられ、また中学生たちにメンタルトレーニングを行わせるようになるきっかけは私にあったようである。私はその年の3月に、ソフトボールの指導者研修会でメンタルトレーニングについて3時間ほど講演した。およそ100名ほどの指導者の方が来られていたが、その中のお一人が近藤先生だったのである。大学時代は陸上競技部に所属していた先生は、学校では国語を教えておられる。したがって、ソフトボールの専門家ではもちろんない。そんな先生が5年前に野田中に赴任してから、部の顧問としてソフトボールを指導するようになる。

指導し始めた頃は、他校のチームに「野田中と当たれば1回戦は突破できる」といわれるほど弱かったチームが、数年後には先生の懸命な指導で、県の上位チームと互角に戦えるようになった。ところが大事な試合になると負けてしまうのである。たとえば97年の県大会準々決勝では、8対2とリードしながらミスを連発して逆転負けしてしまう。また同じ年の新人戦決勝では、2対0となって勝ちを意識した瞬間、相手に特大のホームランを打たれ、それをきっかけにまたしてもエラーの連続で、終わってみればコールド負けだったという。

どちらも確かに強い相手ではあった。しかし、負けた原因は技術や体力ではなく、自分たちの日頃の実力を肝心なところで出すことができない心の問題だと気づいた近藤先生は、メンタルトレーニングの必要性を痛切に感じるようになったという。そんなときに出会ったのが私の講演であり、本だったのである。

野田中のメンタルトレーニング、3つの柱

近藤先生は私の話と本を参考に、中学生でも実行でき、長く続けられるものを1週間ほどかけて自分なりに選んでまとめられた。こうしてできあがった野田中のメンタルトレーニングは、主に次の三つの柱で構成されている。

1 目標を声に出すことで、その共有化、意識化をはかる
2 インナーキャッチボール
3 指導者の言葉かけを変えることで、意欲や自信を高める

3については、すでに本章で述べているし、2は集中力のところで詳述する。したがって、ここでは1についてだけ説明しておくことにしたい。

「目標を声に出すことで共有化、意識化をはかる」というのは、チームスポーツでは不可欠のことである。これを野田中では、次のようなやり方で行っている。

毎日の練習に取りかかる前に、全員で輪をつくって目をつぶり、学校中に響き渡るような大きな声で

こう唱えるのである。「○○中学校と最高の試合をする。そして、一生思い出に残るようなプレーをする。そのために、一人ひとりが自覚して、練習に取り組もう！」

目標を明確に意識して練習に取り組むことの大切さは、ここでことさら指摘するまでもないほど自明なことである。ところが実際にスポーツの練習を見ていると、こうしたごく当たり前のことがまったく行われていない場面によく出くわす。つまり、何のための練習なのかもはっきり意識されないまま、ストレッチをしたり、ランニングをし始める選手があまりにも多いのである。

すでにお気づきのように、野田中の目標の中には、勝敗などの結果や願望、あるいは「……はしない」といった否定語はまったく含まれていない。これは目標を設定する際の重要なテクニックの一つだが、このことも近藤先生は注意深く指導されている。さらに私が驚かされたのは、上記の目標を一度唱えた後、選手たちが目を閉じ手をつないだまま、およそ1分ほどその目標が達成されている様子をイメージしようとしているのを見たときだった。目標を唱えるだけなら、ほんの数秒しかかからない。それだけでも何もせずに漫然と体を動かし始める選手よりは、はるかに練習の効果は上がる。それをさらにイメージで描くとなれば、たとえ1分でもその効果はいっそう増すことは間違いない。

5　仏典に学ぶコミュニケーションスキル

「四摂法《ししょうぼう》」

「四摂法」は、仏教で教えを説く者のもっとも基本的な心がまえである。一に「布施《ふせ》」、二に「愛語《あいご》」、三に「利行《りぎょう》」、四に「同事《どうじ》」の四つである。前出の佐保田鶴治先生も、教育や子どもの育て方といったお話をなさるときには、よくこの四摂法を取り上げられていた。

ところがそれまで教育やコーチングについて学んでいたはずの私が、先生にお会いするまでは、こうした法について読んだことも聞いたこともなかったのである。85年に佐保田先生にはじめてお話をしていただき、すっかり感動した私は、以来、先生がお書きになったものを手当たり次第に読むようになっていった。その中で出会ったのがこの四摂法に関する先生の講話録だった。

『教育者の心がまえ』という短い講話の中で、佐保田先生は次のように述べられている。

仏教には、四摂法という相手を自分に引き寄せる方法があるんです。これは菩薩が仏教を相手に説く場合、相手をまず自分の方に引き寄せるためのものなんです。自分が相手に対して魅力ある存在にならなかったら相手は決してついてこない。つまり、「あんな男が……」と思われる人が、なんぼ良いことを言っても聞かないでしょう。だから教えを説くには、相手を引き寄せるような方法を知らなければならない。その方法が四つあるから、四摂法というのです。

その一つは「布施」といって相手にものをあげること。たとえば子どもにお菓子をあげる。ものを貰うとうれしいからその人になつくでしょう。それから「愛語」といって、やさしい言葉を使う。言葉は決して荒い言葉をつかわぬようにする。これが愛語なんです。次は「利行」といいます。その人の仕事を助けてあげて、その人に利益を与えることです。四つめは「同事」という、これはその人と同じような身分や境遇になることです。[28]

『正法眼蔵《しょうぼうげんぞう》』、菩提薩埵《ぼだいさった》四摂法の巻

私がこの講話録を読んで四摂法について知ったのは、30歳になったばかりの頃である。すでに大学の教師として教壇に立ち、スポーツのコーチとしても多くの選手を教えてはいた。しかし、自分の指導ぶりをこの四摂法から見直してみると、まったく何もできていないことに気づかされて、愕然としてしまった。それと同時に、前述の講話録にはわずかにしか触れられていないこの四摂法について、もう少し詳しく知りたいと思うようになっていった。

仏教にはというくらいだから、いずれかの仏典には書かれているのだろうとあれこれ探しているうちに、日本曹洞宗の開祖である道元が書かれた『正法眼蔵』全九十五巻の中に、「菩提薩埵四摂法」の巻があるのを知ったのである。

道元が生涯を賭して遺した『正法眼蔵』は、長い歴史をもちながら哲学的大著の乏しいわが国では例のないほどの大著述であり、かつ難解な書と言われている。同時にその文章の美しさでも傑出していると言われる。その意味では、原文を繰り返し音読するのがもっともよい読み方、よい理解の仕方ということになろう。したがって、道元の四摂法に関する解説を要約するなどというのはもってのほかということになるのだが、ここであえてその愚をおかさせていただく。

道元は言う。

布施とは貪らないこと。貪らないとは世の中にへつらわないことである。たとえ世界の統領になっても、正しい仏道の教化を施すには、必ず貪らないことである。……そのものの軽少とか多いとかは問題ではなく、相手のためになるものかどうかが問題なのである。

愛語ということは、人々に接したときに、まず慈愛の心を起こし、相手の心になって、慈愛の言葉をかけることである。いっさいの暴言・悪言を吐いてはならない。……人々に接するときには、赤子に接するような慈悲、愛撫の心をもって言葉を交わすことが愛語の行いである。

利行というのは、相手の地位や身分にかかわらず、多くの人に幸福な生活ができるような道を教えることである。……世の中の愚かな者は、他人の利益を考えると、自分の利益がなくなると考える。けれどもそうではない。

同事ということは、違わないことである。自分にも、また他人にも違わないことである。自他の面目が各々に違わないことである。……同事ということが明らかになると、自己と他己とは一体であることがわかる。[20]

さて、私は本章を使って、選手のやる気と自信を育てるコミュニケーションスキルについて述べてきた。そしてその多くは、現代のコーチング論やメンタルトレーニングで語られている事柄から説明したつもりである。しかし今回のように、わが国に長く伝わる仏典をはじめとする東洋的叡知をひもといてみると、そこにはもっと現実に即した問題解決法が数多く記載されていることに気づく。

そこで以下に、今回取り上げた四摂法の二つ目にある愛語について、これまで述べてきたコミュニケーションスキルと関連させながら、もう少し解説してみることにしたい。

6　愛語に学ぶ

愛語と誉め言葉

すでに述べたように愛語とは「やさしい言葉かけ」のことである。しかし、この「やさしい」を取り違えると、とんでもないことになってしまう。講習会などで指導者の方たちにこんな話をしていると、「先生、それじゃあ注意なんかせずに、ただ誉めていればいいんですか。でもそんなことでは、甘ったれた選手ばかりが出てくるような気がして、なんだか嫌だなあ」という声が聞こえてくる。もちろん、怒鳴って、けなして、ああしろこうしろと指図するよりは、良い所を誉めてやるに越したことはない。ただし、なんでもかんでも誉めればよいなどとは私も言わない。

ここで、ちょっと体育の授業をイメージしていただこう。ある運動が上手にできない子どもに対して、私たちはそれを目で見た上で、うまくいかない原因を見抜くという作業を行う（他者観察）。その結果、今度はここに注意してやってごらんということになる。それはあるときは首の使い方かもしれず、またあるときは腕の振り上げ方かもしれない。しかし、いずれにしても子どもたちは、先生に指摘された点を注意してやってみようとするはずである。

次のトライで、もしも全体としてはまだできなくとも（たとえば、逆上がりが上がらなくとも）、先ほど注意され自分でも意識しようとした点が少しでも良くなっているようなら、おおいに誉めるべきである。子どもも自分がやろうとし、そしてわずかながらも良くなったような気がした（自己観察）点を誉められれば、仮にまだ全体としてはできていなくても、その誉め言葉には素直に反応し喜ぶはずである。

逆に意図していないところをいくら誉められても、嬉しさなどたいして湧いてこない。それどころか教え手への不信感すら抱いてしまうことがある。このことは、自分の運動についてよくわかっている一流選手たちの場合には、もっと顕著である。自分が意図して修正しようとしている点をこちら側が見抜いて、そのことについて意見を言うと、「お主、なかなかやるな」といった顔で、あれこれ自分の感覚を話してくる。ところが、結果だけを見て、「今のは良かったね」などと言おうものなら、「あんた、わかっちゃいないね」とばかりにそっぽを向かれてしまうのがおちである。ことほど左様に、「人は誉められたいところを誉められれば嬉しい」のであって、単なるお世辞やおべんちゃらは誉め言葉でもないし、ましてや愛語などではけっしてない。

廻天《かいてん》のちから

道元は、『正法眼蔵』菩提薩埵四摂法の巻を、次のような文でしめくくっている。「しるべし、愛語は愛心よりおこる。愛心は慈心を種子とせり。愛語よく廻天のちからあることを学すべきなり、ただ能を賞するのみにあらず」。中村宗一先生の現代語訳によれば、「知るべきである。愛語は必ず愛の心から起こるものであることを。愛の心は慈悲の心を種子としている。愛語は天をひっくりかえす超越的なちか

らであることを学ぶべきである。愛語は相手の長所を絶賛する以上の功徳があるのである」ということになる。(15)

前の文もさることながら、最後の文中にある「廻天のちから」という言葉に注目していただきたい。これは「たったひとことでその人の一生を180度変えてしまうほどの力」という意味である。指導者の発する言葉というのは、これほどの威力をもっているということを、道元も最後に強調したかったに違いない。子どもや選手に対して頻繁に言葉かけをせざるを得ない私たちにとっては、たえず念頭においておくべきことではないだろうか。

第6章　メンタルレッスン4
朝の心身調整プログラム

1　ザリアートカ（日本男子体操10連覇の秘密）

日本の男子体操は、かつてオリンピック5連覇、世界選手権5連覇という偉業を達成した。つまり、18年間世界で不敗を誇ったのである。その強さの秘密の一つにザリアートカがある。これは金子明友先生（筑波大学名誉教授、現日本女子体育大学学長）が、ローマオリンピック（1960年）の前に、旧ソ連のスポーツ生理学の知見を導入して、体操選手の朝のトレーニングを根本的に変えられたところから日本に定着した。つまり、ザリアートカというのはロシア語である。

朝のトレーニングというと、いわゆる「朝練《あされん》」と勘違いする人も多い。たとえば野球選手は、朝練と称して特打や特守をしたりするが、これはザリアートカ、日本語で言えば「充電トレーニング」とはまったく発想を異にしている。このことについて金子先生は、次のように説明されている。

わが国でこの充電トレーニングが脚光を浴びたのは、初の世界制覇の偉業をたてたローマオリンピック大会（1960年）直前である。ローマ大会がきたるべき東京オリンピック大会（1964年）の大事な前哨戦になるということで、毎日きびしいトレーニングが積まれていったが、この時に初めて日本代表選手にこの充電トレーニングが採用されたのである。もちろんその数年前からこの充電トレーニングの実験的研究が行なわれてきたのはいうまでもない。果たしてローマ大会ではこの充電トレーニングはすぐれた効果を示し、選手のコンディションの調整に大きな役割を果たしたのである。……（中略）一般に、この充電トレーニングに賛同しない人々は、これから得られる効果についての誤った認識をもっている。すなわち、形式上補強トレーニングときわめて似ているが故に、どうしても筋力トレーニングやその他の諸能力の急速な効果的な発達を期待してしまうということである。この充電トレーニングは、名のごとく起床したばかりの空になっている体（バッテリー）に充電して、これからの一日の活動に資そうとするのが本義であり、本来の保健的意義が前景に立っていることを忘れてはいけない。[13]

私が学生だった時代も含めて、こうしたザリアートカの考え方は、日本体操のよき伝統として受け継がれていた。ところが最近、多くの選手がこのザリアートカを面倒臭がって、「そんな朝早くからトレーニングなんてしなくていいよ、寝ていたほうが休養が取れていいんじゃないの」と言ったりするのを聞いて、がっかりしてしまった。

しかし今でも私は、メンタルトレーニングの一環として、朝食前に二つの課題をこなすように必ず要求する。すなわち、「毎朝、同じ時刻に起床すること」と「目覚めたら、すぐに心・気・体のチューニングをそれぞれ10分ずつ計30分行ってから食事をすること」の二つである。

古今東西の偉人伝をひもといても、ゲーテやカントをはじめとして、宵っ張りの朝寝坊など一人としていないといってよい。「朝寝、朝酒、朝湯が大好きで……」では、小原庄助さんのように身上をつぶしてしまうのがおちである。仏教詩人の坂村真民先生は午前1時に起床するという。そこから夜が明けていくまでの深々《しんしん》廟々《びょうびょう》たる大気のエネルギーこそが、詩作にはもってこいだというのである。スポーツ選手が坂村先生のまねをすることはないが、朝、それも早朝は心身調整のゴールデンタイムであることに変わりはない。

かつて体操選手だった頃は、私も金子先生の説明にあるようなザリアートカを続けてきた。しかし、後にインド哲学の人間観に裏打ちされたさまざまなヨーガの行法体系を知るに至って、朝の30分の使い方、すなわち私のザリアートカの内容も少しずつ変わっていった。それが前述の二つ目の課題である「心・気・体のチューニング＝朝の心身調整プログラム」である。このプログラムについて説明する前に、その根底にあるインド哲学の人間観、「人間五蔵説」について触れておく必要がある。

2　人間五蔵説とヨーガの八部門

「健康とは、身体的、精神的、かつ社会的に完全に良好な状態であることであって、ただ単に病気で

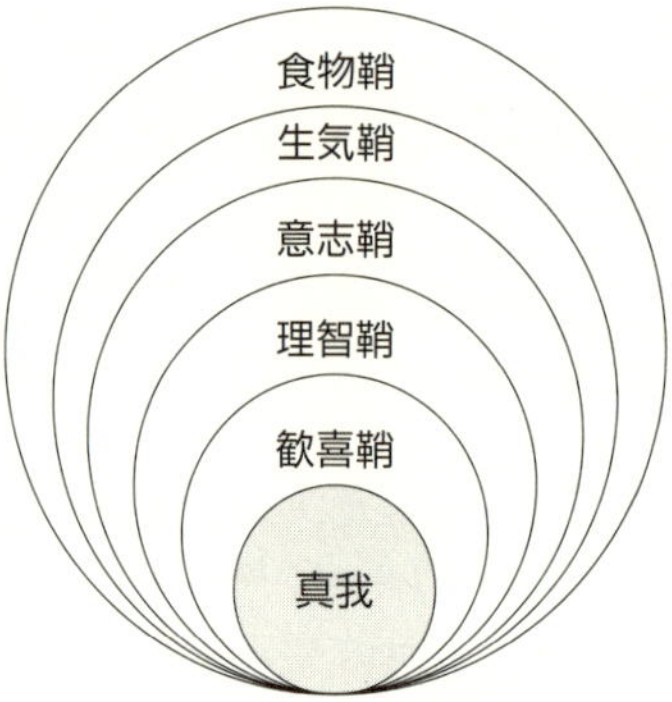

図1　人間五蔵説

ないとか虚弱でないとかいうことではない」とは、WHO（世界保健機構）による健康の定義である。ここでも明らかなように、われわれ人間は単に肉体的に健康であるというばかりでなく、積極的に社会に働きかけていける、心身ともに能動的な存在であることが望まれている。しかしながら従来の西洋医学では、自然科学的ないしは客観主義的な立場を堅持するあまりに、主として肉体中心の対症療法的な治療に終始することが少なくなかった。

　これに対して東洋医学では人間を有機的に丸ごと全体としてとらえようとする伝統がある。つまり、病気の発生原因を肉体ばかりでなく、その内奥のレベルにまで求めて治療しようとするのである。それでは、その内奥とはいったいどのように考えられてきたのであろうか。ヨーガという実にシステマティックな心身訓練法を編み出してきたインドの聖賢たちは、古来から人間をどのように考えてきたのだろうか。

　インド哲学（ヴェーダーンタ哲学）には、非常に古くから数多くの聖典群が存在するが、ゴーダマ・ブッダ（釈迦）以前に書かれたと言われる聖典の一つに、『タイッティリーヤ・ウパニシャッド』がある。そこには人間の存在のありようについて、それまでの諸説を整理し、図1のような人間五蔵説を確立した。つまり古代インドの哲学者たちは、人間存在とは真の自己であるアートマン（真我）を五つのエネルギー鞘が取り囲んでいるものだと考えたのである。

この説では、一番外側の鞘はわれわれが通常目にしている肉体（食物鞘）であり、続いてプラーナと呼ばれる生命エネルギーの鞘（古来、中国ではこの存在を〝気〟と呼んだ）、そして内的心理器官である意志鞘、理智鞘、歓喜鞘という順番で真我を取り巻いていると考えられている。したがってこれらの各々の鞘に不調和をきたすと、われわれはそれぞれのレベルで健康を損ねていくというわけである。

インドでは非常に古くからこうした考え方が一般化している。そして今でもインド医学、すなわちアーユルヴェーダでは、この人間観にしたがって病人を診察し、体操、呼吸法、瞑想といったヨーガのさまざまなテクニックを使って、病気を治療しようというヨーガセラピーが行われている。たとえば食物鞘や生気鞘のレベルには不調和はなく、外見は元気そのものであっても、意志鞘のレベルに乱れが生じると、人や物に対して激しい好き嫌いの感情が生じ、利己的な行動に走りがちになってしまう。こうなると肉体はいくら健康でも、社会的な存在としては不具合をきたしているといわざるをえない。

このようにヨーガにおいては五蔵説に基づいて、われわれの心身の状態を判断する伝統がある。このためヨーガでは、各鞘を調和させるための技法が長い年月をかけて数多く開発されてきた。たとえば食物鞘（肉体）のコントロールには千種類を超える「体操」が、また生気鞘の調整には五十種類以上の「調気法」（呼吸法）が開発されている。さらに意志鞘には五感（視覚、聴覚、嗅覚、味覚、触覚）を制御するための「制感」が、理智鞘には主として瞑想を手立てとする「凝念」や「静慮」といった方法が細かく用意されているのである。

もちろんこうした古ウパニシャッドの人間観が、現代の科学的なそれとは大きく異なっていることは言うまでもない。しかしその是非は別として、こうした人間観に立ってはじめて、ヨーガの八部門といわれる独特な心身調整法の意味を理解することができるのである。

禁戒と勧戒

図2は、ヨーガの八部門を示したものである。前述の五蔵説が理解できると、ヨーガのトレーニングシステムが、なぜこのように八つになっているのかがわかってくる。図2の一段階目と二段階目にある「禁戒」と「勧戒」は、いわゆる倫理的戒律である。つまりこの二つは、これから修行(トレーニング)によって自分を高めていこうとする上で、まず身につけておくべき道徳的な事柄が説かれている。

禁戒には、非暴力、不盗、正直、梵行、不貪の五つがある。それぞれ順に、他のものに暴力を加えない、人のものを盗まない、嘘をつかない、性的に清らかである、むさぼる心をもたないということである。なかでも非暴力という戒律は、イギリスの圧制に対して徹底的にこれをつらぬいた故マハトマ・ガンディーによって世界的に有名になった徳目だが、それもこうしたインド的道徳感に基づいていることはいうまでもない。

この禁戒をもう少しわかりやすくいうと、暴力をふるったり、盗んだり、嘘をついたりといった、つまり人の嫌がることをしたり言ったりしてはならないということである。そんなことをすればてきめんに人間関係が悪くなって、結局は自分に益することは少しもない。

次の勧戒には、同じく清浄、知足、苦行、読誦、祈念という五つの項目がある。これも順に、心身を清らかに保つこと、与えられた境遇を受け入れ生かすこと、苦難に耐える練習を積むこと、聖典を読んだり聖句を唱えること、修行の成功を祈り念ずることなどがその意味するところである。つまり禁戒が対他的な事柄であったのに対して、勧戒の方はもっぱら自分の心と体の保ち方に主眼が置かれている。

3　ヨーガの体操（アーサナ）

なまけもののヨーガ

三段階目には体操がある。ここからが前述の五蔵説

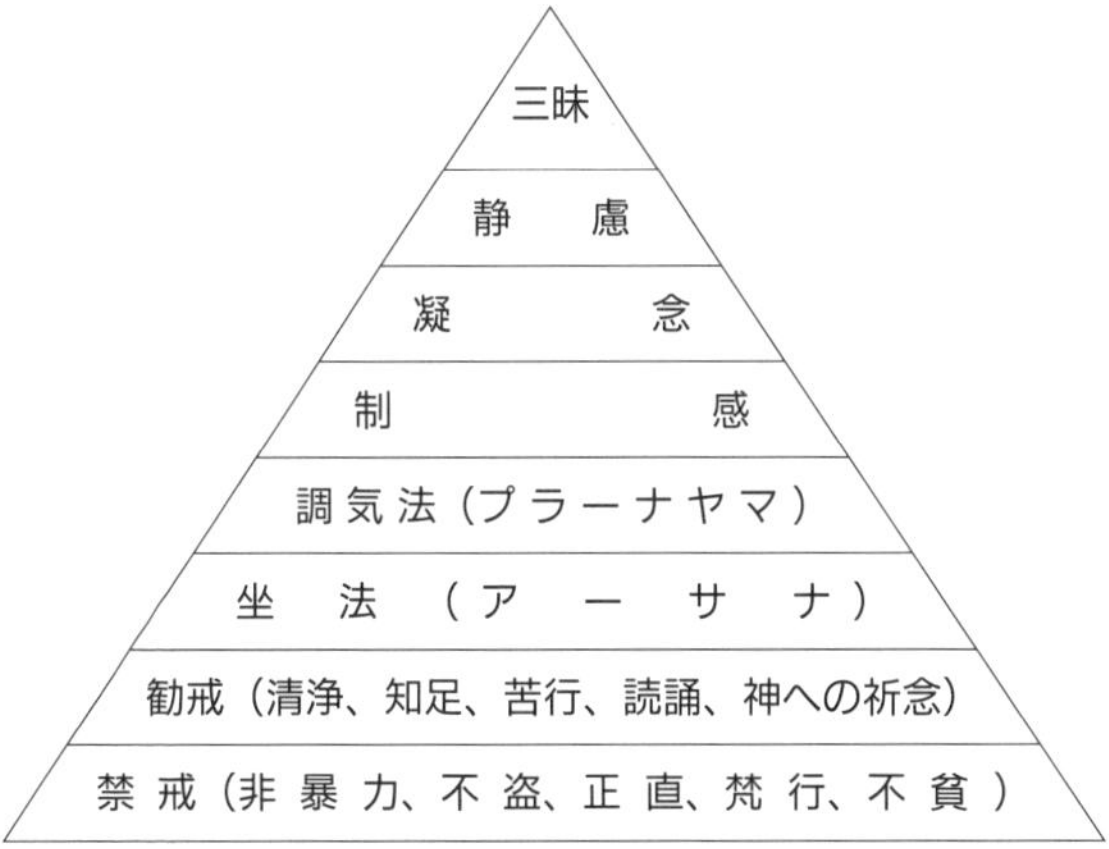

図2　ヨーガの八部門

との対応になるわけだが、一番外側の肉体の入れ物に不調和が生じないようにと考え出されたのが、千種類をこえるヨーガの体操である。

佐保田先生に初めてお目にかかり、ヨーガのシステマティックな心身鍛練法に目を開かせていただいた私は、すぐにも自分でも試してみたくなった。そこで先生とのお話が終わりに近づいたところで、思いきって「ヨーガというのは、私にもできますでしょうか？」と尋ねてみた。すると佐保田先生は大笑いされ、「あんた、わしゃ62歳から始めたんやで。あんたは体操を何十年もやってきた人間やろ。それにまだ若いし、あんたができんはずないやろ」と言われた。

私が「先生、それでは何をやったらよろしいでしょうか？」とさらに聞くと、先生は簡単なヨーガの体操を教えて下さり、「これを1日15分もやればええ。ただし、3カ月は続けてみることや」と言われたのだった。私も現役の体操選手の頃は、毎日4時間も5時間も体操の練習していたので、佐保田先生のようになるには少なくとも1、2時間は毎日やらなければならないのかと思っていた。ところが15分もやれば十分と言われ、なにか拍子抜けしたような気がしたのを覚えている。

このときなぜ先生が15分と言われたのかはさだかではない。しかし、よく考えてみると15分というのは、1日24時間の約1％にあたるのである。佐保田先生にしてみたら、せめて1％ぐらいは自分の心や体を調えるのに使ってみてはと言われたのかもしれない。

このとき先生が教えて下さったヨーガの体操は「簡易体操」というもので、京都の方では別名「床上体操」、つまり朝晩、寝床の上で行う実に簡単な体操だった。なるほど寝床の上でやる体操なら、三日坊主でやめてしまうということもなくなるかもしれない。いわばなまけものでも続けられる体操というわけである。

ヨーガ体操の実際

以下に紹介する体操は、私が佐保田先生に最初に教えていただいた「簡易体操」ではないが、寝床の上でやるには格好のものである。実際にやってみればわかるように、こうしたヨーガの体操はいろいろなスポーツに比べるとはるかに簡単である。もしもこれらの体操を、従来のように号令に合わせて行ったりすれば、わずか1、2分で終わってしまうに違いない。しかし、それではヨーガ本来の目的である「自らに気づき」「心と体を調える」ということにはつながらない。

こうした点に留意されてか、佐保田先生はヨーガ体操を行う際には、次のような四つの注意点を挙げられている。

すなわち、

・動作はきわめてゆっくり行う
・動作を呼吸に合わせて行う
・常に意識を自分の内部に集中させる

・緊張と弛緩のなめらかな交替に心を配り、とくに弛緩を大切にする

の四つである。

上体を前に伸ばす体操

①正座で座り、両手を膝の前に置く。

②息を吐きながらおなかをへこめて、背中を前に曲げる。

③息を十分に吐ききったら、息を吸いながら背中を反らせる。

④息を吐きながら、両手をゆっくり前にすべらせる。

⑤額が床に触れるまで上体を前に倒し、両手は思いきり前方へ伸ばす。

⑥普通呼吸を行いながら、この姿勢で20～30秒間静止。

⑦いったん息を吐き出してから、息を吸いながらゆっくりと正座に戻る。

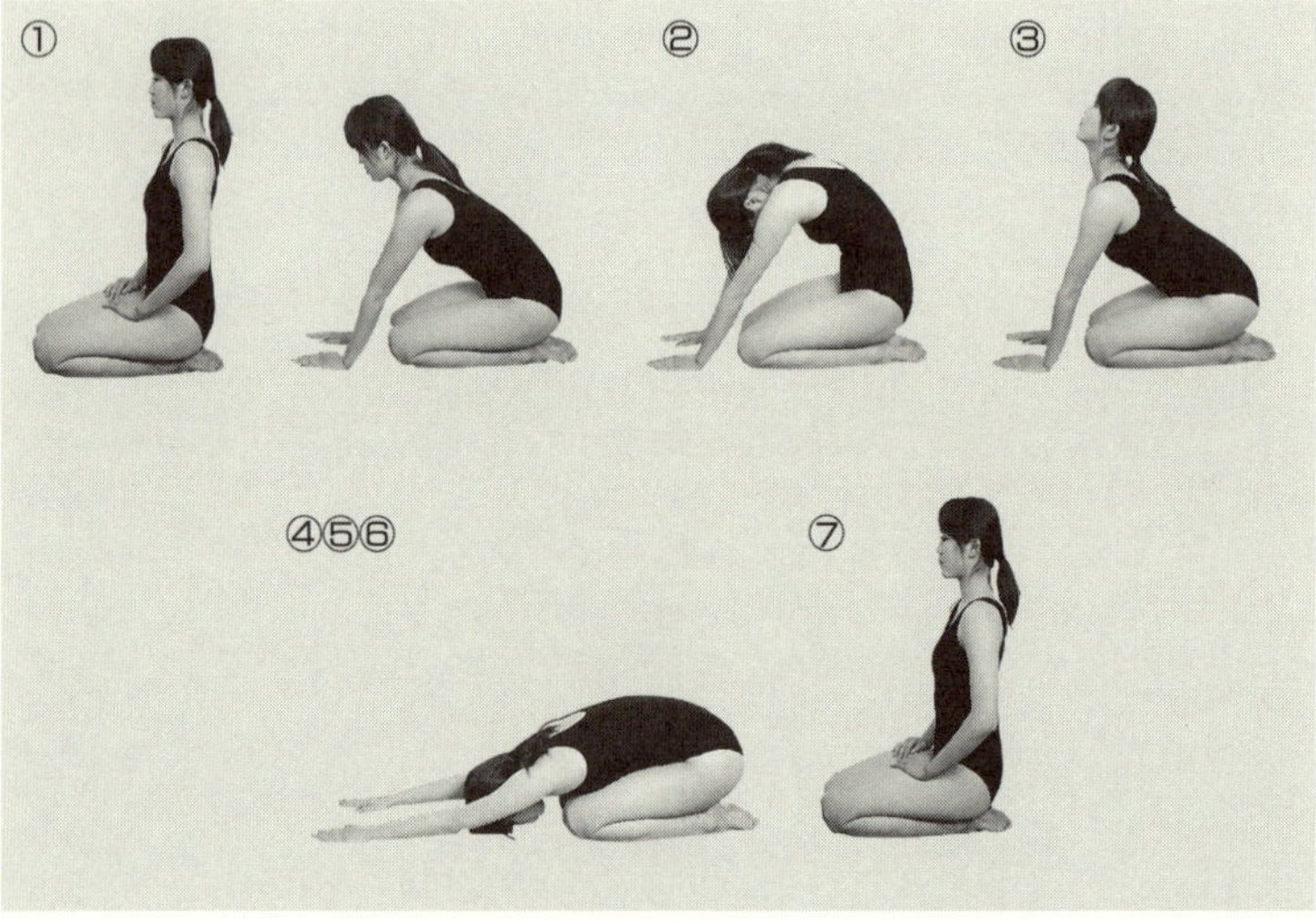

上体を左右にねじる体操

①正座で座り、両手を右が前、左を後ろに向けて左膝の横に置く。
②息を吐きながら、おなかをへこめて背中を曲げる。
③息を吸いながら、背中を反らせる。
④息を吐きながら両手をすべらせ、前後に開く。
⑤額が床に触れるまで上体を倒し、両手をいっぱいに伸ばす。
⑥普通呼吸を行いながら、この姿勢で20～30秒間静止。
⑦いったん息を吐き出してから、息を吸いながらゆっくりと正座に戻る。左右を逆にして行う。

脚と腕の体操

①目を閉じて仰むけで寝る。
②鼻から息を吸いながら、ゆっくり片腕を上げていく。
③息を吸い終ったところで、床に手の甲が着くようにする。
④そのまま普通呼吸で20秒~30秒ほどポーズを保つ。
⑤息を吐きながら片腕を戻す。
左右の腕、左右の脚、両腕の順で行う。

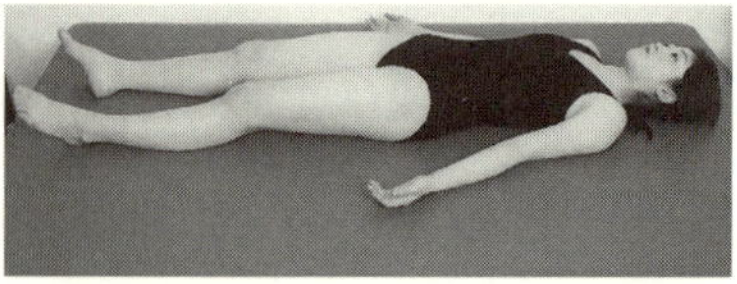

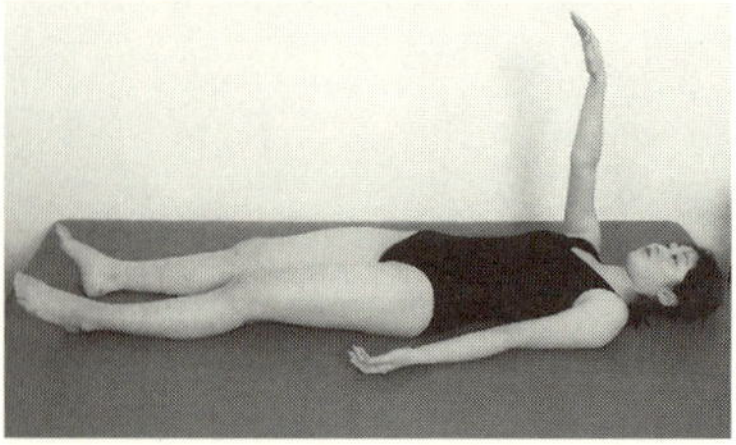

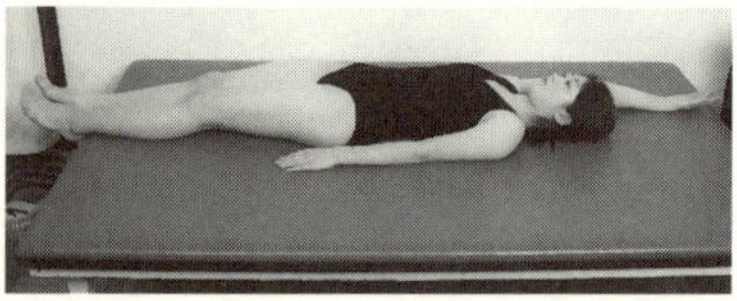

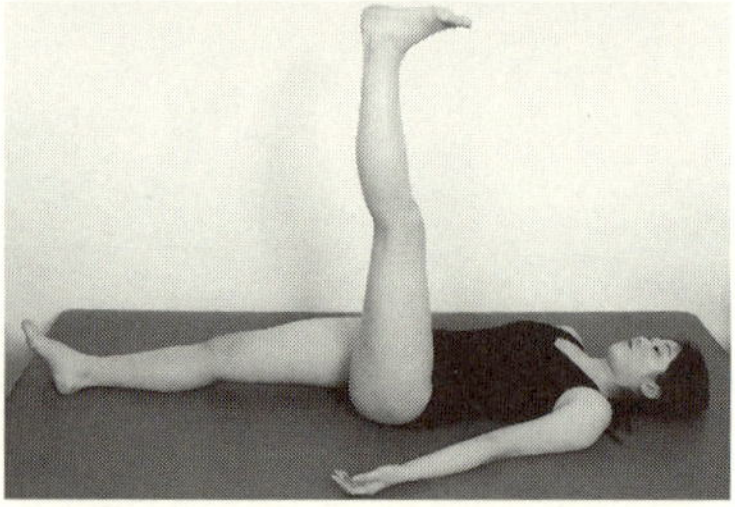

ガス抜きのポーズ

①仰むけで寝て目を閉じ、息を吸いながら両手で脚を抱えこむ。
②息を止めて保ち、太股で胸を圧迫するようにして20秒保つ。
③静かに息を吐きながら、両脚を伸ばす。
左右交互に1回と両脚の抱えこみを1回行う。

ねじりのポーズ

①仰向けで目を閉じ、右膝を立てる。
②左手で右膝の外側をもって、膝を左の床につけるようにねじる。
③膝は左側、顔は右側にしてねじり、20秒から30秒ほどポーズを保つ。左右交互に。

完全リラックスのポーズ

手足を軽く開いてあおむけに寝て、息を吐きながらゆっくり両手、両足、お腹、胸、肩、口、目、頭の力を抜き、全身をリラックスさせる。静かに呼吸しながら、完全にくつろいだ感じで身体を休める（約3分）。

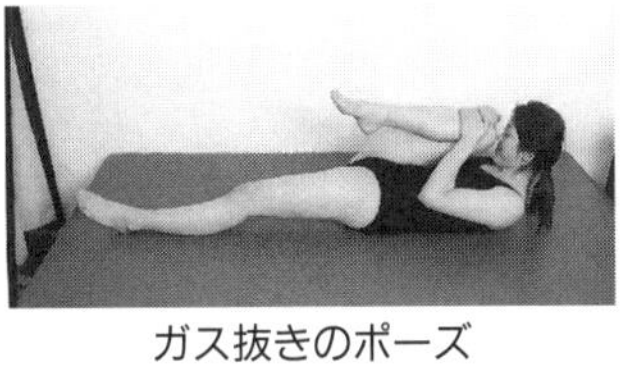
ガス抜きのポーズ

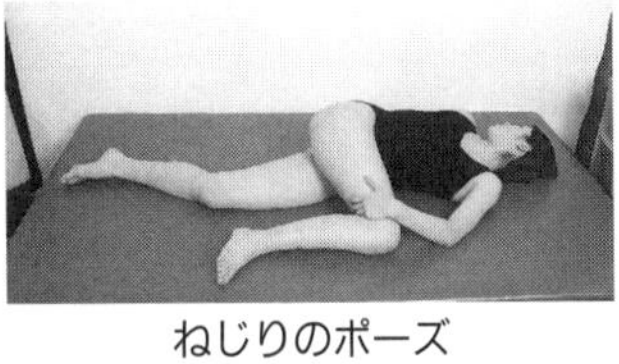
ねじりのポーズ

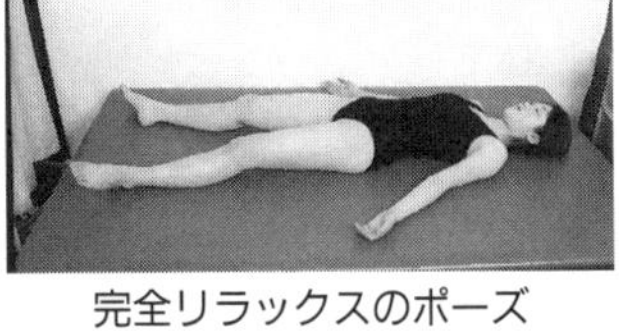
完全リラックスのポーズ

運動軸からみたヨーガの体操

ヨーガの体操というと、わが国ではいまだに体を奇妙にねじ曲げたアクロバティックなポーズをとることを想像する人が多いようである。確かにヨーガには、日常生活で頭を天、足を地として生活しているわれわれにとって、非日常的な姿勢をとるものが数多くある。しかし、一見難しそうに見えるこうした体操も、本来は「座る」ということを意味していた。すなわち、座禅で用いられる「結跏趺座《けっかふざ》」（ヨーガでは蓮華座《れんげざ》）などは、その典型的なものである。このようにもともとは、瞑想を行うための座り方を意味したヨーガの体操は、そうした精神的修行をより容易にするための肉体的な土台を築けるように長い歴史の中で工夫され、非常に多くの姿勢をもつものへと発展していったのである。

それではこうした体操には、いったいどのくらいの種類があるのだろうか。16～17世紀ごろ書かれた『ゲーランダ・サンヒター』によれば、「ヨーガの体操の数は、生物の数と同じほど膨大である。その中でも84の体位が優れており、さらに人間には32のヨーガの体操がすばらしい」と述べられている。[29]

ヨーガの体操ばかりでなくあらゆる人間の運動は、いろいろな動きが重なりあって、非常に複雑に見える。しかし、実は次のようなある一定の原則にしたがって、グループ分けすることができる。すなわち「人間の運動は基本的には、三つの軸上（左右軸、上下軸、前後軸）の回転運動である」という原則である。たとえば胴体の運動の場合には、左右軸上で上体を前方に回転させれば前屈運動（おじぎ）となり、同じ軸上で後方に回転させれば後屈運動となる（図3）。また前後軸上で左右に上体を倒せば側屈

運動軸

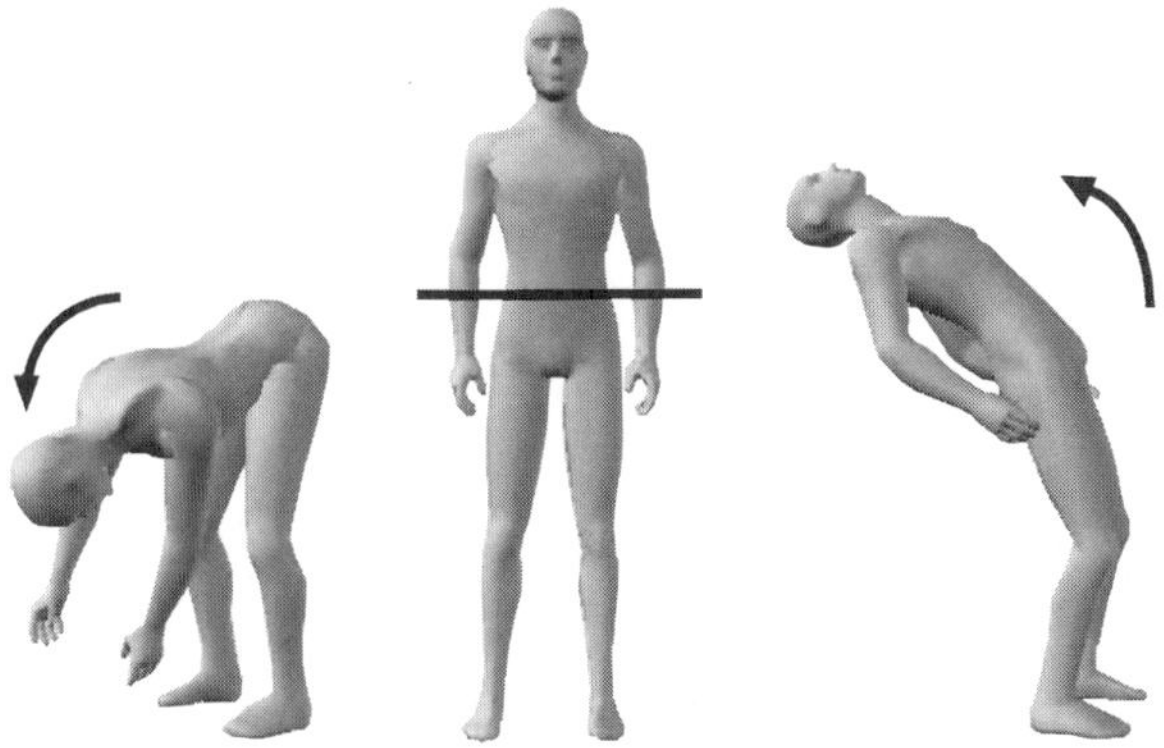

図3　左右軸

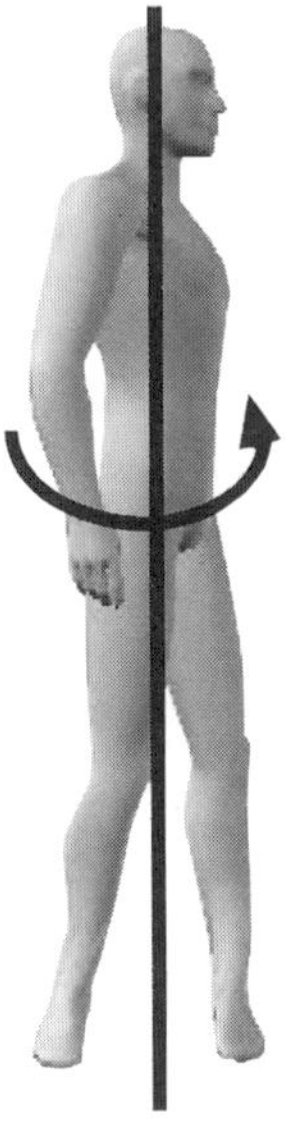

図5　上下軸

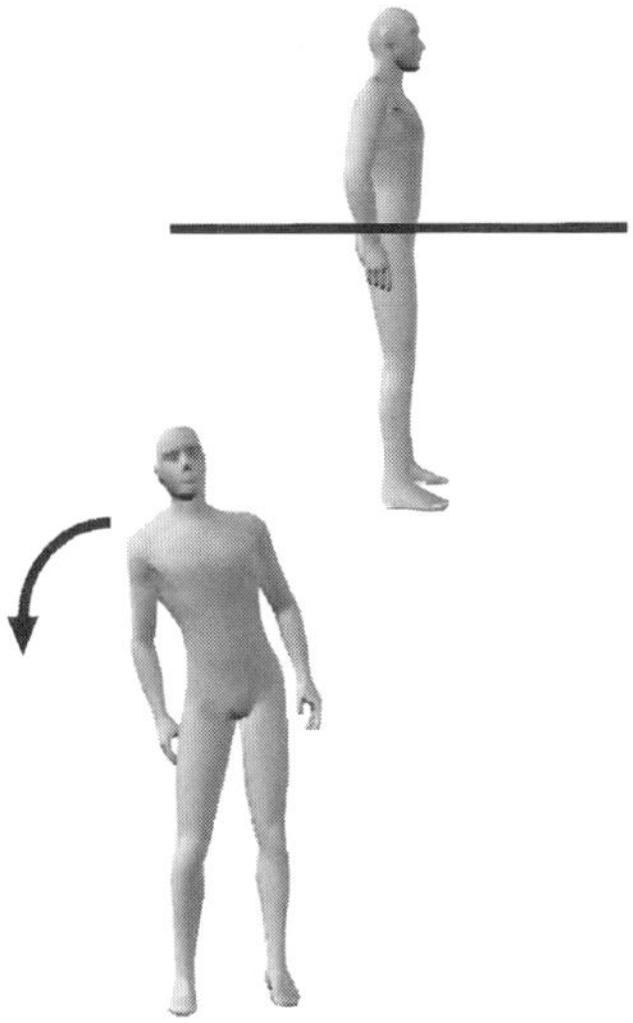

図4　前後軸

運動となり（図4）、同様に上下軸上で左右に上体を回転させればねじりの運動となる（図5）。さらにこのことは腰部の関節にとどまらず、可動範囲の差はあっても、首や手首などの体のあらゆる関節に適用することができる。

こうした考え方に立ってさまざまな体操を分類してみると、非常にシンプルなグループ分けが可能になってくる。すなわち、各関節を伸展させるべき方向は、前方、後方、側方、ねじりの四つしかないということになる。したがって、どんな目的で体操するにせよ、三つの運動軸と伸展すべき四つの方向を考慮して、目的に応じた何種類かの体操を選んで実施すればよいのである。

姿勢と心

ヨーガの体操について調べているうちに、実にユニークな視点からの解説に出くわすことになった。それは「姿勢が変われば、心も変わる」というものである。こうした視点でヨーガの体操を解説しているのは、佐保田先生の高弟である番場一雄氏である。番場氏によれば、現在行われているヨーガの体操は200種類を超えるが、結局は、「前屈系」「後屈系」「ねじり系」の三つに収斂され、さらにそれらは以下に述べるように心と密接に結びついているというのである。[1]

前屈系の体操

番場氏は、この前屈系の体操を子宮の中の胎児の姿勢になぞらえている。すなわち、母胎内に抱かれた人間としての最も原初的な姿勢というわけである。写真1は前屈系のヨーガの体操の代表的な「背中を伸ばす体位」と呼ばれるものである。こうした前屈系の体位を、静かなゆっくりとした出息とともに行ってみると、このパターンに属する体位が、心を鎮静化させる働きを持っていることに気づくことであろう。生理学的には、こうしたヨーガの体操が、自律神経系の副交感神経を刺激するためであると言われている。

姿勢の変化（筋肉の緊張）が情動と密接な関係にあることを説いたのは、フランスの心理学者であるH・ワロンである。しかし、こうした生理学的・心理学的説明を待たずとも、前屈系の姿勢が心の平静さと深く結びついていることをわれわれは経験的に知っている。すなわち、日常生活に見られるお辞儀や、ほとんどの宗教的行事に見られる礼拝がそれである。

したがって、心が不安や怒りで高ぶってしまっているようなときには、ゆっくりと息を吐きながら、静かに体を前に屈げていくといったことが、大いに効果的だということになる。

写真1

後屈系の体操

後屈系の体操は、写真2のようなコブラの体位と呼ばれるものを代表として、数多くの体位があるが、そこに共通しているのは、全身を反らせていくときに息を入れながら行うということである。こうした姿勢をとることによって、背骨を中心として全身に強い緊張が生じ、前屈系とは逆に交感神経が働いて、心臓の鼓動も高まり、意識が活性化してくる。

ところで、乳児期（ゼロ歳児）における運動発達が、驚くほど急速なものであることはよく知られている。マイネルは、ゼロ歳における直立の習得過程を詳細に考察しているが、その出発点ともいえる最初の体勢は腹這いであることを指摘している。乳児が自分でこの腹這い姿勢になれる（寝返り）のは、生後2～3カ月であり、はじめは頭をわずかにもたげるだけの状態であるのが、次第に両腕で突っ張り、頭と上体をしっかりと起こすようになる。数カ月かかって行われるこの一連の姿勢変化こそが、まさにコブラの体位そのものである。

こうした体操の応用例としては、朝、目覚めた直後や日中でもボーッとして集中できないときに、大きく息を吸いながら胸や腰を反らせてみるといったことが挙げられよう。

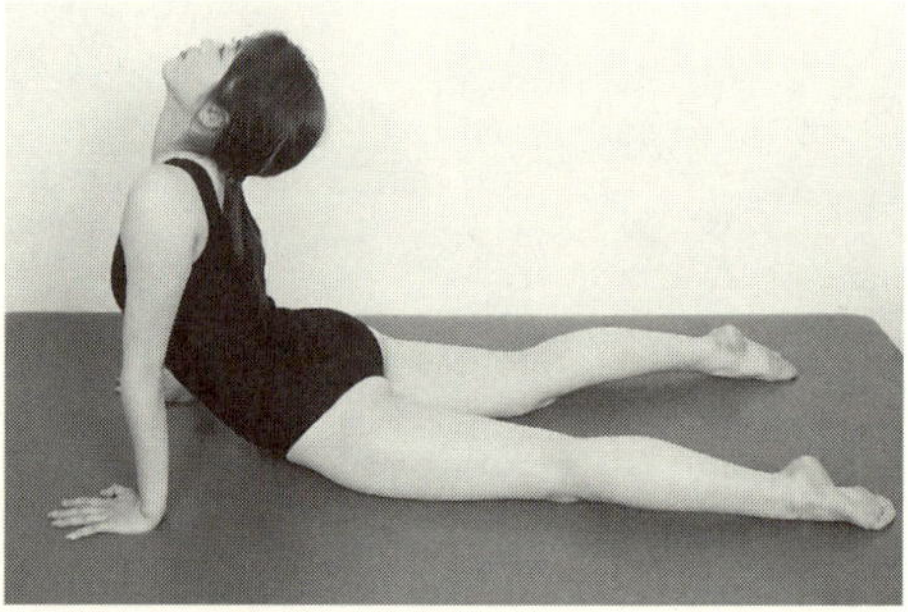

写真2

ねじり系の体操

背骨をねじるということは、地に対して垂直に背骨を立てられる人間だけができることである。前述した前屈系や後屈系の姿勢は、四足歩行をする動物にも可能だが、この背骨をねじるという動作は、彼らの運動形態には存在しない。つまりねじりの体操は、前二者に比べて、より人間らしい体位ということになる。この体操の代表的なものに写真3のようなポーズがある。

前屈系の体操が息を吐きながら、また後屈系の体操が息を吸いながら行われるのを常としていたのに対して、ねじりの体操は入息と出息が、それぞれのポーズごとに力点の置かれ具合いが異なる。

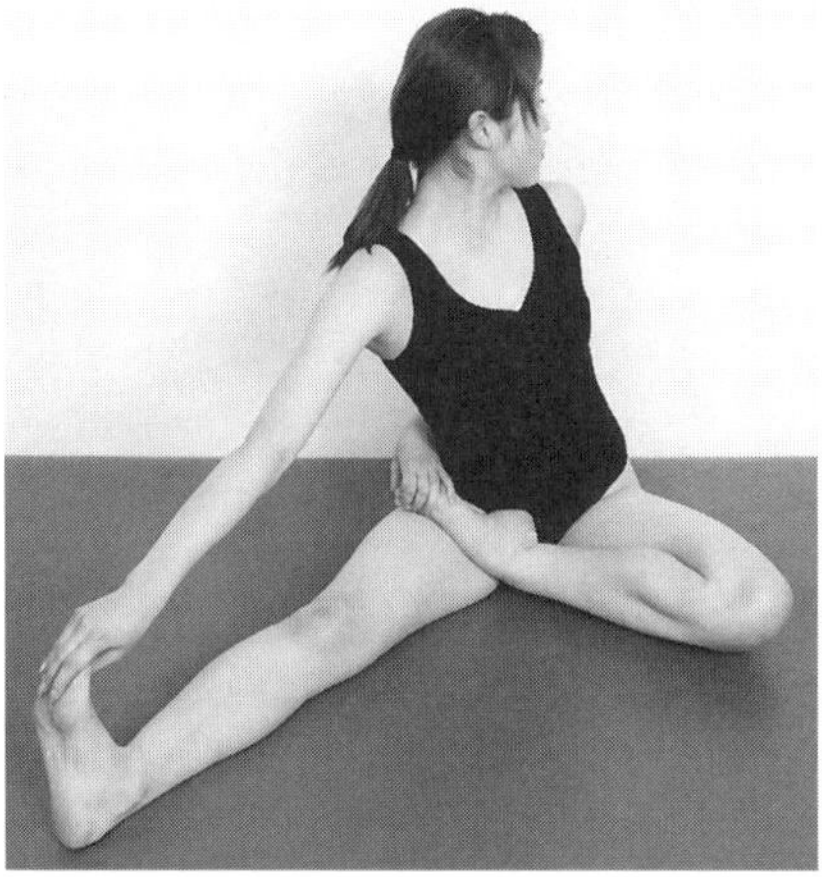

写真3

それぞれの体操にともなって生じる心の変化についても、前屈系がおだやかで平穏な方向へと動くのに対して、後屈系は積極的で覚醒的であった。これに対して、ねじりのポーズを実際に行ってみると感じとれることだが、前二者の中間的な、いわば中庸的な身体感覚と情動の流れがもたらされるのである。

以上、膨大な数にのぼるヨーガの体操の幹ともいうべき、三つの代表的なパターンについて述べてきたが、ヨーガの体操について語るとき、どうしても欠かしてはならない体位がもう一つある。それは

「完全リラックスのポーズ」とか「シャバ（死骸）・アーサナ」と呼ばれているものである（写真4）。

佐保田先生は、「この体位はヨーガの体操の中でいちばん大切なものである。ヨーガの体操はどれも充分な緊張を強要するけれども、それはその後のくつろぎとあいまって初めて効果を現すのである。緊張はくつろぎを完全にする準備となるだけで、ヨーガ体操の本命はくつろぎにあるといっても言い過ぎではない。このくつろぎを全身的な、そして高度な規模でもたらそうとするのが、シャバ・アーサナである」とその重要性を強調している。

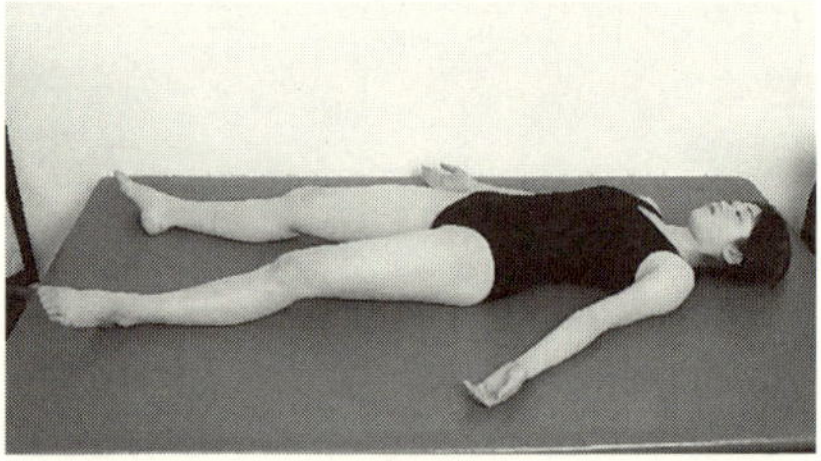

写真4

4　調気法

四段階目の調気法は、図1の外側から二番目にある生気鞘を調えるやり方であり、具体的にはさまざまな呼吸法を訓練することによってそれが可能となる。われわれ人間は食物がなくても数週間は生きていくことができるし、水や眠りがなくとも数日は生きていける。しかし呼吸をしないことには、わずか数分たりとも生きていることができない。

俗に「息を引き取る」とか、あるいは「息を吹き返す」などの言葉にも見られるように、呼吸はわれわれの生命活動と密接な関係にある。また、怒ったりイライラしたりすれば呼吸は粗くあわただしいものになるし、逆に深く静かな呼吸を続ければ、次第に心が落ちついてくるといった具合に、呼吸は心とも密接な関連がある。

　ここで「気」についてもう少し説明しておく必要があろう。これまでも気に関する説明は、さまざまな面から行われてきている。それはたとえばインドのヨーガや中国の気功、太極拳、あるいは日本の合気道といった伝統的な心身鍛練法という実践的な面からの解説であったり、あるいはまた医学的、自然科学的なアプローチによる解説であったりとさまざまである。それら諸説を踏まえた上で、私は気とは「われわれを生かしてくれている生命力そのもの」だと考えている。このことを説明するために、よく次のような例を挙げることにしている。

　たとえば、われわれの頭には髪の毛が生えている。髪の毛はほうっておくと伸びてくる。当たり前のことである。しかし、ほうっておくと伸びてくるということは、つまり生きているということに他ならない。同じく指の爪も生きているから伸びるわけである。しかし、試しに髪の毛を一本でもピッと抜いたり、爪をパチッと切ったらどうなるだろうか。これまた当然のことだが、抜いた髪の毛も切った爪もその瞬間に死んでしまう。髪の毛を一本抜いただけで、「おー、死んだ」といって大騒ぎする人はだれもいない。しかし、髪の毛も爪も死んで無機物へと化したのは事実である。これを突き詰めていけば、われわれの体に対しても同じことが言える。

　つまり人生の最後には、だれもがこの髪の毛の一本と同じ運命をたどることになる。しかし髪の毛や爪がそうであるように、たとえそれが生命ある肉体から単なる物体へと変わったとしても、その直後には外見上はほとんど何も変わりはない。もしも超低温で冷凍保存してしまえば、100年でも200年でも生命なき体だけが、そこに残されるということになってしまう。

このように構成要素から言えば、本来は物体と何ら変わるところのないわれわれの体に、生命力というエネルギーを宿らせてくれているのが気の正体だと私は考えている。したがって、われわれが生来与えられた元々のエネルギー状態にあるときを「元気」というのであり、またそれが何らかの原因で弱められ病んだときには「病気」というのである。

そもそも日本語には、この「気」という漢字が含まれる言葉が数多くある。たとえば『広辞苑第5版』には、気力、気迫、気品のように前に気のつく言葉が564語、元気、病気、根気といった後ろに気のつく言葉は480語もある。そしてその大部分がわれわれの心や体の状態を表していることからも、気を調えることの意味が浮かび上がってくる。

調気法（気のチューニング）

すでに述べたように、気は心と体の架け橋である。ヨーガの起源は4000年以上前といわれているが、その長い伝統の中で呼吸法もまた、さまざまな種類が開発され実習されてきた。師から弟子へと次々と伝えられてきたそうしたテクニックの中で、あるものは忘れ去られ、またあるものは長い歴史の淘汰を経て、現在まで受け継がれている。

10年ほど前のことになるが、プロ野球の白井一幸選手を連れて、鳥取県の米子にある木村慧心先生のもとにヨーガの集中訓練に行ったことがある。約1週間ほど滞在させていただいたが、その間に先生から、この調気法についても古くから伝承されてきた50種類にものぼるやり方を教えていただいた。スポーツの練習がそうであるように、どの呼吸法でもまず先生の説明を聞き、デモンストレーションをしていただいてから、今度はそれをまねして自分でやってみるのである。そのときは50種類のすべてを実習させていただいた。しかしスポーツ選手が、そのすべてを習得する必要はもちろんない。

その後、スポーツ選手のメンタルコントロールに役立つという観点から、何度となく木村先生に相談させていただいた。その結果、今では以下に述べるような二つの基本呼吸法と、時間があればあと二つの応用呼吸法を選手たちには指導し、十分な成果を挙げることができている。

(1) 心を鎮める呼吸法

一般に、心静かに生活しているときの呼吸数は1分間に16回程度といわれている。これに対して怒り、悲しみ、恐れなどのネガティブな感情が心を支配するようになると、呼吸は速く粗くなっていく。怒りにまかせて怒鳴り散らしている人の姿を想像していただきたい。呼吸が通常の倍以上になっていることが容易にイメージできよう。

今度は禅僧が静かに坐禅を組んでいる様子を思い描いていただきたい。その呼吸はどのようであろうか。もちろん通常よりはるかにゆっくりしていることは言うまでもない。心が乱れれば呼吸は速く粗くなり、落ち着けば呼吸はゆっくり静かになるのなら、それを逆手にとって、先に呼吸をコントロールすれば心もコントロールできる。それがヨーガ呼吸法の原点である。

ある書物には、「生きる」とは「息をすること」であり、また「長生き」とは「長く息をする」ことだと書かれてあった。つまり、静かにゆっくり呼吸するように心がけている人は、長寿をまっとうできるというのである。まるで駄洒落のようなこんな言葉の中に、案外真実が隠されているのかもしれない。

さて一つ目の呼吸法は副交感神経活性、すなわちリラックスをするための呼吸法である。ヨーガにはこうした心を静める呼吸法が数多く存在するが、そのもっとも基本となるのが、サンスクリット語で「ナーディー・ソダン」といわれる呼吸法である。

具体的には、吸う息と吐く息の割合を1対2に、すなわち5秒吸って10秒吐くとか、10秒吸って20秒吐くというようにコントロールするのである。仮に5秒吸って10秒吐くというやり方でも、1分間に4回の呼吸数に落ちることになる。これは通常呼吸の3分の1である。さらに慣れてきて10秒吸って20秒吐くができるようになると、なんと通常呼吸の6分の1にまで下げることになる。

(2) 心を高揚させる呼吸法

さてもう一つの呼吸法は、さきほどのとはまったく逆に、とても速いリズムで行うものである。だれでものべつまくなしに静かにリラックスしていればいいというものではない。時にはやや緊張したり、心拍を高めることも必要となる場面がある。大量にリードされ敗色が濃厚だったり、ミスが連続したりしてやる気を失った場合には、アグニ・プラサーラナという非常に速い呼吸で気持ちを奮い立たせなければならない。

これは1秒に1回くらいの速い呼吸を20から50回ほど連続して行う。このとき、しっかりと背筋を伸ばし、鼻から吸ってすばやく鼻から吐く。また吸う息でお腹をふくらませ、吐く時にはお腹をへこませるようにするのは、鎮静呼吸法と同じである。テニスや野球の選手がリターンや守備の際に、飛んでくるボールに対して瞬間的に反応できるように、軽くジャンプしたり足踏みしながらフッフッフッと短く呼吸しているのを見たことがあるだろうか。これで心拍数を上げ、交感神経を活性化させて鋭い反応ができるようになる。

(3) 集中力を高める呼吸法（ケワリー）

静かに呼吸していき、自然と呼吸が止まるようにコントロールしていく。苦しくなったら吐き、それを繰り返す。まるで身体全体で呼吸しているような感じで行い、鼻からの呼吸は停止する。

非常に繊細な呼吸法である。無理をして呼吸を止めるというのではなく、あたかも止まってしまったかのごとくといった感じが正しい。初めは3分程度から行い、慣れてきたら10～15分程度行ってもよい。

(4) 頭を明晰にし、声をよくする呼吸法(ブラマリー)

右手親指で右鼻を押さえ、左鼻から吸息。尾底骨にいたるまで吸い終わったならば、ゆっくりと息を吐き出しながら、喉を使って、ちょうど蜂の羽音のようなブーンという音を出し続ける。この時、この音が自分自身の意思と理智という二つの内的心理器管に響き渡るようにさせ、できるだけ長く呼息を持続させる。

この調気法を実習することによって、話し言葉が張りのある美しいものになる。また、呼吸もゆったりとして、しかも力強いものとなる。意思や理智といった内的心理器管の働きを静め、精神に集中力がついて瞑想がしやすくなる。

5 五蔵説からイチゴ大福説へ

すでに述べたように五蔵説では、人間存在とは真の自己が五つのエネルギー鞘で取り囲まれているという。そしてその各鞘に生じる不調和を、体操や呼吸法あるいは瞑想といったさまざまなやり方で取り除き、心身ともに調和のとれた状態にする具体的な方法がヨーガの八部門ということである。

このことをもっと大胆に整理してみると、五蔵説をさらに「体」「気」「心」の三つの入れ物にまとめることができる。つまりわれわれ人間をお餅にたとえると、ちょうどイチゴ大福のように、一番外側にお餅（体）、その内側にあんこ（気）、さらにその内側にイチゴ（心）といった三層構造であると言えるのである。

普通のあんこ餅は、お餅（体）とあんこ（心）の二層構造だから、これはちょうど西洋の心身論のようなものである。心と体が密接に相関していることはだれもが経験的によく知っていることだが、西洋医学の世界においては、心身相関や心身医学といった言葉が登場してくるのは、わずかに100年ほどの歴史しかない。

ところが東洋では、心と体がつながっているなどということはごく当たり前のことで、いつも人間をまるごと全体としてとらえようとする伝統がある。さらにそこに心と体をつなぐ架け橋ともいうべき気についても、インドではプラーナ、中国では気と呼んで、それをコントロールする方法を開発してきたという事実がある。

6　心を調える

最後に五段階目以降の訓練についても、駆け足で概説しておこう。制感という訓練は、五感（視覚、聴覚、嗅覚、味覚、触覚）を外側の対象物に集中させることで、そのコントロール能力を身につけ、意志鞘の不調和を取り除こうというものである。次の凝念では、制感が外部集中であったのに対して意識を内部に集中させることで、さらに高い精神集中力を身につけられるようになる。

こうした訓練を通じて高度な精神集中力を身につけた後で、七段階目の静慮という訓練段階に至る。ここでは静かに瞑想して心の整理をする。われわれの心はちょうど一つの部屋のようなものなので、たとえばその掃除をするような感覚で心の整理をする。つまり、これはゴミだから捨て、これは大切な資料だからファイルして取っておこうといった具合にである。

ゴミのように不要でネガティブな感情や考え方も、また大切に保管しておくべきプラスのそれも、私たちはその区別もつけずにごちゃ混ぜに蓄積している。これをきちんと整理しておけば、マイナスな事柄に心を乱されることもなく、逆にいざというときに必要なものを心の中から取り出して、事にのぞめるというわけなのである。

ヨーガでは、瞑想という方法を用いて心の次元の不調和を調えていく。これは静かに座り自ら気づいていく世界なので、一度や二度のトレーニングですぐに効果が現れるといったようなものではない。しかし、継続していれば少しずつ内奥から変化していくことができるというのがその教えである。こうした瞑想の段階においても、数多くの具体的なトレーニング方法が考案されている。現代風にいえば、イメージを自在にコントロールしたり、反省瞑想で自分のあるべき姿を見つめ直すことで、本当に自分がやらなければならないことを自己決定していく。そうしたきわめて知的な作業が繰り返されるのである。

私はこうした伝統的なヨーガ行法について、88年からラージャヨーガの第一人者である木村慧心先生に教えていただいている。ラージャ・ヨーガとは別名「王者のヨーガ」。ヨーガの八部門を総合的に修するとともに、とりわけ瞑想を重視する。先生は１９４７年群馬県に生まれ、東京教育大学で地質学を勉強された後に、京都大学大学院で宗教学を修められた。後にインドへ渡られ、生涯の師となるスワミ・ヨーゲ・シュヴァラナンダ大師に出会う。それから大師のもとで10年近くにわたって修行され、世界でも数少ないラージャ・ヨーガ・アチャルヤ（導師）となられた。

私を含めて木村先生からヨーガを学ぶ多くの人々は、先生から毎月一つずつ瞑想のテーマを与えていただいている。ここではその中から三つの例を挙げておくことにしたい。やってみればわかるように、瞑想とは何も考えないことではない。よく「無念無想」というが、あれはこうした心の整理を一つずつこなしていってはじめて至る境地なのである。

瞑想の実例

「泰然自若の瞑想」

それではこれより、〝心の平静さ〟についての瞑想をいたしますので、静かに眼を閉じてお座り下さい。「得意淡然、失意泰然」ということばがあります。これまでのあなたの人生の中で、思わず有頂天になってしまいそうな、万事がうまく行っている時でも自分の心を戒めて、心安らかに淡々とした態度をもって生活していた時のことを思い出してみて下さい。得意になって、まわりの人からひんしゅくをかうこともせず、淡々と生きた日々のことを具体的にはっきりと思い出し、〃お前はよくやった〃と、当時の自分をほめてあげて下さい。それではお願いいたします。

それでは次に、万事がうまく行かなくて、失意の時にあってもうろたえることなく、心安らかに泰然として暮らした時のことを思い出して下さい。思いがけない人との別れとか、経済の破綻など、気落ちしても何事もなかったように、静かな態度をとれていた自分自身の姿をもう一度思い出して、「お前はよくやった」と、当時の自分自身を大いにほめてあげて下さい。それではお願いいたします。

それでは残りの時間の中で、しっかりと心の中で「得意淡然、失意泰然」「得意淡然、失意泰然」と何回も繰り返して言ってみて下さい。これからの人生の中で、どんなことが起ころうとも「得意淡然、失意泰然」として生きますと、心の中で誓って下さい。それでは、時間となりましたので、今日の瞑想はこれで終わります。静かに眼をあけて、体を楽にして下さい。

「二極の対立感情を克服するための瞑想」

それではこれより、私たちの揺れ動く感情を克服するための瞑想をいたしますので、静かに眼を閉じてお座り下さい。今日は、あなたがこれまでの人生の中で最初は「楽しみ」なことだったが、しかし後になってそれが「苦しみの種」になったようなことがなかったかどうか、思い出してみて下さい。例えば、思わぬお金が転がり込んで来たが、かえってそれが騒ぎのもとになってしまったこととか、お酒を飲んで楽しく騒いだが、後で足元がふらついて転んで怪我をしたなどということです。

「楽しみ」が変じて「苦しみ」になってしまったことです。それではお願いいたします。

それでは次は反対に、最初は「苦しみ」だと思っていた事が、変じて「楽しみ」になった事を探してみて下さい。例えば、大変つらい仕事だったが、やがては、大きな富を与えてくれたことであるとか、財産はできなかったにしろ、何事にも負けない人間になれたことなどです。また、たくさんの家族の中での結婚生活、子育ての生活だったけれど、その苦しみから逃げずに頑張ったお蔭で、かえって楽しい生活を後になって送れるようになったことなどです。それではお願いいたします。

これまでの人生の中での出来事を思いかえしてみて、苦しみも楽しみも、ただその場かぎりの移ろい行くもので、決して、大騒ぎしなくてもよいものだと思えませんでしたでしょうか？　昔の人は、「楽は苦の種、苦は楽の種」と呼んでいました。ですから、今の生活の中でも、苦や楽に一喜一憂しないぞ！と心の中で誓う祈りをなさって下さい。お願いいたします。それでは、今日の瞑想を終わります。安らかな心とともに静かに眼をあけて下さい。ありがとうございました。


「すこやかな心と体をつくる瞑想」


それではこれより、すこやかな心をつくる瞑想をいたしましょう。静かに眼を閉じて座ってください。

今日は、皆さんと共に、強くてしなやかな心を養う瞑想をしていきます。一流のスポーツ選手は、自分の成績の悪さを決して天気のせいにしたり、コーチや監督のせいにはしないそうです。むしろ、自分のどこが悪かったのかを調べるそうです。そこで今日は、「不都合な出来事から恵を見つける、すこやかな心をつくる」瞑想をいたしましょう。それではまず、日頃のあなたが自分にとって不都合なことに出会ったとき、それをだれか他人のせいにしたり、何か他のもののせいにして責任のがれをしていないかどうか、自分の日頃話している話の内容を思い返してください。

もしも、「自分がこうなったのはだれだれのせいだ」と卑怯で責任のがれの話を度々している自分を見つけたならば、「私は、決して卑怯な人間ではありません。私はすべての責任を自分に引き受けられる、心豊かな強い人間です」と、繰り返し心の中で唱えてください。他人の過ちまで自分の責任だとして引き受ける人物は、世の中で高く評価されるのは、私たちはよく知っています。そこで、あなたのまわりの事柄の中で、不都合な点を探し出し、それを自分の責任と考えてその不都合な事柄を、自分がどのように努力したら改善できるか、具体的に考えてください。自分が努力している、その姿を絵に描いて、頭の中に思い浮かべてみて下さい。それでは、静かに眼をあけて下さい。ありがとうございました。

7　塩谷式正心調息法《しおやしきせいしんちょうそくほう》の応用

心を調える代表的な方法が瞑想であることはすでに述べた。30分という朝の時間の中で、体に10分、気に10分を割いてそれぞれを調えたならば、最後の仕上げとして「調心」に残りの時間を使いたい。いつも無念無想の境地でこの10分が過ごせるほどに訓練が積まれていればよいのだが、初めからそうした境地に至るなどということは不可能である。したがって、あるテーマをもって静かに瞑想し、その日の練習や試合に向けての心構えをつくるほうが、選手たちにははるかに有効である。前に紹介した三つの瞑想のテーマなどは、そのよい例である。

ここでもう少しスポーツ的な瞑想の例を挙げておこう。調気法を終えたら、そのまま静かに座る。まず前夜に反省した注意事項を思い出し、次にはそれが今日はとてもうまくできているという成功イメージを何度となく思い浮かべる。その際、数カ月後の大舞台で目標を達成して喜んでいる自分の姿も合わせてイメージするとよい。日本のメンタルトレーニングの草分け的な仕事をされた長田一臣先生（日本体育大学名誉教授）は「メンタルトレーニングとは段取りのことだ[27]」と言われているが、こうしたイメージリハーサルによって朝から十分な精神的段取り（準備）が完了することになる。

99年の新体操ナショナルチームには、以上のようなスポーツ瞑想の方法も指導した。しかし途中から、もっと簡便でありながら、呼吸と瞑想の要素をあわせもつやり方に切り替えた。その方法とは、塩谷信男先生が提唱される「塩谷式正心調息法」を応用したものである。

塩谷先生は長い間、東京の渋谷で医師としてお仕事をされていた方だが、今では世界最高齢のゴルフのエイジシューターとして、あるいは呼吸法による長寿を説く先生として知られている。エイジシューターというのは、自分の年齢よりも低いスコアで回るゴルファーのことである。したがって今をときめくタイガー・ウッズでも、18ホール・パー72のコースを彼の年齢以下で回ることはどんなことをしても不可能である。その意味では、エイジシュートは、少なくとも65歳を過ぎてなお元気でゴルフができるということが大前提になる。つまり、プロだから達成できるという記録ではないのである。

塩谷先生はその難しいエイジシュートをすでに何度となく達成し、あろうことか97年には、94歳の時に94というスコアでラウンドしてまた記録を塗り替えられたというから驚きである。この一事でもあきらかなように、先生はただ長く生きている人というだけではない。

日本には現在、100歳を超える方が1万人以上いるそうだが、その1万人のセンティネリアンの中で、先生のようにご自分の足で歩き、生活している人はそう多くはない。生きているというよりも、医療技術の進歩によって生き長らえているといった方が正しい人もかなりの数にのぼっている。よく長命と長寿は違うというが、塩谷先生はまちがいなく長寿の代表であろう。先生はもともとがお医者さんなので、ご自分の長寿の秘訣について、睡眠とか、運動とか、栄養とか言われるかと思ったら、これがそうではない。その秘訣はただ一つ、呼吸法だと言われるのである。

世界最高齢のエイジシューターの秘訣は呼吸法にあるということを聞いたゴルフダイジェスト社は、97年に『大健康力』(32)というタイトルで塩谷先生の本を出版した。ゴルフ専門の出版社が出したこの本は、畑違いであるにもかかわらずベストセラーとなった。私もゴルフダイジェスト社からはよく取材を受ける。あるとき編集委員の谷田宣良さんと話していて、話題が塩谷先生のことになった。そこで谷田さんから、「先生も東洋的なメンタルトレーニングをおやりですから、塩谷先生と対談してみませんか」と言われた。佐保田先生ばかりでなく、これまでご高齢の多くの先生方から教えを受け、そのつど目からウロコが落ちるような思いをしてきた私は、「ぜひお願いします」と二つ返事でお願いした。

そんないきさつで、私は97年の6月に熱海にある塩谷先生のお宅に伺うことになったのである。先生は私たちが玄関を入るなり、「いやあ、よく来たね」と元気なお声で迎えてくださった。お体も大変立派で、かくしゃくというのはああいう方をいうのであろう。さて、いざ対談とあいなった。しかし対談とは名ばかりで、「まあ、君、座りたまえ」と言われて私が腰を下ろすやいなや、もう先生の独演会になってしまった。先生は張りのあるお声でとうとうと説明なさるのである。

それでは対談記事としては困るというので、後ろから谷田さんが私を突っつく。「先生も何か言ってくれませんと、対談になりませんから」と言うのである。仕方なく私が何か言おうとすると、「最近の若いやつは礼儀を知らない。人が話をしているのに、口をさしはさむとは何だ。人の話は最後まで聞くもんだ」と先生に叱り飛ばされてしまった。その迫力に私もびっくりして、すぐ「すみません」と謝ったのだが、それでも都合3回も叱られた。

ところが塩谷先生に一つだけ誉めていただいたことがある。それは私が、人間は自分の目標をイメージし言葉で言いつづけることで、ほんとうにそれは達成できるものだと考えて選手を指導していると申し上げたときである。その例として、アトランタオリンピックでの勝利の十箇条のことなどもお話しした。すると先生はにっこり笑われて、「いや君、若いのに、よくわかってるねえ。そうなんだよ。人間とはそういうものなんだ。想念は現実化するんだよ」と誉めてくださったのである。

塩谷先生はご自分の呼吸法を、「正心調息法」と呼ばれている。正心とは正しい心のもち方だが、それには次の三つがあるという。つまり、一番目が「すべてのことを前向きに考え、行動する」、二番目が「感謝の心を持つ」、三番目が「愚痴を言わない」である。これをいつも心がけ生活しながら、さらに息の仕方を次のように工夫せよというのである。

息の仕方そのものは、けっして難しくない。前述の鎮静呼吸法とよく似ている。スーとお腹いっぱいに息を吸って、ちょっと止めてから、お腹をへこませながら吐く。ところが塩谷先生の調息法は、その呼吸に想念をのせるのである。つまり、呼吸しながら言葉とイメージをそれに乗せる。

たとえば、ゆっくり息を吸いながら心の中で「宇宙の無限の力が丹田におさめられ、全身に満ちわたった」と言う。次に息を止めてお尻をしめておいて、「……が達成されている」とか、「心も体も健康だ」とか、「……病が治った」といった具合に言うわけである。最後に息を吐きながら、「体内の老廃物が完全に吐き出されて、全身がきれいになった。若返った」とやる。

この調息法を実際にやってみせながら塩谷先生は、「君、これをね毎日20回から25回やりなさい。良くなるよ。わしみたいに、95歳までゴルフできるよ」と言われた。現に95歳で毎週ゴルフを楽しんでいる方が言われるのだから、これほど説得力のある言葉はない。

すでに第4章や5章でも述べたように、われわれ人間は言葉やイメージによって動く生物である。その意味でも、呼吸にそれをのせるという先生の方法は、実に合理的なやり方といえよう。もしも調息法をしながら、まったく逆のことを唱えたら大変なことになってしまう。たとえば、「宇宙の悪いエネルギーが全身に取り込まれて……」「何々病がひどくなった、ひどくなった」とか、「試合で負ける、負ける、負ける」「シュートが入らない、入らない」などと言えば、もう結果は目に見えている。

対談を終えて帰ろうとする私に、塩谷先生は「僕は子どもの頃からほんとうに病弱だったんだよ。でも昔、東大の学生時代に二木謙三という偉い先生に教えていただいた呼吸法を、自分なりに応用したらここまで来れた。家内も92歳で元気だしね。白石さん、あんたも自分でやってみて良かったら、いろいろな人たちに私の方法を教えてやってくれ。なーに、息をするだけのことだから、上納金をくれなんてケチなことを言うつもりはないから」と言われ、ワッハッハと大笑された。

このときから私は、いずれスポーツ選手のメンタルトレーニングの中に、塩谷先生のお考えや方法を取り入れたいと考えるようになっていた。それで新体操の世界選手権の2カ月前から、朝のトレーニングのしめくくりは、次のような調息法でしめくくることにした。

朝日に向って立って静かに目を閉じる。鼻からお腹を使って息を吸い込みながら、「太陽の暖かいエネルギーが丹田に収められ、全身に満ちわたった」と心の中で唱え、か

正心調息法を実演して下さる塩谷信男先生
（写真提供：ゴルフダイジェスト社）

つその様子をありありとイメージする。次に息を止めて、「今日も私はやる気と自信にあふれ、楽しく最高の演技ができる。できる。できる」と強く言いイメージする。最後に息を吐きながら、「吐く息にあわせて、体の中の疲れ、汚れ、不安、イライラなど悪い要素はすべて外に出ていってしまう」と言うのである。

8　心身調整プログラム

ヨーガの体操で体を、そして調気法で気を、最後に瞑想で心を調えていくというのが、伝統的なヨーガ修行法の基本である。しかし、スポーツ選手は、禅やヨーガの瞑想のような長期にわたる行法をスポーツのトレーニングと平行して続けられる人はめったにいない。

したがって現在私は、前述した東洋的人間観をベースにして脇元先生とともに開発した朝の〝心身調整プログラム〟を選手たちに指導

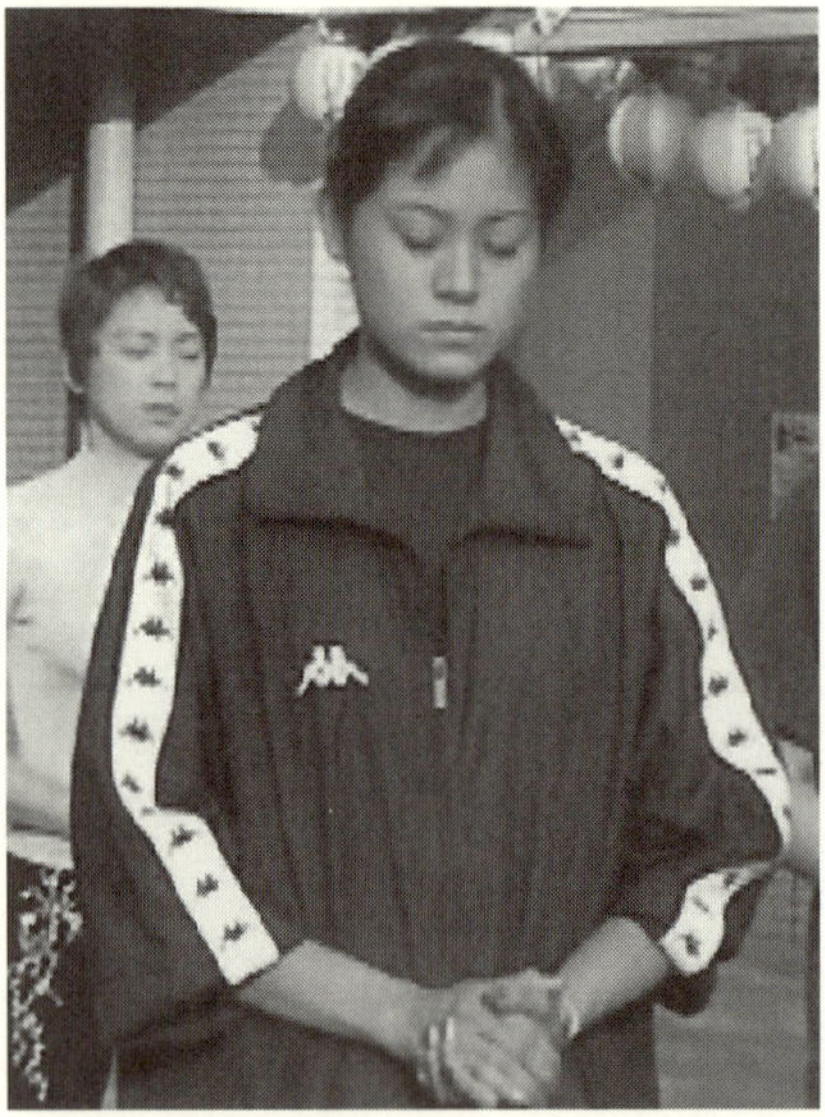

新体操世界選手権の朝に調息法を行う
松永里絵子選手

することにしている。英語では“Psycho-Somatic-Regulation-Program”になるが、中身は心・気・体を調えることにある。本当は、すべてを含みこんだという意味で「ホーリスティック」という言葉のほうが当を得ているが、とりあえず今は「心身調整」という言葉を使っている。

このプログラムは、約30分で行えるように組まれている。つまり体の調整に10分、気に10分、そして心を調えるのに10分である。まず体の調整は、すでに第3章で脇元先生が細かく紹介した(1)ストレスセルフチェック法から始まる（30秒）。続いて(2)ベーシック体操、別名ストレス解消体操によって仙腸関節に刺激を与えることで、体をほぐしゆがみを補正する（2分）。そして(3)ヨーガの体操のように、意識を内側に向けながら（筋肉と対話するようなつもりで）それぞれの種目に必要なストレッチ体操を行う。それから呼吸法で、イメージリハーサルなどへとつなげていく。

さて、これで本章は終わりである。実際にやってみれば、わずか30分のプログラムだが、その背後にあるものを説明するのに、かなりの紙数を費やすことになってしまった。しかし、その理論的な部分を理解できれば、体操や呼吸法、あるいは心の調整法の中身については、ここに紹介したものにこだわる必要はまったくない。自分にあったものを選び出し、心、気、体を三《さん》位《み》一体《いったい》のものとして、まさに朝飯前に調整することを心がけていただきたい。

第7章　メンタルレッスン5
感情コントロールのテクニック

1　サバティーニ再生プロジェクト

感情はスポーツ選手のパフォーマンスに大きな影響を及ぼす。

このことに私が注意を払うようになったのは、1990年にテニスのメンタルトレーニングの世界的権威、ジム・レアーと会ってからである。

この年の11月に、レアーのメンタルトレーニング・セミナーが、完成直後の吉田記念テニストレーニングセンター（千葉県柏市）で開催された。コナーズ、ナブラチロワ、アガシ、サバティーニなど、彼に指導を受けたトッププレーヤーは枚挙にいとまがない。テニスですばらしい実績をあげている彼のセミナーは、「私はいかにサバティーニを蘇らせたか」という実に興味深いテーマで始まった。

ガブリエラ・サバティーニ。彼女は1971年アルゼンチン生まれの天才プレーヤーで、14歳でプロに転向するや（84年）、またたく間に世界のトッププレーヤーにかけ登っていった。折しも20年近くの長い間、女子プロテニス界に君臨し続けてきたエバート、ナブラチロワの二大巨星にもさすがに衰えが見え始め、サバティーニがメジャータイトルを取り、文字通り世界のトップに立つのはもはや時間の問題であるかのように思われた。

しかし、どんな場合も強力なライバルは出現する。破竹の勢いでデビューした彼女に、天敵ともいうべきライバルが現れることになる。シュテフィー・グラフである。彗星のごとく登場したこのドイツの少女は、だれも成し得なかった二大巨星の厚い壁を破り、88年には4大メジャータイトルすべてを制覇する快挙まで成し遂げたのである。

サバティーニも着々とトップランカーの地位を固めてはいたが、しばらくするとテニス関係者のあいだでこんな会話がささやかれるようになった。

「あんなに強いサバティーニが、なぜメジャータイトルにはあと一歩及ばないのか」

事実、彼女は全米オープンなどのメジャー大会では決勝まで進みながら、肝心なところで実にあっけなく敗れ続けていた。プレースタイルは違うが、二人は天才だった。技術面・体力面ともに甲乙はつけがたいが、デビュー当時から「一つだけ決定的な違いがある」と言われていた。メンタル面である。

サバティーニは、ラテン民族を代表するような明るく奔放なプレーぶりで、自分のリズムにのっている時にはとてつもない強さを発揮する。しかし、ひとたびくずれ始めると非常にもろく、あきらめも早い。対するグラフは、どんな時にも表情ひとつ変えず、かつてアイスドール（氷の人形）といわれたエバートを上回るほどのしぶとさを備えていた。

88年の全米オープン決勝に進出したサバティーニは、敢然とグラフに立ち向かったが、心・技・体のすべてに充実したグラフに完膚なきまでに打ちのめされることになる。ライバルのグランドスラム達成の介添え役になり下がってしまったのである。この試合を頂点として、サバティーニの成績は凋落の一途をたどる。セレシュ、カプリアティらの強力な若手も台頭し、勝てなくなった彼女はツアーサーキットの生活に疲れ、すっかり自信を失いかけていた。

90年4月。失意の彼女は残された最後の領域、つまりメンタル面の強化を決意して、レアーに救いの手を求めたという。レアーは独自のやり方で彼女の自信を回復させた。同時にポイント間のインターバルタイムの感情コントロールを徹底的に指導していった。その結果、彼女のプレーは短期間に見違えるように改善され、6月のウィンブルドンでベスト4。9月初めの全米オープンでは宿敵グラフを2-0のストレートで下し、念願のメジャータイトルを手にすることに成功したのである。

その直後に来日したレアーは、この一連のメンタルトレーニングのプロセスをビデオをまじえながらわかりやすく説明してくれた。

「スポーツ選手のパフォーマンスを向上させるには、感情コントロールを身につけさせることが不可欠だ」と説く彼の言葉には、多くのトッププロを指導してきた自負がうかがわれ、私も多くの示唆を受けた。テニストレーニングセンターから招待状をいただいていた私は、昼休みにレアーと意見交換できる機会を得た。これが彼との最初の出会いである。

2　スポーツ選手の4つの感情レベル

92年に再来日したレアーは、私の大学で6時間に及ぶ講演をしてくれた。この中でも彼は、スポーツ選手がメンタル面でタフになるための重要な要素として、感情の問題を長時間にわたって熱っぽく語った。レアーは講演を次のように始めたのだった。

スポーツにおけるタフネス、強さというものの意味は何でしょうか？　どんな人がすばらしいスポーツ選手なのでしょうか？　それは簡単なことです。つまり、プレッシャーのもとでも良いプレーができ、良い成績を収められる競技者ということです。

私がこれまでに一流の選手やコーチと長年一緒に研究をしたり、仕事をしたりしてきて、その中で一番大切なことだとわかったことは、感情の役割です。感情というものは、スポーツばかりでなく仕事でも日常生活でも大きな役割を果たします。皆さんがスポーツ選手であろうと、ビジネスマンであろうと、コーチ・先生であろうと、とにかく良い感情を体の中で持っているということが、良いパフォーマンスを得る前提となります。

なぜ感情というものがあらゆる分野でそんなに大事なのかというと、感情と体とは互いに密接に関係しあっているからです。もっと正確に言えば、感情によって体内の生化学的反応がおおいに変化するからです。怒っているときと嬉しいときとでは、体の中の生化学物質は非常に違った状態にあります。ある特定の感情は、私たちに大きなパワーを与えますし、逆に別の感情をいだいてしまうと、まったくだめになってしまうということがよくあります。

パフォーマンス、いわゆるスポーツのプレーや生活一般の行動全体には、三つの要素があります。まず一つは、皆さんが持って生まれた才能があるかどうかということ。二つめは、競技をするにあたってトレーニングで培ってきた技術的・体力的なことがどの程度かということ。三つめが精神的なことで、これが良いプレーをするために必要な感情をコントロールするのです。

私は選手が最高のプレーをするときの状態をIPS、つまり"Ideal Performance State"（理想的な精神状態）と呼んでいます。どのような分野の人でも、非常にデリケートな感情のバランスをコントロールしてIPSを作り上げられると、必ず良い結果を出すことができるということがわかってきました。

ポジティブな感情が、自信・幸せ・決意というものにつながります。逆にネガティブな感情が、恐れ・怒り・疲れ・失望・憂鬱といったことにつながるわけです。ネガティブな感情が、睡眠や食事など、一般的に体を普通に保っていくために必要なことをすることの効果を妨げてしまうのです。体が必要とする摂取物とか睡眠とか生理的な要求というものを良い形で満たすためには、ネガティブな感情というものを全部ブロックしなければなりません……。

このように、感情コントロールの重要性から講演を始めたレアーは、次に選手が試合中に見せる四つの感情レベル（あきらめ、怒り、びびり、挑戦）について説明した。

一番目の「あきらめ」は、スポーツ選手がいだく感情としては最低のものである。レアーは常々、「試合中の選手の感情を機械で測定することなどできはしない。しかし目で見ることはできる。人の心は表情や仕草、さらには姿勢や言葉などでたいていわかるのだ」と言っている。

選手が「あきらめ」の感情レベルに入ると、まず目線が下がる。それから背中が丸まり、動作があきらかに鈍くなる。そしてため息をつきながら、「こんなに風が強いんじゃあ、良いプレーはできっこないよ」と言い訳を口にするようになる。日本にも「体は心をあらわす」という言葉があるが、こうしたことを頭に入れて選手の行動を観察すると、確かに心のありようが見えてくる。

次の感情レベルは「怒り」である。これはテレビでスポーツ中継を見れば、しょっちゅう目にすることができる。ストライク、ボールの判定ひとつで、すごい形相で審判に食ってかかったり、ヘルメットを地面にたたきつけるプロ野球選手。あげくに審判にボールを投げつける猛者までいるのには驚いてし

ジム・レアー博士と私（1992年）

まう。

ひとたび「怒り」の感情が心を支配すると、われわれの体内では実に不都合な生化学的反応が起こる。怒りによって交感神経が過度に活性化すると、アドレナリンが大量に分泌される。その結果、心拍数や血圧は上昇し、体内をめぐる血液は酸性になって、筋肉はこわばり、またたく間に疲労が蓄積されていく。

「怒り（短気）は損気」とはよく言ったもので、怒りの感情が選手のパフォーマンスを向上させることはまずない。あるときプロゴルファーから、「頭にくることがあったら、その場で怒鳴り散らしてスカッとしたほうが気分が良くなるんじゃないんですか」と聞かれたことがある。私もあの悪童マッケンローのことが気にかかっていたので、同じ質問をレアーにぶつけてみた。

すると彼からは、「マッケンローは唯一の例外でしょうね。でも、ひょっとすると彼は戦略として、わざと怒ったふりをしていたのかもしれませんよ。まあ普通の人間だったら、怒りの感情によって生じる生化学的反応によって相当なダメージを受けますから、長丁場の試合では最終的には感情を乱した方が負けると思った方がいいんじゃないですか」と答えてくれた。

三番目の感情レベルは「びびり」である。先ほどの「怒り」が高いネガティブエネルギーなのに対して、ポジティブなエネルギーが充満しすぎて過緊張状態になっているような状態を指す。外から見ると、非常に神経質でせかせかしたしぐさが特徴的である。一生懸命やろうとしているので、プレーはとてもパワフルでしっかりしたものにはなる。しかし、たとえばここ一番という場面（この場面がもっともびびりやすいのだが）にこうした感情が心を支配すると、早く結果を出したいために、テンポがやたらと速くなってしまう。

ただし、「あきらめ」や「怒り」と違って、この「びびり」という感情は、それほど悪いものではない。確かにこのままでは結局、ミスや敗北につながってしまうのだが、だれもがここを通り抜けなくては次の「挑戦」というレベルに到達することはできない。「びびる」体験を何度もして、それに慣れないと次に続く最高の状態には入っていけないのである。

「免疫」という言葉がある。これまでは主として体の面で使われてきた。つまり免疫とは、人の体に備わった病気に対する抵抗力のことをいうのが一般的である。19世紀半ばに活躍したルイ・パスツールが源流となった免疫学は、20世紀に大発展を遂げるが、さらにこの20年ほどの間に、脳と免疫系との関係の研究がなされ、精神免疫学という学問が成立するようになった。こうした新しい分野の研究によって、人間の免疫機能が心の影響を少なからず受けていることが明らかになったのである。そしてそれは、精神医学や心身医学の領域で、実際に患者の治療を行っている医師たちにも大きな影響をもたらしている。

先に「びびりを怖がるな」「びびるような緊迫した場面にどんどん身を置け」といったのも、実はこの精神免疫のスポーツ版を考えているからである。もちろんこれまでにも、試合で発生するさまざまな事態に備えるトレーニングがなされなかったわけではない。ソ連のマトヴェーエフに代表されるようなトレーニング計画論では、「試合練習」といった形でその対策が構じられてきた。体を使って行う試合期トレーニングの中で、できるだけ試合と同じ場面を設定し、もっとも重要な試合で最高の成績が収められるようにリハーサルを繰り返すというやり方である。試合と同じか、それ以上の環境負荷や精神的負荷を加えた練習を積ませることで、プレッシャーに対する精神的な免疫性を作り上げることがねらいである。

四番目の感情レベルは「挑戦」である。ひとたび選手がこのモードに入ると、プレッシャーそのものが楽しいとさえ言うようになる。これは、わが国で古くから言われてきた無我の境地といってもよい。こうした状態に入った選手は、外から見ていても躍動感にあふれ輝いている。

「楽しい」「笑顔」「リラックス」「集中」「冷静」「燃える」など、最高のプレーを見せた選手にそのときのことを尋ねると、決まってこれらの言葉が返ってくる。

こうしてみると、選手に試合で最高のプレーをさせたければ、あきらめ、怒り、びびりなどの感情を排し、たえず挑戦心にあふれた感情で心の中を満たせる技術を身につけさせればよいということになる。具体的なやり方を述べる前に、選手の行動を分析することで、その心の動きを把握するのに役立つビデオの使い方を述べておくことにしよう。

3　「心を知る」ビデオの使い方

ゴルフ場に行くと、感情コントロールの講義材料になりそうな人をたくさん見かける。たいていのアマチュアゴルファーは、久しぶりにゴルフ場に来ると、たとえ練習不足でも初めはやる気満々。「挑戦」の心にあふれた状態にある。それがいざスタートとなると、「挑戦」モードでボールを打てる人と「びびり」モードでしか打てない人に分かれる。この時点から「あきらめ」や「怒り」の感情を持つ人はまずいない。

ところがスタートの一発目から力んでOBを打ったり、チョロで数メートルしか前に進めなかった人の感情はどうなるだろうか。また、たまたま最初はうまくいったとしても、日頃からろくに練習していないのだから3ホールもするとボロがでて、ミスを連発するようになることも多い。1番のティーグラウンドでは意気揚々として背筋もしっかり伸びていた人が、4番ホールのティーグラウンドに立つ頃には、顔を真っ赤にして怒っていたり、うなだれて言い訳を始めることなど、ざらである。この様子を日がな一日ビデオで撮影していれば、それだけで本一冊分の材料はゆうに集められるのではないだろうか。

こうした風景は、実はゴルフ以外のあらゆるスポーツでも観察できるのである。世界中で日本ほど高性能ビデオカメラが安価に手に入る国はない。ここ数年で急速に普及したデジタルビデオにしても驚くばかりの画質と性能を誇っている。これまでスポーツの練習場面でビデオを使うといえば、たいていはフォームやプレーを撮影していたはずである。私も技術や戦術の分析を分析する際には、同じように撮影する。しかしメンタルトレーニング、とりわけ選手の感情コントロール能力を知る上では、ビデオでもっと別な部分、つまりプレーとプレーの間であるインターバルタイムの行動をも撮影しておく必要がある。

それはなぜか。スポーツ選手の感情が動くのは、プレーしている最中よりも、むしろインターバルタイムのほうだからである。たとえば野球のバッターの感情が、バットを振っている瞬間に突如乱れることなどありえない。集中すべき対象に心が占められている瞬間（インプレー）は感情は乱れないのである。だが、たった1球のストライク、ボールの判定で冷静さを失って審判に怒りをぶつけたり、びびったりすることは頻繁にある。しかしそれは、すべてインプレーの後にくるわずかなインターバルタイムのときにほかならない。選手はそのわずかな時間に終わったことを後悔したり、次のプレーへの不安や期待に感情を乱しがちなのである。つまり、インターバルタイムをコントロールすることこそが感情コントロールの秘訣ということになる。

デジタルビデオテープの大きさはVHSテープの5分の1だが、120分の録画が可能である。それなのに投球のモーションに入ったら録画スイッチを押し、ミットに球が入ったらスイッチを切るといったようなスポーツの撮り方を今も見かける。これではメンタル面の貴重な資料はすべて捨て去っていることになる。投球の判定で投手の表情や仕草はどう変化したか。次の投球までの30秒ほどの間に、どのように気持ちを調えていくか。そういうことがまったく記録されていないからである。

私がプロゴルファーを指導するときは、ラウンドの行動すべてを録画する。1番ホールのティーグラウンドに立つ前から、18番ホールのパットを入れてプレーが完全に終わるまでずっと撮り続けている。プロのスコアは1ラウンド70回前後。ショットやパットだけを撮影したら、4時間のラウンド中、わずか3分しかテープは回らないことになる。そんなものは何の意味もない。

プロたちは自分のスイングを驚くほどよくわかっている。だからメンタル面をチェックする私が、スイングについて言うことは何もない。私が撮影したいのは、たとえばバーディパットを外した後にどう悔しがるのか。どこでどんなタバコの吸い方をするのか。歩き方から表情、話の内容まですべてである。これはなかなか貴重な映像となる。なぜならこうした撮影で、選手の成功や失敗に至る行動パターンが見えてくるからである。それがはっきりしてくれれば、悪くなるような行動パターンをやめさせ、成功モードに入れるような言動や行動をするよう指導していけばよい。

4　偉大な選手は、偉大なる俳優

92年の私の大学での講演を、レアーは「偉大な選手は偉大なる俳優である」という言葉で締めくくった。IPSに入れるような感情コントロールの方法を長年研究してきた彼は、あるときハリウッドの名優たちの演技が、なぜあれほど見ている人の心を動かすのかに興味を持ったという。俳優が悲しみに暮れてむせび泣けば、スクリーンを通じてそれを見ている多くの人が共に涙するのはなぜか。映画『ロッキー』を見終わって劇場を出てきた人の多くが、自分がスタローンになって大逆転のＫＯ勝ちを収めたように誇らしい表情を浮べるのはどうしてか。そう考えたというのである。

名優たちは、それがあたかも現実のような迫真の演技ができる。だからこそそれを見た多くの人が共に泣き、共に笑う事態が起きる。演技直前の感情がどうであれ、カメラが回り始めたら自らの感情をコントロールできるすべを身につけているのだ。そういう事実が彼を驚かせた。そうなのだ。名優たちは演技で他人の感情を変えられるのである。

そこからレアーは、もう一歩進んで考えた。スポーツ選手は、俳優のように見る人の感情までも変える必要はない。必要なことはただ一つ、ＩＰＳやゾーンにアクセスできる感情を自分の心の中に呼び起こしてやればよい。ヒーローも、みじめな敗者も演じなければならない俳優に対して、スポーツ選手は勝者を演じるだけでよいのである。

さらに名優たちは、演技に入る直前の私的・個人的な感情がどうであれ、とにかくカメラが回り始めると与えられた役柄を完璧に演じるために、自らの感情をそれにふさわしいものにコントロールしてしまう。そんなことはプロなら当たり前というかもしれないが、実際にはとても難しい。スポーツや仕事とはまったく関係ないことで心を煩わせ、それを引きずったままでプレーや行動をしてしまっている人はたくさんいる。

感情がパフォーマンスに大きな影響を及ぼすからこそ、それを良い方向へ導く手立てが講じられなくてはならない。それならばイライラしたり不安で怖くなったとしても、それを外に見せるのはやめて、断固としてＩＰＳやゾーン状態にある自分をまず外側から演じることが第一だと気づいたと彼は言う。

この原稿を書いている最中（99年11月20日）に、ＮＨＫですばらしい番組が放映された。ＥＴＶカルチャースペシャル『能に秘められた人格―最新科学が解き明かす心の世界―』である。その中で、能の梅若猶彦と女優の樹木希林の二人が悲しみを表現する際の、脳の活動状態が紹介された。どちらもいわずと知れた名優である。

実験では、二人とも即座に悲しみの感情を演じてみせたが、それは見ているこちらの方が悲しくなってしまうほど見事なものだった。多様な感情への自在なアクセスぶりもさることながら、そうした感情に移行するために、体のすみずみまでが総動員されていたという事実は、私にとっても大変興味深いものだった。いや、真相は逆かもしれない。最初に体をそれにふさわしく作れるからこそ、すみやかに望む感情にアクセスできるのかもしれないのである。

この番組では、日本文化の底流に潜む「肚《はら》」の問題を、体の使い方や呼吸法などの面から解明しようと取り組んでいた。本書では、すでに前章で心・気・体に対する調え方を述べており、その意味では毎日の心身調整トレーニングの積み重ねが、感情コントロールの基礎を支えているとも考えられる。しかしここではもう一歩進んで、「体は心をあらわす」のなら、つまり不動の心をつくりたければまず不動の体を、あるいは穏やかな気持ちをつくりたければ、それを誘発するような姿勢をつくる方法を以下に述べることにしたい。

5　生命時計から見た二足歩行

二足歩行は人間と動物とを区別する第一の指標だが、生命誕生から現在に至る長い時間から見れば、その歴史はまばたき程度の長さでしかない。このことは地球上に生命が誕生した30数億年前を午前0時、現在を24時とする生命時計で考えるとわかりやすい。

すると、爬虫類や両生類などが誕生したのは22時。今からわずかに2時間前である。それから恐竜の時代を過ぎ、ほ乳類の中のある種が二本足で立つようになった。猿人と呼ばれるアウストラロピテクス類だが、この発生は23時58分。なんと2分前である。そしてピテカントロプス類（原人）に至ってようやく人類が誕生するのは、今からたった1分前でしかない。

さらに人類は旧人（ネアンデルタール）、新人（現生人類）と進化を遂げるが、直立して二足歩行することで両手が自由になり、脳も飛躍的に発達していく。かくして人間は、動物とはまったく異なった次元の生物として、地球上を闊歩するようになるのである。このような二足歩行でもたらされた動きの自由度と脳の発達が、その後の人類の驚異的な発展をもたらしたが、体や運動の面ではすべてが好転した、というわけではない。

たとえばアウストラロピテクス類が初めて立ち上がった時に、四足歩行では地面とほぼ平行に位置していた背骨は地面と垂直に立つことになった。つまり地球の重力に逆らうという大変な負担を、この瞬間から人類は受けることになったのである。われわれの背骨はS字にカーブを描いて彎曲しているが、それは重力を緩衝するために必然的に形成されていったものといえよう。

また、地球上での生物の進化過程と人間の成長（受精から誕生、そして1歳前後で直立歩行に至るまで）のプロセスは酷似している、とも言われている。30数億年の歴史を、母胎内の約10カ月と誕生から1年までの間にすべて経験しているというのである。こうしてみると、人の二足歩行の歴史はあまりにも短く、したがって体の構造も未熟なものだと気づかされる。逆にいえば、われわれの体には動物的な（四足歩行時代の）筋肉の使い方が今なお色濃く残っているといってもよい。たとえば屈筋系の動き（上腕二頭筋を使って物を手前に引き寄せるような動作）は、明らかに四足歩行時代の名残りである。逆にボクシングでジャブを打つような伸筋系の運動は、きわめて人間的な、ある意味では新しい動きといってよい。

さて、生命時計ではわずか1分とは言っても、われわれの直接的な先祖であるピテカントロプス類が二本の足で地上を歩き始めてから、すでに50万年以上が経過している。人間が行う運動は、大きくは「労働運動系」「スポーツ運動系」「表現運動系」「日常運動系」などに分類できる。そのどれをとっても頭を天、足を地に向けた直立位を基本に行われるのは当然である。したがってスポーツに限らず、人間が行うあらゆる運動の原点にはこの直立姿勢があると言ってよい。それでは、正しい立ち方というのは存在するのだろうか。

6　正しい立ち方の有無

戦前のわが国体育界の大御所的存在だった大谷武一先生は、前大戦中の著書『躾と体錬[24]』の中でこう述べている。（※仮名遣いは現代仮名に訂正した）

「立った場合には正しい姿勢をとるように、腰を掛けた際には、正しい腰かけ姿勢をとるように、座った時には、正しい座った姿勢をとるように躾ける。立った姿勢と、腰をかけた姿勢と、座った姿勢とではそれぞれ要領が異なっているが、共通点は、背を伸ばして上体と頭とを真っ直ぐにし、口を閉じ、前方を正視することである」

さらにこうした正しい姿勢の利点については次の四つを挙げている。

①保健体育の見地／②確固たる心的態度を与える点／③近視予防の立場／④指導国民的態度錬成

また大谷先生は、昭和16年に有名な『正常歩[25]』を著し、正しい歩き方を提唱している。今読むと、戦時中という時代を考慮しても高圧的で押しつけがましい感じを受けないわけではない。しかし、昨今の世相荒廃の元凶と指摘される教育の衰退や、家庭でのしつけの欠如などを考えるとき、その古くささや形式張ったところを批判するばかりではなく、学ぶべきところは素直に学び直す必要があるのかもしれない。

ともあれスポーツ運動学の観点では、形にこだわった正しい立ち方や正常歩などを今さら云々するとは頭がおかしくなったかと言われそうである。現象学的な立場から人間の運動を再考しようとしたオランダのボイテンディクは、その著『人間の姿勢と運動の一般理論』で力学的あるいは生理学的なエネルギー効率や単純な見かけのよさだけで、歩行の良し悪しを説くことの愚かさを厳しく批判している。

これを受けて金子明友先生は「あるひとつの運動の合目的性は、運動の実施のしかたにとって価値判断のひとつでしかないのであって、体育の世界で問われる運動のしかたは、体育の目的がどこにおかれているかによって異なってくるものである。そのことが人間の運動のすべての規範にすりかえられていく危険性のあることを彼（ボイテンディク）は指摘しているのである」と述べている。[12]

私は大学、大学院を通じた約7年間、幼稚園で子どもたちに体育を教えるアルバイトをしていた。大学生の4年間はわけもわからず教えていたので、今から考えると顔が赤くなるようなことがたくさんあった。運動会シーズンになると園長先生から「今年も運動会では子どもたちを元気よく行進させてくださいね。うちはスポーツ幼稚園というキャッチフレーズでやってますから、見てくれよく、お願いしますよ」と頼まれた。ろくに勉強もしていないものだから、「ハイ、わかりました」とばかりにまるで軍隊のような形式ばった行進を子どもたちに教えていた。まったく、知らないということは恐ろしい。

それが大学院で人間学的な視点に立った運動学を学ぶに至って、自分がきわめて短絡的で底の浅い体育指導をしてきたことに気づき、おおいに反省させられた。しかしそのお陰で、歩くといえばそれまでは行進の練習しか考えつかなかった私が、何週にもわたってバラエティーに富んだ「歩く」授業をやれるようになったのだから、それはそれでよかったと思っている。

その一方で、人間の運動や姿勢は、そのつどの状況や価値によってさまざまに変わるものなのだから、正しい立ち方や歩き方など絶対あるわけがないと勝手に盲信するようになったのも事実である。ところがその後、実際に選手たちに上手になってもらおうとあれこれ試みているうちに、やはりその運動が上手にできるために必要な姿勢、つまりその意味では、その運動に対して正しい姿勢というものがあることに気づくようになった。

これは前述した金子先生の指摘の中にも述べられていることで、まさに「体育の世界で問われる運動のしかたは、体育の目的がどこにおかれているかによって異なってくるもの」なのである。

問題は、そのつどの運動や状況から要求される正しい姿勢を、すべてに通用するかのように錯覚するところにこそあるのであって、それぞれにふさわしい姿勢というのは存在すると考えるようになった。

7　白樺のポーズ

武道や芸道の世界でも、一流といわれる人は「立ち姿」が美しい。歩いていても座っていてもどこかピンときまっている。つまりその一挙手一投足がすべて美しいのである。前から何となく気づいてはいたのだが、はっきりした答えは持てずにいた。ところが数年前、ハッと気づくことがあった。

93年、日本体操協会は女子選手の競技力向上を目指し、ロシアのナショナルヘッドコーチだったラズモフスキー夫妻をコーチとして招聘した。すぐに日本のナショナルチームの指導に着手した彼らがまっさきに指摘したのは、日本選手の姿勢面の欠点だったのである。

その際に彼らがたえず選手に要求したのが写真のようなまっすぐな美しい姿勢である。ロシアでは、このような姿勢を「ベリョースカ」（＝白樺のポーズ）と呼ぶということだった。風雪が吹きすさぶシベリアの平原に、スーッとまっすぐ伸びている白樺の木。そこにロシア人は最高の美しさを感じるというが、どうすればこんなまっすぐな姿勢がとることができるのだろうか。その秘密は股関節の使い方にあった。

具体的なやり方を、もっとも基本的な直立姿勢で練習してみよう。両足で直立し、何かにつかまってもいいから両つま先をかかとを中心に１８０度開く。股関節が外側に開き、それによって上半身と下半身とが腰のところ

でジョイントされ、まっすぐに立つことができる。運動美の極致ともいうべきクラシックバレエには、もっとも基本となる五つの姿勢があるが、その一番ポジションと呼ばれる姿勢がこの立ち方なのである。

しかし、股関節を外旋させることによって保つことのできるこうした「白樺のポーズ」は、ただ単に見た目の美しさだけのために大切だといわれているわけではない。むしろそうした外形的な美しさ以上に、もっと機能的な、すなわちわれわれが運動を効率よく行う上で有効な働きが隠されていたのである。

8　腰は動きの中心

よく「運動では腰が大切」と言われる。たしかに腰はすべての運動の中心といってよい。投げる、打つ、蹴るなど、手足を使って動いているように見える運動も、実はすべて腰から始まる。腰をうまく動かせるか否かは、運動を効率よく、パワフルにできるかどうかの鍵を握っている。ラズモフスキー流に言えば、その原点は「白樺のポーズ」であり、さまざまな運動でこれを利用するには骨盤の使い方がとても大切ということになる。

通常、人間の骨盤は直立状態では前傾している。「白樺のポーズ」をとると、骨盤の前傾は抑えられ、垂直に近づく。股関節を外旋させながら骨盤下部を前方に押し出す。こうした基本の身体操作で骨盤が垂直に近づくと、骨格構造には二つの大きな変化が発生する。

一つは脊柱の彎曲度の減少。もう一つは股関節の伸展で生ずる股関節のロックである。

(1) 脊柱の彎曲度の減少

「白樺のポーズ」で直立すると、仙腸関節も垂直に近づくことになり、腰椎部の彎曲（前彎）は減少する（図1）。ところで脊柱の彎曲の特性として、「頸椎部、胸椎部、腰椎部のいずれかの椎部の彎曲度が減少すると、他の椎部の彎曲度も減少する」というものがある。したがって、股関節を伸展させて直立すると、脊柱の三つの椎部のすべての彎曲度も減少する。

(2) 股関節の伸展によって生ずるロック機能

人間の股関節の動きは見かけよりずっと制限されており、後方へ約15度しか伸展しないといわれている。したがって「白樺のポーズ」では、股関節は後方にほぼ伸展しきった形でロックされ、垂直方向からの力に対して股関節が固定されていることになる（図2）。これで、とかくバラバラに動きがちな上半身と下半身が一体化されるのである。

私は93年から94年にかけて、日本体操協会の女子競技委員会の依頼を受けて、ラズモフスキー夫妻のトレーニング方法を網羅した『女子体操競技トレーニングの手引き[22]』を作る仕事に携わった。２００ペ

図1

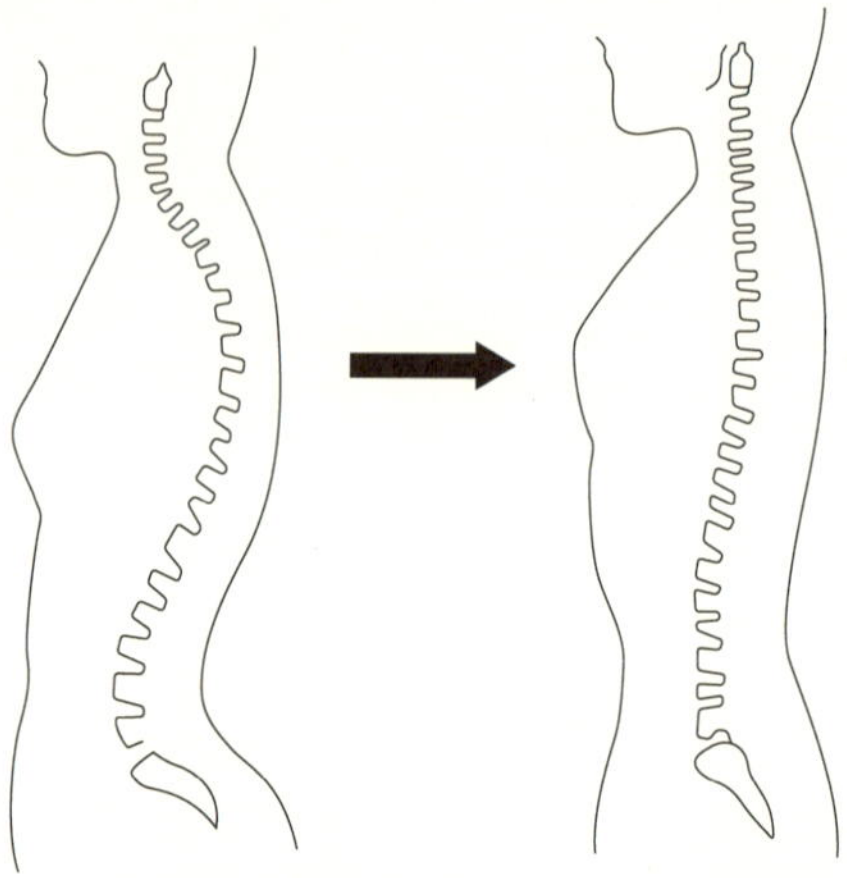

普通の直立姿勢（骨盤前傾）→　白樺のポーズ

図2

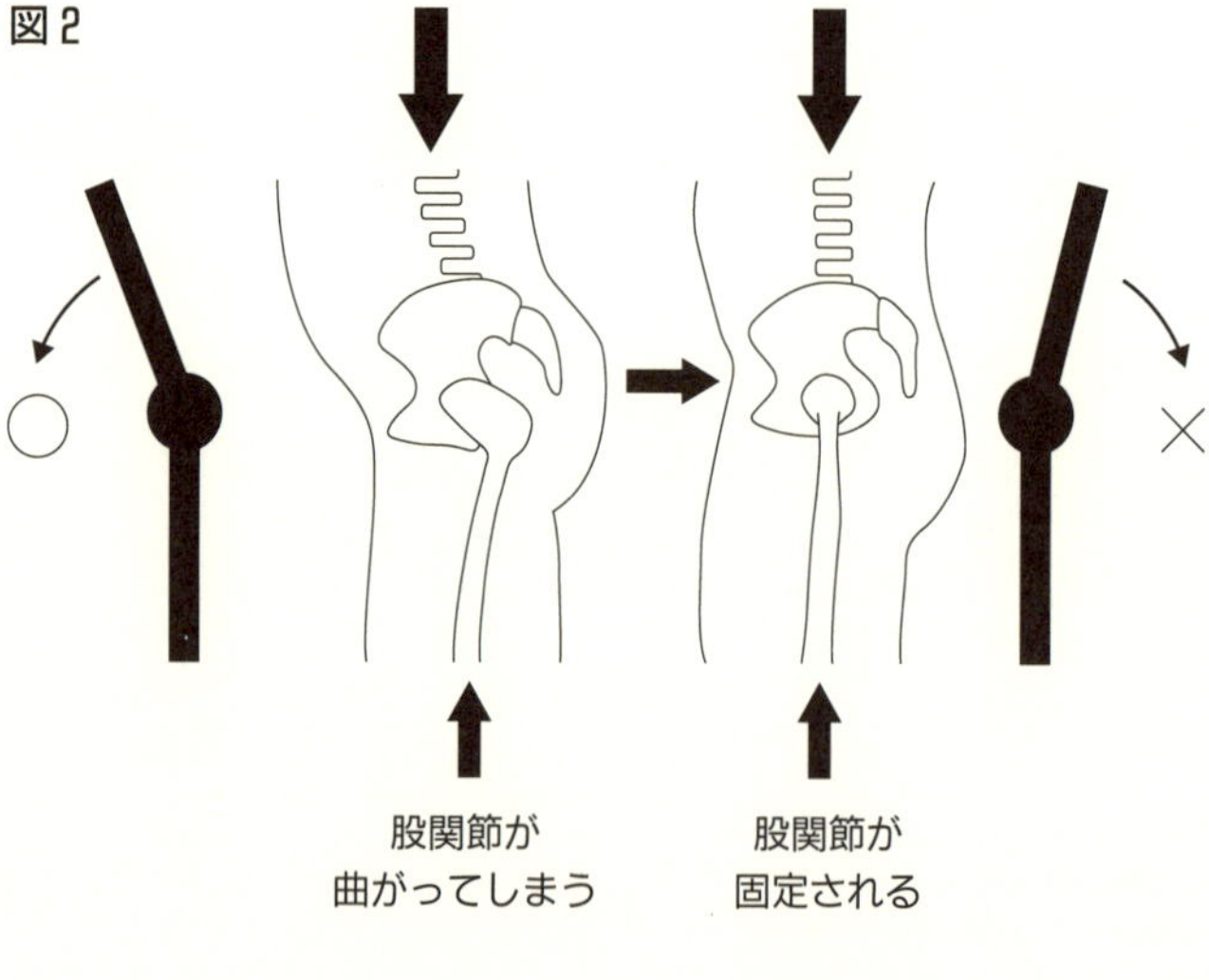

ージほどのトレーニングマニュアルとその全内容を収録した6時間のビデオ作成である（日本体操協会発行）。作業には膨大な時間を費やしたし苦労もしたが、勉強になることも多かった。

一連の作業を通じてわかったのは、世界のトップクラスの体操選手は、この「白樺のポーズ」を直立姿勢ばかりでなく、倒立はもちろん、空中高く舞い上がって2回宙返りをしている最中でも、しっかりと保てているという驚くべき事実だった。写真は、アトランタオリンピック女子体操の個人総合チャンピオンのポトコワエヴァ（ウクライナ）の演技の一コマである。彼女は演技中のすべての運動局面でこうした美しい姿勢を保っている。機会があれば、こうした目で一流の体操選手の演技を見ていただきたい。するとコマ送りで再生しても、一分のすきも見られないほど美しい姿勢が保たれていることに気づくことだろう。

さてすでに述べたように、「白樺のポーズ」は単なる静止状態での美しさだけのためにあるのではない。むしろそれどころか、難しい運動をより効率よく実施するために不可欠な実に機能的な姿勢なのである。それではどうしてこのまっすぐな姿勢が、運動を上手に行う上で有効なのであろうか。

「白樺のポーズ」の効用は数多くあるが、その中でももっとも顕著なのは、運動エネルギーの伝達効率がきわめて高いということである。これは「歩く」や「走る」といった基本的な移動運動において、大きな利益をもたらしてくれる。また股関節の外旋によって生じるロック機能によって、上半身と下半身が一体化され、まるでムチのようにしなやかに全身を使うことができる。「白樺のポーズ」とはまるで逆の骨盤が前傾した姿勢、いわゆる「出っ尻姿勢」ではロック機能が働かず、上半身と下半身がバラ

ポトコワエヴァ（写真提供：上越教育大学、長澤靖夫教授）

バラに動いてしまって、たいていの運動はうまくいかない。

9　カール・ルイスの走りと「白樺のポーズ」

さて「白樺のポーズ」のしくみや効用が理解できたところで、今度はその具体的な応用方法に入っていくことにしたい。

「白樺のポーズ」が外形的な美しさのためだけにあるのではなく、さまざまな運動を効率よくできさせる働きを持っているのだとしたら、それは体操競技やクラシックバレエだけではなく、陸上競技やボール運動、あるいは武道や水泳にだって応用できるはずである。

私が前述の『女子体操競技トレーニングの手引き』の編集作業に没頭していた94年頃に、このことを同僚で陸上競技の川本和久先生に話したことがあった。彼は私より4歳年下で、毎日のように陸上競技場で指導にあたっている、きわめて実践的な研究者である。先生の卓越した指導力で、最近では福島大学から日本を代表するほどの陸上選手が次々と輩出されるようになった。その一人が雉子波秀子選手（福島市立金谷川小学校教諭）である。95年に女子200メートルの日本記録保持者となり、97年にアテネで開催された世界陸上競技選手権の日本代表にもなった。

川本先生は91年にカール・ルイスのコーチとして世界的に有名なトム・テレツのもとに留学している。

私がラズモフスキーから聞いた「白樺のポーズ」の話をすると、先生からは、びっくりするような反応が返ってきた。

「それでわかりました。カール・ルイスの走り方は、その白樺のポーズそのものなんです。これまで日本では体を前傾させて走れとか、地面を強く後ろに蹴って走れとか言っていましたけれど、実はそうではないんです。そのことにアメリカでは気づいていたんですが、どう説明したらいいかわからなかったんです。つまり、彼らは地面に対して真下に蹴って、地面からの反発力を全身で受け止めるような走りをしているんです。ところが今までの日本の考え方だと、どうも腰のところでエネルギーが抜けていってしまう感じがして、しかたがなかったんです。このポーズの骨盤の使い方なら、確かに全身に一体感が出てきますよね。今日はいいことを聞いたなあ。ありがとうございます」

その時の川本先生の嬉しそうな顔は今でもよく覚えているが、嬉しかったのは先生ばかりではない。体操競技での「白樺のポーズ」の大切さに気づいた矢先に、その思わぬ汎用性の高さと応用可能性の広がりを教えてもらって、むしろお礼を言いたいのは私の方であった。その後、注意して見ていると、さまざまなスポーツのトップアスリートの動きの中に、まったく同じような姿勢があることに気づくようになった。

アトランタオリンピックで驚異的な世界新記録を出したマイケル・ジョンソン、98年のアジア大会を制した伊東浩司選手の走り方は、その典型的な例である。

10　不動体をつくる

「白樺のポーズ」の基本は、クラシックバレエの一番ポジションのように踵を中心に両つま先を180度外側に開く、つまり股関節を外旋するところにある。しかし、これではまっすぐに立つことはできても、歩くことはできない。歩くために、足先を進行方向に向けたままで、同じような骨盤の操作（前傾からまっすぐへ）ができないだろうかということになる。あれこれ模索しているうちに、中国の気功法や東洋的な武道の訓練の中にそのヒントを見出すことができた。具体的には、お臍の真後ろの腰骨をほんの少し操作するだけで、われわれの体は安定したり、ぐらぐらしたりするということがわかったのである。

写真1は、雉子波選手にお臍の真後ろの腰骨を後ろに軽く突き出してもらったもの。写真2は逆にそれを前方に動かしてもらったものである（感覚的にはお臍を軽く前に出し、腰を入れる感じ）。どちらが「白樺のポーズ」に近いかは一目瞭然であろう。

実際に、この二つの立ち方を試していただきたい。写真1のように、お臍の真後ろの腰骨を後ろに軽く突き出すと、俗に言う「へっぴり腰」になってしまう。そのとき同時に足の裏が小さくなったような、足元がフラフラするような感じを持つはずである。

これに対して写真2のようにお臍を前に軽く出し骨盤を垂直に立てていくと、背筋に力を入れなくともスッキリと背中が伸びてくるし、足元もぴったりと地面に接して安定する。さらになんだか足の裏が

写真２　良い姿勢

写真１　悪い姿勢

写真３　悪い歩き方

写真４　良い歩き方

大きくなったような気がするはずである。実はこれこそが武道でいう「自然体」であり、「不動体」の作り方なのである。そしてそれはまた、上手に歩いたり走ったりするための基本となる「正しい立ち方」といってよい。

さて今度は、写真3と4を比べていただこう。まず写真3では、雉子波選手に「へっぴり腰」のままで歩いてもらった。トップスプリンターでも不恰好で、速く歩くことなどできようもない。まるで人間への進化プロセスを逆戻りして、猿へ退化しているようなものである。

次に写真4では、お臍の真後ろの腰骨を前に出した基本姿勢から、お臍、ないしはそのやや下のお腹のアーチの頂点（東洋的な意味での丹田はその内奥にある）から前方へ出て行くように歩いてもらった。動きのリズムやスピードを誌面で伝えることは難しいが、それでもスッスッという滑らかな足運びやスピード感が感じられるのではないだろうか。

立ち方や歩き方の仕組みがわかってきたところで、今度はそれをメンタルな面からとらえてみよう。

11　腰骨を立てる

明治29年、愛知県に生まれた森信三先生は、平成4年に97歳で永眠されるまでのほとんどを、子どもたちの教育に捧げられた。先生の有名な教育方法の一つに「立腰教育《りつようきょういく》」(18)がある。

前述したように、古来わが国では「体は心をあらわす」という言葉が使われてきた。体の姿勢で心のありようが見て取れるという意味である。森先生はこうした考えに立って、子どものうちから日常的な立ち居振舞いのなかで、しっかりと腰骨《こしぼね》を立てることを、つまり背筋《せすじ》を伸ばすようにしつけることの大切さを説いたのである。

私がプロゴルファーを指導するときも、第一に教えるのがこの背筋を伸ばした歩き方である。実はこうした歩き方こそが、よいプレーに必要な集中力を持続させ、感情コントロールを容易にしてくれる。

前に選手の心が乱れるのはインプレー時よりも、インターバルタイムであると述べた。「ゴルフはメンタルなスポーツ」といわれるのは、このインターバルタイムが非常に長く不規則であり、競技時間全体の98%を占める膨大なものだからである。ゴルファーがインターバルタイムのほとんどを歩いていることを考えると、私がプロたちに腰骨を立てて歩くことを指導している理由もおわかりいただけると思う。

だれもが、調子がいいときには胸を張ってさっそうと歩く。しかしひとたび不調になると頭は下がり、背は丸くなる。そして歩く速度も格段に遅くなる。これではいけない。ミスを連発して心が滅入る時でも、いやそういう時こそいっそう腰骨を立てて、スタスタと歩いていかなくてはならないのである。

これがＩＰＳを演じるということである。こうした見方で周囲を見回すと、現代の若者たち（私の場合は大学生だが）の歩き方は、なんとも不恰好でダラダラしている。彼らに「もっとシャキッとできないのか」などと言おうものなら、精神論を振り回すうるさい体育教師と非難されそうである。しかし、やはりあの歩き方では、心も体もうまくは動いてくれないと私は思う。

第8章　メンタルレッスン6
集中力

1　集中力とは何か

集中力は、レンズのピント合わせにたとえて説明されることがある。焦点距離がうまく合っていなければ、せっかく撮った写真もピンぼけで見れたものではない。こうしたことから英語では、コンセントレーション（concentration）という代わりに、フォーカシング（focusing）ということもある。われわれの意識を集中させるのは、カメラのレンズをしぼり込む作業と似ているというわけである。

スポーツ選手が練習や試合の最中に集中を欠けば、ミスが続出してプレーはだいなしになってしまう。したがって何はさておき、目の前のプレーや対象に意識を完全にしぼり込む必要がある。もちろん集中力は単独で働くわけではなく、さまざまな心の力と密接に関係しあいながらパフォーマンスを決定していく。中でも、感情は集中力と表裏一体なほど密接な関係にある。

それまで自分のプレーに没頭していた選手が、ちょっとした判定の行き違いや監督の言葉で感情を乱し、あっという間に崩れていくことがよくある。それはあたかもコクーン（繭《まゆ》）から突然外界に引きずり出され、どうすることもできない幼虫と似ている。

　ゾーンやIPSとは、言い方を変えれば究極の集中状態である。その状態に入った選手はすばらしいパフォーマンスを演じた試合の後で、一様に「プレーのことは実はあまりよく覚えていないんですよ。どうしてだかわからないけど、とにかく気持ちよく体が動いてくれて……」といったことを口にする。このように我を忘れてプレーする状態を、わが国では古くから「無我」とか「無心」の境地と呼んだ。こうした状態のすばらしさは、哲学や心理学などが生まれるはるか昔から、よく知られていた。わが国でも、古くから武道や芸道を究めようと修行に励んだ多くの者が、座禅によってそれを会得しようとしたのである。もっと時代をさかのぼれば、難行苦行の末に、菩提樹の下で瞑想し悟りを開いた釈迦も、それよりさらに千数百年前に、モヘンジョ・ダロやハラッパーの地で、静かに座って自己を見つめようとした賢者たちも、おそらく同じ境地を求めていたのではないだろうか。

　スポーツ選手がときおり見せる無我の境地を、これらの求道者や偉人たちになぞらえるのには異論も多いことだろう。もちろん両者は完全に同じではない。しかし、まさに神がかりとでもいえそうなプレーに立ち会ったりすると、少なくともその瞬間だけは、彼らは我を忘れた境地に入っているに違いないと思えてならない。こうしてみると集中の鍵は、「我」（エゴ）をいかにコントロールできるかにかかっているといってよい。

2　集中を乱すもの

エゴのコントロール方法を述べる前に、集中力を乱しやすいわれわれの心の中をもう少しのぞいてみることにしよう。

たとえば静かに座っていても、人の心の中にはさまざまな思いが浮かび上がってくる。そんな当たり前のことが起こるのは、地球上の生物の中で人間だけだといったら驚かれるだろうか。私もまだ確かなことはわからないのだが、今はそのように考えたほうが人間を理解しやすいように思えてならない。20世紀初頭に出た多くの哲学者たちは、当時台頭してきた諸科学の知見を参考にしながら、改めて人間とは何かということを問い直す試みを行った。精神分析学の祖フロイトが『夢分析』を出したのは1900年。その前年には、後にさまざまな学問領域に大きな揺さぶりをかけることになる現象学を打ちたてたフッサールが、『論理学研究』を出している。

つまり、今からちょうど100年前は、20世紀の思想潮流の源となる考え方が続々と登場した、きわめてエポックメイキングな時期であった。フッサールの弟子には、哲学的人間学を説いた鬼才マックス・シェーラーがおり、その弟弟子には、後に師と袂を分かつことになるハイデッガーがいた。彼らは19世紀後半から台頭した新しい（当時としては）生物学に影響を受け、人間とは何かを問う手がかりとして、まず動物との違いを明らかにしようとした。

もちろん、直立歩行や言語の使用などが、その大きな違いであることはいうまでもない。しかしたとえばハイデッガーなどは、動物が環境に拘束されている存在であるのに対して、人間は世界の中にありつつ同時に世界に開かれた存在、すなわち「世界内存在」であるという。つまり、動物は生まれ落ちたときから多くのものを身につけている分、その後環境に働きかけて自らを変えることはしない。これに対して人間は、動物と同じように世界に取り囲まれているが、自ら世界に働きかけて生まれたときの能力の欠陥を学習で補塡して余りあるという。

さらに彼は、人間だけが過去を振り返り、逆に未来に思いを馳せることができるために、他の生物とは違って期待や不安といったさまざまな思いが心の中に湧いてくるのだというのである。確かに人間には過去を振り返る能力がある。過ぎたことを思い出して反省し、涙を流したり嬉しくなったりもする。また未来に対しても期待に胸をふくらませるかと思えば、不安におびえたりもする。これは人間のすばらしさであると同時に、人間を複雑にしている根元でもある。小難しいことを言っているようで恐縮だが、実はこれがスポーツ選手の集中を考える上で、大きなヒントを与えてくれると私は思う。

もう少しわかりやすく説明してみよう。英語には助動詞がある。eat（食べる）は動詞でI eatは「私は食べる」である。それに助動詞をつけてみる。「私は食べることができる」というのは、I can eat、「食べなければならない」というのはI must eatである。さらに、I will eat（食べたい）、May I eat（食べてもいいかな）、Shall I eat（食べるべきかな）というように、can・must・will・may・shallというような助動詞がある。

動物は食べねばならないから食べる。つまりmustとcanの二つの助動詞しかない。だからこそわれわれがライオンの前を通り過ぎても彼が満腹なら襲われることはない。

ところが人間は、たとえばフランス料理のフルコースを食べて、お腹がパンパンになっていても、まだ食べたことのないデザートが出るとさらに食べたくなる。逆にお腹がすいてたまらないのに、ダイエットのために食べ物を口にしないことだってある。

つまりは、選択肢が五つもあるから悩むのである。ハムレットの「なすべきか、なさざるべきか、それが問題だ」は、人間のこうした側面をみごとに言い表したセリフである。悩むことは人間の特権だが、勝負においては禁物である。ならばどうするか。試合では動物になればよい。

私の子どもの頃は、「巨人、大鵬、卵焼き」が定番だった。野球は巨人、相撲は大鵬、食べ物は卵焼きが子どもの大好きな物だというのである。中でも長嶋茂雄選手（現読売巨人軍監督）の人気は絶大だった。とにかくめっぽう勝負強かった。初の天覧試合でのサヨナラホームランを筆頭に、大舞台での強さは多くの野球ファンをとりこにした。私も野球少年だったので、長嶋さんの活躍を胸を躍らせながら見ていたものである。なぜあんなことができたのだろうか。ひょっとして長嶋さんは、勝負どころになると人間をやめて動物になれたのではないのだろうか。

「長嶋語録」はつとに有名だが、現役時代の言葉にこんなものがある。「球がスーッと入ってくればガンと打つ。きょうのホームランは3本ともそれですよ。ヤマをかけず、打率のことも考えず、スーッとくればガン。これですよ[19]」

並みの選手なら、「打ちたいなあ。でももし打てなかったらどうしよう」などとあれこれ思いめぐらすところである。ところが動物に変身した長嶋茂雄には、「打たなければいけないから打つだけだ」という、何とも単純きわまりない考えしか浮かんでこなかったのではないだろうか。まさにシンプル・イズ・ベストである。

私もこれまでたくさんのスポーツ選手たちにメンタル面の指導をしてきたが、こうした突飛な考え方が、実は真理をついているのではないかという気が最近とみにしてきている。まじめで人間的にはすばらしいと思える選手たちが、かえって悩みの泥沼にはまりこんで抜け出せないでいる例を数多く見るからである。そういう選手たちには、勝負する時にはライオンやヒョウになれということにしている。もちろん仕組みを説明した上でのことである。そして試合が終わったら、今度は人間に戻ってよく考え反省しようというのである。

すでに何度も述べているように、終わってしまった過去のことはコントロールできないし、もちろん未来だってできはしない。われわれが唯一コントロールできるのは「ここ」という空間と「今」という時間だけである。ゲシュタルトセラピーの創始者フリッツ・パールズのいう“here and now”とはまさにこの意味である。

3　エゴとセルフ

エバーシュペッヒャー教授との対話

1999年3月末、私はエバーシュペッヒャー教授とまる1日お話しする機会を得た。彼はドイツのメンタルトレーニングの第一人者である。ハイデルベルク大学でスポーツ心理学を研究しながら、ドイツの多くの一流選手にメンタルトレーニングを指導している。

奈良教育大学の木村真知子先生（私の大学時代の同級生）の研究室で、われわれはスポーツ選手のピークパフォーマンスについて夢中になって話し込んだ。もちろん、そこには私とエバーシュペッヒャー教授だけではなく、木村先生と近藤充男先生（奈良教育大学名誉教授）、同時に来日していたベッテ教授（ハイデルベルク大学、スポーツ社会学）も同席していた。その日一日、われわれは自分たち自身がゾーンに入ったかのような楽しい時間を過ごしたのである。

聞くところによると奈良教育大学とハイデルベルク大学は、数年前から研究や教育に関する相互交流を実現しており、エバーシュペッヒャー教授らの来日は、その事業の一環ということだった。彼らが日本に来る1カ月ほど前に、木村先生から私のところに電話がかかってきた。エバーシュペッヒャー教授から「自分は禅やヨーガなど、東洋的な精神修行法に関心を持っている。もちろん日本のスポーツ心理学の関係者ともいろいろ話をしたいが、できれば禅やヨーガなどをスポーツのメンタルトレーニングに応用している人がいれば話がしてみたい」とリクエストがあったというのである。

木村先生は大学時代から大変優秀な方で、スポーツばかりやっていてあまり勉強しなかった私などは、試験前になるとずいぶんお世話になった。筑波大学の大学院も一期生で同期だが、私は修士課程で木村先生は博士課程だった。後に彼女はオーストリアに渡り、自然体育の提唱者として名高いマーガレット・シュトライヒャーの最後の弟子として学び、若くして博士号を取得された俊才である。

事情を聞いた私は、即座にエバーシュペッヒャー教授とディスカッションすることを承諾した。すでにそのとき、私はメンタルトレーニングに関する彼の著作を持っており、一応は目を通していた。彼はゾーンのことを「フロー体験」という言葉で表現し、なんとその説明をオイゲン・ヘリゲルの『弓と禅』[8]の次の一節から始めていたのである。


ある日私（ヘリゲル）は師範に尋ねた、いったい射というのはどうして放されることができましょうか、もし「私が」しなければと。「それ」が射るのですと彼は答えた。そのことは今まですでに二、三回承りました。ですから問い方を変えねばなりません。いったい私がどうして自分を忘れ、放れを待つことができましょうか。もしも「私が」もはや決してそこに在ってはならないならば。「それ」が満を持しているのです。ではこの「それ」とはだれですか。何ですか。ひとたびこれがお分りになった暁には、あなたはもはや私を必要としません。そしてもし私が、あなた自身の経験を省いて、これを探り出す助けをしようと思うならば、私はあらゆる教師の中で最悪のものとなり、教師仲間から追放されるに価するでしょう。ですからもうその話はやめて、稽古しましょう。
幾週か過ぎ去ったが、私はほんの一歩も前進しなかった。その代り確かにこのことが少しも私の気にさわらないようになった。いったい私は弓道にすっかり飽いてしまったのであろうか。私がこれを習得しようがしまいが、師範の「それ」が意味するものを私が経験しようがしまいが、禅への通路を見出そうが見出すまいが！　これらすべてのことは私には急に遠くの方へいってしまい、全く何でもなくなってしまったように思われたので、そのことはもはや私を煩わさなくなったのである。（中略）
その頃ある日のこと、私が一射すると師範は丁重にお辞儀をして稽古を中断させた。私が面食らって彼をまじまじと見ていると、今し方「それ」が射ましたと彼は叫んだのであった。やっと彼のいう意味がのみ込めた時、私は急にこみ上げてくる嬉しさを抑えることができなかった。私がいったことはと、師範はたしなめた。讃辞ではなくて断定に過ぎんのです。それはあなたに関係があってはならぬものです。また私はあなたに向かってお辞儀したのでもありません、というのはあなたはこの射には全く責任がないからです。この射ではあなたは完全に自己を忘れ、無心になって一杯に引き絞り、満を持していました。その時射は熟した果物のようにあなたから落ちたのです。さあ何でもなかったように稽古を続けなさい。
エバーシュペッヒャー教授が引用したこの部分は、1924年から29年までを東北帝国大学（現東北大学）で哲学講師として教鞭をとったヘリゲルが、弓道の修行を通じて禅の悟りの境地に触れたといわれる最初の瞬間を描写したものである。『弓と禅』は邦訳書でも100ページ余りの小著だが、その内容は実に重厚で興味深い。ヘリゲルに教えを受け訳者の一人でもある稲富栄次郎氏は、次のように述べている。

さて一読して明らかなように、簡単に言えば本書は一ドイツ哲学者の、日本弓道修業の報告書である。しかしそれは決して単に、練習を重ねると共に一歩一歩階段を上がるように上達していった外面的、機械的な修練の記録ではない。本書の意義と価値とは、これが実は全く精神的な見性悟達の体験記であるところに存しているのである。（中略）すなわち今その過程の大略を辿って見ると、博士はまず、西洋の小銃射撃と同様に、日本の弓術もまた一種のスポーツ、あるいは巧みに矢を的にあてるための合理的な技術であろうという予測の下に発足する。しかし弓道の本質がおよそこの予測とは似ても似つかぬものであることは、稽古の第一日からしてすでにいやというほど見せつけられる。すなわちそれは何よりもまず、筋肉を使わずして弓を引くことを要求する。第二は呼吸法による精神の集中をもって絶対的な要件とする。第三に矢を放つには、これを放とうという意志を全く持たないで放つこと、すなわち自然の放れによらねばならない。第四にはまた的を見ないで的を射ることが必須とされる。これらは理論的にのみ物を考えることに慣らされているドイツ人にとっては、全く不可解しごくのことといわねばならない。かくて射ようとする意志、的にあてようとする意志も滅却して、換言すれば完全に我を離脱して、我が射るのでなくて、「それ」が射るという絶対無の立場に徹したとき、初めて弓道はもはや理論的解明の域をこえた「術のない術」であり、筋肉によって的を射ず、「精神的」にこれを射る解脱の道である。そしてこれはすなわち見性悟達を目指す禅の境地に外ならない。かくて博士はついに、他の日本の諸々の芸道と同様に、弓道が正しく禅にその根源を有することを身をもって体得せられているのである。(8)

この稲富氏の解説でも明らかなように、ヘリゲルは弓道の修業を通じて禅の悟達を体験しようと試みる。ところがハイデルベルクでドイツ哲学をおさめた彼は、好むと好まざるとに関わらず、あらゆることを論理的、合理的に考え行動しようとするのである。かくして彼は、最初から大きな壁にぶつかることになる。

たとえば弓を射るという行為ひとつをとっても、やれ握り方がどうとか、手首の使い方がどうとかなどといういわゆる技術は、まったくの枝葉末節でしかないというのを聞いて、ヘリゲルは驚嘆する。しばらくは、阿波師範の言葉にしたがって黙々と稽古に励むが、いざ的に向かって矢を射るようになると、どうしても命中させたくなってしまう。そこで彼は師の教えをこっそり破り、矢を放つ瞬間の指の使い方に工夫を加えることで的に命中させることに成功する。しかしそうした小細工を阿波師は見逃しはしない。ヘリゲルの矢が連続して的をつらぬくやいなや、その弓を取り上げ、背を向けたのである。

事実上の破門宣告である。茫然自失のヘリゲルは数日後、深く反省して師に詫び、再び一から修業をやり直すことになる。前述の「いま、〈それ〉が射ちました」と言って、阿波師範が深々と頭をたれる場面は、それからしばらく後におとずれる光景である。

無我の境地のメカニズム

この話を現代のスポーツ選手になぞらえてみよう。

だれもが結果を求めてトレーニングに励み、勝利のためにはあらゆる手段を講じようとする。たとえばゴルフでは、ちょっとした技術的なヒントを「ギミック」と呼んでいる。それはそれでとても大切だが、そのギミックが2秒しかかからないスイング中に10も20もあったらどうだろうか。

「えーっと、テークバックは低くストレートに引いて、そこからクラブが飛球線と平行になるまでバックスイングする。ダウンではグリップエンドをボールにぶつけるように引き下ろし、ヘッドアップに気をつけながらインパクト」。

この記述はスイングテクニックとしては誤りではない。しかし、こんなギミックだらけの頭では、まず間違いなくボールはうまく打てない。

稲富氏の言葉に戻ろう。

かくて射ようとする意志、的にあてようとする意志も滅却して、換言すれば完全に我を離脱して、我が射るのでなくて、「それ」が射るという絶対無の立場に徹したとき、初めて弓道はもはや理論的解明の域をこえた「術のない術」であり、筋肉によって的を射ず、「精神的」にこれを射る解脱の道である。(8)

我が射たのではなく、「それ」が射たのだと阿波師範は言った。これこそが無我の境地ということだが、それではいったい無我とはどういう心持ちなのであろうか。私自身もこの点を長い間勘違いしていた。無我とか無心というのは、頭の中には何にもなくなって、全部すっからかんになることぐらいにしか考えていなかったのである。このことについては私が1980年から座禅をするようになり、それを契機に仏教書をいろいろ読むようになってもよくわからなかった。ところがさらに5年ほどしてヨーガに出会い、その哲学をも勉強するようになってから、「無我とは我が無くなり、そして真の自己が顕れ出ることだ」と知ってすっかり納得した。つまり、もろもろの欲望からくるエゴが消失し、本来人間が備えている自己（セルフ、アートマン、仏性など）が輝き出ることだとわかったのである。

ヨーガの哲学では、人間の内奥にはアートマン（真我）、つまりセルフがあるという。この世に生まれ落ちたときには、どんな人も何の汚れもないセルフそのものである。やっかいなことに体が成長するにつれ、心の中には自我（エゴ）が育っていく。エゴは水晶球のようにきれいなセルフの周りに少しずつへばりつき、やがてセルフの周りを覆い尽くす。すると外見上は、外側からは最初からセルフはなかったかのように見えてしまうことさえある。

禅やヨーガなどの修業をはじめとして、あらゆる自己実現の道は、このへばりついたエゴをさまざまな方法で少しずつはがす作業なのだということに気がついた。ヨーガではそれを、八つの段階を経て実現しようとしているし、禅宗では座禅という方法で同じことをめざしている。つまり何らかの手だてでエゴの働きを抑えられれば、もともと持って生まれたセルフの働きで、うまく生きていけるというわけである。

ゾーンやフローといったスポーツ選手の最高の境地もまた、同じメカニズムで実現されると考えてよい。ゾーン状態にある選手を目にすると、まさに「神がかる」という言葉がぴったり当てはまる気がする。阿波師範がヘリゲルの射に「いま、〝それ〟が射ました」といった〝それ〟は、ドイツ語では非人称主語"es"である。英語のitによく似たこの語は、主として天候などの自然現象や運命や偶然などの天意とでもいうべき事柄を表現するのに用いられる。

私がかつてドイツ語を学んだシェーファーという先生は、ich（私）やSie（あなた）といった人称代名詞に対し「esは神称代名詞だと覚えてください」と教えてくれた。神称、つまり人為の及ばないことに使うというのである。

なぜ阿波師範は〝それ〟と言ったのか。阿波師がドイツ語で言われたのかどうかはさだかではないが、少なくともヘリゲルは"es"ととらえたのである。つまりいま矢を射たのはお前ではないというわけである。

エバーシュペッヒャー教授が、自著の冒頭に引用した『弓と禅』のこの一節を改めて読み直して、私は思わずうなってしまった。神称代名詞で表現されるようなことは、当然ながら人為を超えている。それはそのまま受け入れなくてはならない。ところがスポーツ選手でそうしたことができている人が、あまりに少ないことに改めて気づかされたからである。試合の当日に雨や風でプレーがしにくくなると、「どうしてこんなに風が強いんだ」と風に当たり散らしたり、自分のミスの言い訳にする人を、よく目にする。どうにもならないことはあるがままに受け入れ、自分でできることだけに集中する。こうした心持ちこそが、結局ゾーンへ至る最短ルートなのではないだろうか。

4　インナーゲーム

エゴの働きを抑え、セルフの働きにまかせることで良いプレーができる。そこに着目して、ユニークなスポーツの指導論を展開した人がいた。1970年代に『インナーゲーム[5]』理論を提唱したアメリカのティモシー・ガルウェイである。

彼はハーバード大学で心理学と東洋思想を学び、テニスのレッスン・プロをしながらヨーガの哲学を基盤とした独特なスポーツ指導論を築き上げることになる。心の力、とりわけ精神集中を利用したガルウェイのスポーツ自然上達法は「インナーゲーム」と呼ばれ、スポーツ科学者よりも、実践の場で激しい戦いを強いられている選手やコーチの間でいまだに高く評価されている。

インナーゲームの中心的な考え方は、次のようなものである。

「人間の心にはエゴ（自我）とセルフ（自己）という二人の自分が住んでおり、セルフの働きにまかせておけば、運動を自然に習得したり修正したりする能力を本来持っている。しかし通常はエゴがそれを妨害しているために、学習効率が落ちてしまう」

ガルウェイは、細かいことは意識せずに、ボールがバウンドしたら「バウンス」、ラケットに当たる瞬間に「ヒット」と声を出して数えるだけで、驚くほど簡単にボールが相手コートに飛んでいくという。これが精神集中を利用したスポーツ自然上達法の代表例「バウンス・ヒット法」である。バウンドやインパクトの瞬間を注視し、正確にカウントしようとすることで集中力が高められる。そして一点に注意が集中されれば、体は自然にそれにふさわしい動きを「してしまう」ものなのである。

逆に、グリップの仕方から始まって、バックスイング、インパクトの位置、フォロースルー、フットワークなどの技術的なポイントを細かく意識すればするほど、かえって体は硬くなってミスを連発する。ムカデ（百足）が自分の足を一つずつ意識して動かそうとして（そんなことはもちろんありえないが）、動けなくなってしまうようなものである。

技術的なポイントやその誤りを指摘するのが運動の指導だと思いこんでいる人にとっては、このインナーゲーム的な手法はなんとも頼りなく、いい加減に見えるかもしれない。実は私自身も初めてガルウェイの『インナーゲーム』を読んだ時には、「へえー、おもしろい指導法があるもんだなあ。でも、こんな簡単なやり方でうまくいくんだったら苦労はしないよ」と、やや批判的に彼の一連の著作をとらえていた。しかし、後に私自身がヨーガを学ぶようになり、インナーゲームの根底にインド哲学の人間観があることがわかるにつれて、彼の意図するところがよく理解できるようになっていった。

もとより私の専門は運動学であり、子どもたちや選手に運動を教えるのに、どういう方法がもっともよいかについてはおおいに関心がある。そんな私がインナーゲームを知る前は、主として二つの指導法を用いてきた。すなわち、目標技を直接に学習させ欠点を修正していく「直接指導法」と、教師の与えるいろいろな運動課題をこなしていくうちに、知らず知らずに目標技が習得されていく「間接指導法」（運動課題方式）の二つである。

5　二つの運動指導法

(1) 直接的指導法

直接的指導法はその運動の仕組みにしたがって、その構成要素を個々に練習させ、最後にそれらの部分を合成させる方法である。したがってこうした指導法で運動を教えようとするのであれば、当然、教える側はその運動の仕組みや技術ポイントをあらかじめよく知っておかなくてはならない。これまで指導の現場で数多く用いられてきた「示範」「図」「ビデオ」「幇助」といった教えるための手段は、この直接指導法の効果を挙げるための重要なツールということになる。

この指導法のメリットとしては、対象となる運動ができるために必要な技術ポイントを、直接的に練習させることにより、比較的短い時間でその運動を習得させられることがあげられる。しかしその反面、与えられる目標がこま切れなために面白みがなく、機械的な反復練習になりがちである。

⑵ 間接的指導法（運動課題方式）

間接的指導法とは、練習の対象となる運動の技術ポイントを間接的に習得させることをねらいとした指導法である。この指導法の代表的なやり方が、オーストリアを中心にしてよく用いられてきた「運動課題方式」である。運動課題方式とは、ある運動を覚えさせたり改善しようとする場合に、その運動の技術ポイントを直接教えるのでなく、一見関係のないと思われる方向に子どもの意識を引きつけておいて、間接的に技術を向上させる方法である。この方式のメリットは、課題が次々に変ることで学習が単調に陥らず、目標技を習得して、相当な運動量を確保できる点にある。

以下に「運動課題方式」によるマットの前回りの指導例を紹介しておく。（以下の課題では、1課題につき6から8回の前転をする。次々と課題を変えて10課題ほど行わせると、15分ほどで60から80回の前転を練習することになる）

《運動課題方式によるスピードあふれる前転の指導》

主課題　できるだけ短時間に相当量の前回りを練習し、次に続く開脚前転や伸膝前転に成功するために不可欠な回転スピードを自然に習得させる。

課題1　できるだけ速く連続して前回り

課題2　胸の前で腕を組んでできるだけ速く連続して前回り

課題3　歩いてきて前回り、すぐ立ち上がって歩き、また前回り
課題4　小走りから前回り、すぐ立ち上がって小走り、また前回り
課題5　前回りジャンプの連続（ジャンプは前方へ50センチ以上跳ぶこと）
課題6　前回り↓ジャンプ（ジャンプしながら空中で2回以上手をたたく）の連続
課題7　前回り↓ジャンプ（ジャンプしながら空中で2回以上足をたたく）の連続
課題8　前回り↓ジャンプ（ジャンプしながら空中で2回以上手と足をたたく）の連続
課題9　前回り↓ジャンプ（ジャンプしながら空中で、手を2回、足を1回たたく）の連続
課題10　二人で手を組んで前回り連続

すでにお気づきのように、直接指導法はこれまでの体育授業ではもっともポピュラーなやり方である。指導が直接的であればあるほど、教師の力量によって結果は大きく左右されることになる。すなわち、授業の成否は教師に依存するところが大ということになる。こうした授業をはたから見ると、先生の言葉かけや動きが、子どもたちのそれを上回ってしまっているような印象を受けることがよくある。

これに対して間接指導法の場合には、主課題を達成するために必要な周到に用意された数々の運動課題によって、子どもたちの意識はそのつどの運動課題を達成するところに向けられる。その結果、教師の意図する主課題をただやみくもに反復するのではなく、毎回、小さな達成感を持ちつつ、知らず知らずにかなりの練習量をこなすことができる。こうしたやり方は、場や課題の設定にあらかじめ十分な準

備を必要とはするものの、その場で教師が介在するパーセンテージは少なくなり、子どもたちの喜々として課題に取り組む様が目につくことが多い。

ガルウェイのインナーゲームは、どちらかと言えば間接指導法に近いが、まったく同じというわけではない。それというのも彼のやり方では、細かな技術ポイントの指導をしないばかりでなく、主課題を達成するために必要な場や課題の設定すらもしないからである。これを彼は、「ドングリの実には、立派な樫の木になれる力がすべて備わっている」というたとえで表現する。つまり一粒のドングリの実にも、樫の大木になれる要素はすべて備わっているのと同じように、人間には本来すべてのことを上手にやれる能力が潜んでおり、したがって「教え込む」のではなく「引き出すこと」こそが教育の原点という彼の強い信念に基づいている。

ガルウェイの最初の著作『インナーゲーム』の出版から20年以上になるが、今も世界で幅広い読者層に支持され続けている。たとえば、ゴルフのヨーロッパツアーで7年連続賞金王（93～99年）のコリン・モンゴメリー（英国）のメンタルアドバイザー、アラン・ファインは、その指導テクニックの多くをアメリカまで出向いてガルウェイから学んだ。彼の著書『Mind over Golf-How to achieve peak performance』（拙訳、『ゴルフ頭脳革命』[4]）を私が手にしたのは、95年にスウェーデンで行われた体操競技のヨーロッパ選手権に出向いたときである。

ストックホルムの書店で彼の本とビデオを見つけた私は、その序文を読んで驚いてしまった。すでにその時、私はガルウェイの一連の著作を日本語版ばかりでなく英語、ドイツ語版まで入手していた。しかしその継承者たちの書いたものは、その時点ではまだ目にしたことがなかったからである。早速、購入して本を読み、またビデオ版の方も見てみた。そのどちらにも集中力を利用した技術上達法として出てくるのが、ゴルフ版バウンス・ヒット法、つまり「バック・ヒット法」である。

6　インナーゴルフ

ファインは、このことを次のように述べている。

精神集中を利用したバックヒット法は、だれにでも劇的な変化をもたらす練習法である。この練習で注意してほしいことは二つしかない。

一つはクラブヘッドがトップに来たときに〝バック〟、ボールに当たる瞬間に〝ヒット〟と大きな声で言うことだ。うまく打てたかとか、ボールの行方などはいっさい気にしなくてよい。

初めは〝バック〟〝ヒット〟を遅く言いがちである。〝バック〟と言ったときにはすでにダウンスイングに入っており、〝ヒット〟と言ったときは、とっくにインパクトが終わっていることが多い。打球が30ヤードも飛んだころに、やっと〝ヒット〟と叫ぶことも少しも珍しくない。

この練習法を、たいてい私は生徒とこんなやりとりをしながら進めていく。

(私)　「クラブヘッドがトップに来たときに〝バック〟、そしてボールに当たる瞬間に〝ヒット〟と言えましたか」

(生徒)「ええ、言えたと思いますが」

(私)　「面白いですねえ。僕にはあなたが実際よりはずっと遅れて〝バック〟〝ヒット〟と言ったように聞こえましたよ」

(生徒)「えー、本当ですか」

(私)　「まあいいでしょう。もう一回やってみてください。それからもう一度お互いにチェックしてみましょう」

こうして何発か打っているうちに、生徒はボールの行方などではなく、ただ「バック」、「ヒット」を正確に言っているかどうかに集中するようになってくる。つまり、「今」という瞬間にだけ注意を集中するようになり、深い集中状態に入りはじめるのである。

(私)　「ああ、今のは実に正確に言ってましたね。そうやって〝バック〟〝ヒット〟を正確に言うことだけに集中すればするほど、ナイスショットしなければとか、ダフったらどうしようとか考えなくなるでしょう。インパクトの瞬間にボールが見えますか」

(生徒)「いいえ」

(私)「それじゃあ、どうやって〝ヒット〟のタイミングがわかるんですか」

私がこう言うと、生徒は自分がまだ完全に注意を集中していないということを理解するのである。

(私)「ボールを見てないと言うなら〝ヒット〟と言うときにいったい何を見ているのかチェックしてごらんなさい」

自分が見ているものに凝視しようとすると、「見る」ということを手段にして、集中力はどんどん高まってくる。その結果、いいスイングをしようなどという雑念が消えてくる。心は落ち着き、静まってくる。こうなると雑念は消え去り、実際に起こっていることを正確に把握できるようになるので、自ずとパフォーマンスは向上する。

うまく打てないのではないか。ナイスショットしたい。こういった不安や願望もなくなってくる。何かをやらなければ、という代わりに、自分の注意が今どこにあるのかだけを考えるようになる。不安や恐れは消え失せ、とてもリラックスしたまさに「流れるような」状態になって、すべてはセルフで動かされるようになる。

実際、ナイスショットしたときの〝バック〟〝ヒット〟という声の調子は、とても滑らかでリラックスしている。ところが〝ヒット〟という声の調子がぎくしゃくしてひきつったり、あるいはズレたりするときにはショットも当然ブレやすくなる。そういう場合、私は素振りと同じように〝バック〟〝ヒット〟と言いなさいとアドバイスしている。

　すると生徒の注意は「スイングをコントロールしよう」から「ゆったりした調子で声を出そう」に集中する。結果的には、またいいショットが続くようになる。

　こうした手法が全員に効果的だと言うつもりはないが、10人中９人まではうまくいくと思っている。集中力を高める練習方法であると同時に、集中力を使ったスイング上達法でもある。さらには初心者からトップアマに至るまで、どのレベルの人にでも有効だし、あるいはドライバーからパターまで、どんなショットに対しても使うことができる。(4)


　現在、私がメンタルトレーニングを指導しているプロゴルファーの一人に、生涯獲得賞金が三億円を突破した牧野裕プロがいる。彼にこの「バック・ヒット法」でショット練習をしてもらったことがあった。ありきたりのやり方ではすぐに飽きるので、「ヒット」という際の声の強さや調子、あるいはタイミングをいろいろに変えて打ってもらった。

　すると面白いことに、たとえば実際のインパクトよりわずか早めに「ヒット」と言うとフック系の打球に、わずかに遅めに言うとスライス系の打球になるのである。また強い調子で「ヒット」を言うとやや吹き上がり気味の打球になるし、逆にソフトに言うとアゲインストの風にも強い、ゆっくりした球筋になる。

レッスンで「こういう球筋はこう打ちなさい」と教えられるヘッドの動きやタイミングが、「ヒット」の言い方と合致しているのである。「バック」「ヒット」に注意を集中することで、セルフがボールをうまく打てるようにスイングを自動修正するといってもいい。にわかには信じられないかもしれないが、技術的なことなど全然知らない初心者も、この方法で打たせると、実に自然にすばらしいスイングをする。いや、知らないからこそできるのだといってもよい。

牧野プロによるバック・ヒット法のデモ

7　集中力のものさし（プレー中の心拍数）

心が集中状態にあるとき、体にはどのような特徴が見られるのだろうか。

かつてジョー・カミヤ博士や故平井富雄教授らによって、禅僧の瞑想中の脳波が測定された。その結果、高い集中状態にあるとき、すなわち禅定《ぜんじょう》にあるときには8から12ヘルツのアルファー波や、それよりもさらに低いシータ波などが検出されることが多いと報告された。この報告を受けて、それならば何らかの方法でアルファ波を出すことができれば、それは集中状態に入ったことの証だと考える人が出てきた。

簡易な脳波バイオフィードバック装置が開発され、脳波の状態を音や光で知ることもできるようになった。ベータ波が検出されれば小川のせせらぎが聞こえ、ランプが赤色に点滅する。アルファー波なら音は小鳥のさえずりに変わり、緑色のランプが点灯するという仕組みである。私もこうした装置を何度か試したことがあるが、現在はまったく使っていない。

スポーツ選手の頭や体内で何が起きているかを知りたい状況というのは、当然ながら激しい筋肉運動の最中である。ところが脳波は、筋肉の放電量に比べればごく微弱なものしかない。したがって現時点では、運動中の選手の脳波状態を的確にモニターする方法は見つかっていない。脳が体を動かすことは当然で、私もこうしたハイテク機器をメンタルトレーニングに利用して、より効率の良い指導をしたいとは思っている。しかし以上のような理由で、残念ながら現時点では脳波バイオフィードバック装置を利用することはまったくなくなってしまった。

それに代わって、私がスポーツ選手の心理状態、とりわけ感情コントロールの巧拙と集中力の高さを調べる一つの方法として利用しているのがハートレートモニターを使った心拍データの測定である。これは本来、運動中の人間の心臓循環器系の能力を測定し、適切な持久性トレーニングプログラムを作成するために開発された機器である。

胸にセンサーのついたベルトを装着し、腕時計に似た受信装置を腕につける。するとすぐに心拍数が表示される。競技開始直前にスタートボタンを押すと、5秒ごとの心拍データがストップボタンを押すまで記録され続ける。競技終了後、受信機をコンピュータと接続して特殊なソフトで処理すると、わずか数秒で次ページの図1のような競技中の心臓の動きを知ることができる。さらに競技中のすべての行動をビデオで撮影し、心拍データとの時間照合をすれば、ミスする前後の感情の動きや集中の度合いといったメンタル面の様子が、心臓の動きを手がかりに把握できるわけである。

ところで、自分が静かに座っているときの心拍数（安静時心拍数）をご存知だろうか。一般成人の安静時心拍数は、70前後である。

ところがスポーツで最高のプレーをするには、この安静時心拍数を知るだけでは十分ではない。心臓は運動と密接な関連をもっており、運動の仕方によって心拍数は大きく変化する。しかし、運動によるだけでなく、疲れ具合や心の状態でも驚くほどの変化を見せる。

テニスのトッププレーヤーがすばらしいプレーをしている最中の心拍数は120から150の間であ

ることをジム・レアーは明らかにした。わかりやすく言えば、スポーツ選手がよいプレーをするにはプレー中の心拍数が１００を切るようなゆったりした状態でも、１５０を超えて息はハアーハアー、心臓はドキドキという状態でもダメだということである。このことを大変な集中力が要求されるクレー射撃選手の事例で説明してみよう。

図１の上の実線は97年９月の本部公式競技会で優勝した黒宮彰選手（愛知）の満射時（１ラウンド25発をすべて命中）のものである。一般に、選手が精神集中すれば心拍数は高くなり、リラックスすれば低下していく。クレー射撃の競技の性質上、最初の１発目から最後の25発目まで、まったく同じような緊張と弛緩のリズムが繰り返されることが精神の安定、ひいては競技成績の安定性という意味では望ましい。その点からも、この時の黒宮選手の心拍グラフは、理想的な曲線を描いている。

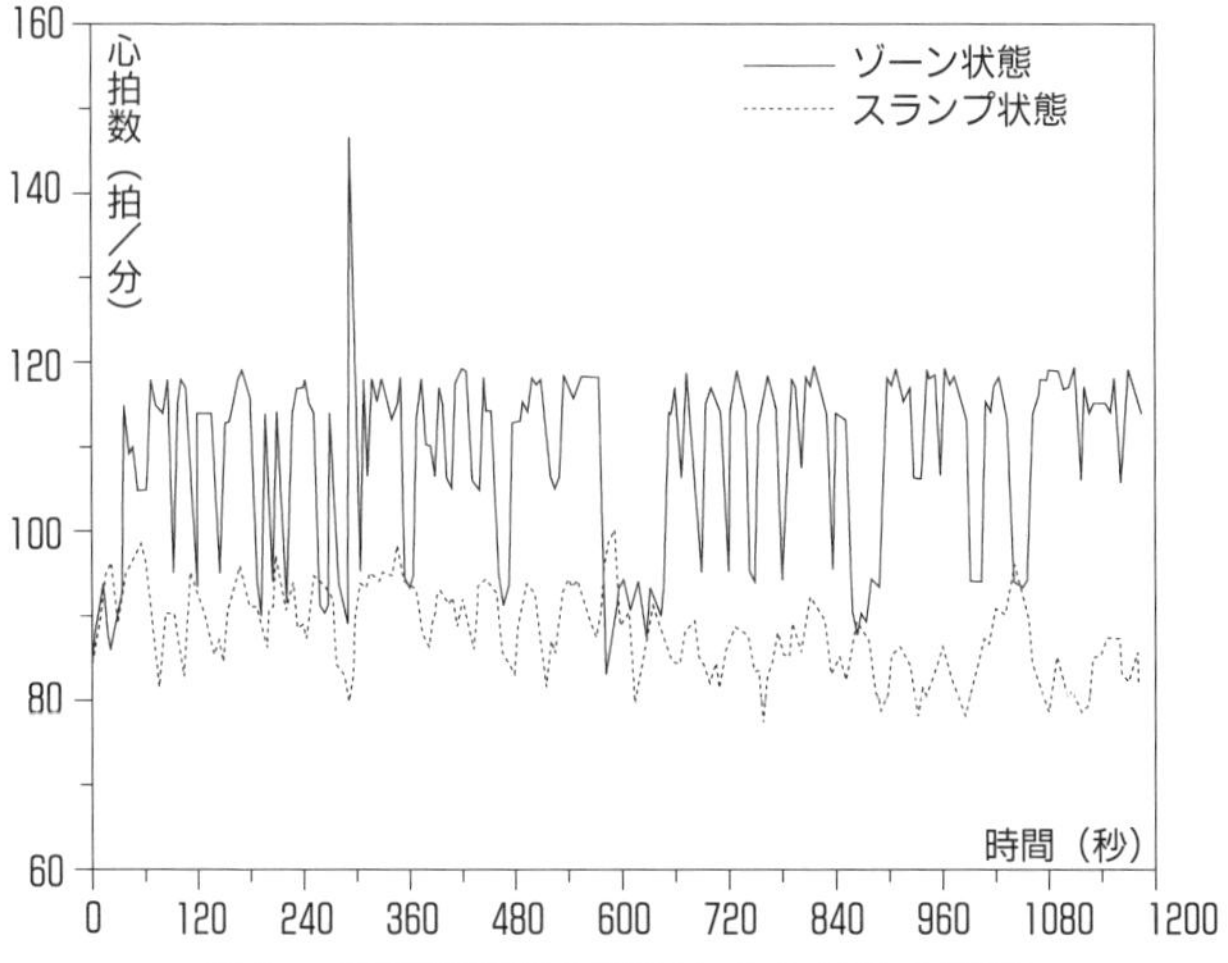

図１　黒宮彰選手の射撃中の心拍数の推移

いつもこの心身の状態で射撃できればよいのだが、生身の人間であるわれわれは、なかなかそうはいかないのが現実である。図中の点線は、同じ黒宮選手で、約1カ月前に行われた本部公式の時に測定した。この時は競技中のしぐさや表情にまったく覇気がなく、得点もわずかに18点にとどまる絶不調状態だった。

測定に携わった私も、わずか1カ月でこれほどまでに人は変われるものかと思えるほど、優勝した時の黒宮選手の射撃はすばらしかった。その直後の日本選手権でも好調を維持し、堂々の2位となったが、それをあらかじめ予測できるほどの測定データだった。

図2は、97年の花巻で行われた本部公式競技会に招待されたオーストラリアのマーク選手（アトランタオリンピック・チャンピオン）とアダムス選手のデータである。注目すべきは、マーク選手の射撃中の心拍数が他の選手に比べて異様に低いことである。しかし、マーク選手はそもそも平常心拍数が50前後という、まる

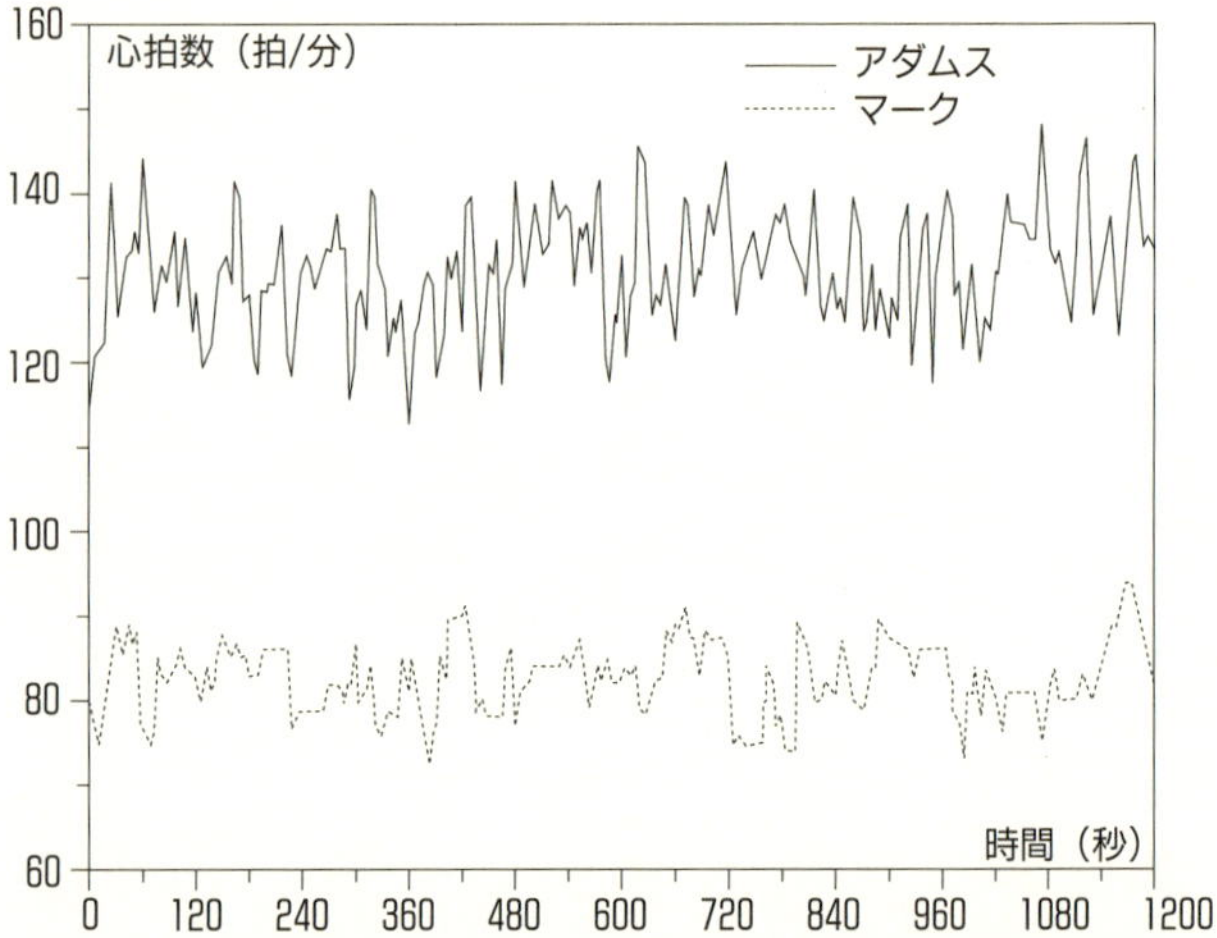

図2　マーク選手とアダムス選手の射撃中の心拍数の推移

で陸上の中・長距離選手並の性能の心臓を持っており、そこから40から50近く高い心拍数で射撃している点は、他の選手と共通している。

最後に、スコアも低く、感情のコントロールや集中もうまくいっていない選手の特徴を以下に挙げておくことにしよう。

・集中（心拍の高まり）と弛緩（心拍の低下）のリズムが不規則。
・集中と弛緩の幅が小さい。つまり、いつも入れ込んでいるか（心拍が高いまま）、あるいは弛みすぎ（心拍がいつも低い）。
・集中ができず、いわゆる気合の入っていない選手の心拍数は、最高でも110以下である（マーク選手のみ例外）。

逆に、黒宮、マーク、アダムス選手の好調時の心拍データにもある共通の特徴を見いだすことができよう。すなわち、

・集中（心拍の高まり）と弛緩（心拍の低下）のリズムが規則的。
・集中と弛緩の幅が大きく、数値も一定している。
・集中している（射撃）時の心拍数は、平常心拍数より40から50高い値を示している。

第9章　メンタルレッスン7

心の整理法

1　面接による問診

面接の効用と注意点

私が選手のメンタル面のチェックでもっとも大切にしているのは、直接一人ひとりと会ってさまざまな事柄を話し合うことである。医師の診断法の一つに問診がある。診察室で最初に行われる医師と患者の言葉のやりとりのことである。ひどい頭痛と発熱で医師の前に座っても、「他に痛いところはありませんか」「下痢はしていませんか」などと、さまざまに問いかけられる。これを私もやる。

それは専門種目の現在の調子から学校、家族、友人、趣味などに至るまで、実にさまざまな話をする。私の前に現れる選手たちは、必ず何らかの心の問題をかかえており、それが何なのかがわかっていないことが多い。したがって、多岐にわたるなにげない会話の中から、その選手の不振の原因が見えてくることが往々にしてある。

こうした選手との面談の中で、私が心がけていることが一つだけある。それは先入観の色眼鏡でその選手を見ずに、できるだけあるがままに見ようということである。別な言葉で言うと、かなりの時間を使ってただ選手の語る言葉に耳を傾けるということをする。

「只管《しかん》」（ひたすらやるか、ただやるか）

しかし、この「ただ」というのがなかなかに難しい。もちろん、この場合の「ただ」は「無料」ではない。禅で云われる「只管」である。

道元は座禅の要諦として「只管打坐《しかんたざ》」と云われた。つまり、「ただ座れ」というのである。この場合の只管を「ひたすら」と解したのでは、選手の悩み事を聞く私のほうが疲れてしまう。ひたすらには一生懸命というニュアンスがある。わざわざ遠くから相談に来ているのだから、一生懸命聞くのは当たり前と言われるかもしれない。しかし、ひたすらには、どこかまなじりを決しているような堅苦しさがある。仏教学者の紀野一義先生は、この辺りの事情を歯切れのいい文章で次のように述べられている。

親切にする、ということを考えてみよう。「ひたすら親切にする」と「ただ親切にする」は違うだろう。「ひたすら」には、親切にしてあげなくてはいけないな、と考えながら親切にしている。「ただ」の方は、親切にしたらどうなるか、好きな人だから親切にするといったひっかかりがまるっきりない。ひっかかりがあると、親切が親切にならぬのである。

ただ愛するというのもその中に入る。好きな人だからだれそれを愛する。これはひたすらの方に入る。いつ憎しみに転換するかわからない愛し方である。そうでなくて、ただ愛するのである。何か大きな力に促され、ただ愛するのである。

みなさんは、自分の人生で、今一生懸命やろうとしていることがあると思う。会社の仕事を一生懸命にやる。あるいは家の仕事を一生懸命にやる。そのとき、ひたすらとやっている方か、ただやっている方かよくよく考えてみる必要がある。

普通は、ただやるというと、そんな後先の考えもないようなのは駄目だという。そのへんが仏法と世法の違うところで、世法からいえば、一生懸命、ひたすらというのがいいのである。しかし仏法では、ただやるのがいい。どちらがありがたいかは、やられる身になってみればすぐわかる。(15)

尽力的顧慮と垂範的顧慮

私が選手との面談でいつも注意しているこうした態度は、このように禅やヨーガなどの東洋思想に拠るところが大きい。同時に、多くの精神医学者、とりわけ現象学的立場の方々が示してくれる患者との関わり方にも影響を受けている。そうした立場の代表的な精神医学者であった故荻野恒一先生は、患者との関わり方を次のように述べている。

現存在分析者がさけるべき患者への顧慮の仕方は、尽力的顧慮である。このような仕方で治療状況が顧慮されると、患者は医師の服従者、依存者、本質的には奴隷になってしまうということである。医師によるこの支配は、大抵の場合、医師にも患者にも気づかれていないが、さけるべき尽力的顧慮であることには違いない。典型例として、催眠療法をあげることができる。これが忌むべき結果をきたすことを、最も深く洞見していたのが、ほかならぬフロイトであったことを銘記しておくべきである。

これに対して、ボス（スイスの精神医学者、元国際精神医学会々長）のいう垂範的顧慮とは、先のように相手に手を貸して尽力するのではなく、むしろ彼のためにその実存的存在可能について、先立って手本を示し、彼自身が、その実存存在可能を開いていくように仕向けるような顧慮の仕方をいうのである。ボスによれば、このような垂範的顧慮によってのみ、相手は自らが悩みのうちにあることを透見し、さらにはそれに向って自由になりうるのである。（中略）

一言にして結論すれば、尽力的顧慮が、相手から悩みを取り去るに終わるのに対して、垂範的顧慮は、まさに悩みを悩みとして本来的に相手に返し与えるのである[23]。

つまり、われわれが悩みをもった人と接するときには、まず自分自身が虚心坦懐になり、先入観を排除して静かに相手の話に耳を傾けるということが必要となる。コミュニケーションスキルの項でも述べたように、ここでもまた、外から指示や命令するのではなく、内にあるものを引き出すような態度こそが望まれるというわけである。

面談の実際

ここで私の所に相談に来た選手に登場してもらい、その面談の様子と感想を紹介してもらうことにしよう。

萩原美樹子選手は、日本女子バスケットボールのエースとしてアトランタオリンピックで大活躍した。日本の7位入賞の立役者になったばかりでなく、得点とスリーポイント部門で5位に入り、翌年から発足したWNBA（アメリカ女子プロバスケットボールリーグ）では、ただ一人の日本人としてプレーすることになる。

その萩原選手が私の研究室を訪れたのは、アトランタオリンピックのアジア予選を4カ月後に控えた1995年の3月のことだった。この時の模様を、彼女の著書『プライド』から引用してみよう。

白石豊先生の研究室を訪れたのは3月の半ばくらいだったように思う。先生はその時の私の様子を「暗い顔をして大きな体を丸めるように研究室に入って来た」と言って、今でもお笑いになる。実際にどんなお話をしたか、極度の緊張状態だったため、じつはほとんど憶えていない。ただひとつ、私の心を氷解させるやり取りを除いては。

「あなたに憧れのプレーヤーはいますか」と先生は尋ねられた。私は即座に「ブラジルのオルテンシアという選手です」と答えた。彼女を初めて見たのは、2年目（90年）の世界選手権のことだった。当時彼女は30歳。しかし、そんな年をまったく感じさせない彼女のアグレッシブな動きは、いやでも目を引いた。一試合で40点や50点平気で稼いでくる。トレードマークのポニーテールを揺らし、細身で筋張った、形のいいカモシカのような脚で走り回る彼女にはオーラが漂っていた。私を止められるものなら止めてみなさいと全身が言っていた。そして彼女はボールを持つと、自分よりも数10センチ大きいディフェンスの林の中に、果敢に切り込んで行くのである。

　あれが真のエースというものだ、といつも感嘆していた。そして彼女のコート上の立ち居振舞いにまで、いつか魅了されていた。白石先生の質問に私は迷わずそんな彼女の名前を挙げたのである。

「あなたは僕とトレーニングをすれば、必ず変わることができますよ」と先生はおっしゃった。「オルテンシアに憧れているならオルテンシアのようになればいい」

　あとで考えると、私というヤツはつくづく単純だな、と苦笑してしまう。白石先生の「変われる」のひとことで、目の前がパッと明るく拓けていくような錯覚にとらわれた。まだ、トレーニングの内容どころか、どんなものかさえ知らないのにもかかわらず、である。窓を背にして話をされていた先生だが、窓から差し込む光が思わず後光に見えてしまったほどだった。

「少しずつ一緒に頑張って行きましょう。だいじょうぶ。やってみようよ」という言葉に、私は力強く頷いていた。白石先生には頷かせるだけの何かがあった。[7]

　さて萩原選手は「私は力強く頷いた」と書いているが、実はここにいくまでにおよそ1時間半ほどが経過しているのである。その時間のほとんどを、私は彼女の話を、つまり「いかに自分がプレッシャーに弱く、肝心なところでは活躍できないだめな人間か」という誤った思い込みについて語る言葉を、ずっと聞き続けていた。

しかし、私が「だいじょうぶ。メンタルトレーニングをしていけば、4カ月後には今よりずっとよくなっている」と言ったのは気休めでも何でもない。話を聞くうちに、彼女の人となりは十分伝わってきた。また、すっかり失っていた意欲と自信という心の力も、その改善方法も含めて何とかなるという私なりの確信が持てたから、そう言っただけである。

はったりやその場しのぎで「だいじょうぶ」と言ったのでは、迷惑なのは真剣に悩みを打ち明けている選手である。いつの場合でも、私は選手たちの話を聞きながら、なんらかの方策が講じられるかどうかと、あれこれ思いをめぐらしている。もちろん話を聞き終わってから私の考えを述べはするが、多くの場合、ひととおりの話が終わる頃には、選手の表情や言葉に変化が現れているのが常である。

萩原さんばかりでなく、悩みをかかえて私を訪れる選手は、例外なく暗く沈んだ様子で現れる。それはまた当然のことで、スランプで悶々と悩んでいる選手が、満面に笑みを浮べてやってくることなどあるわけがない。ところが、1～2時間も話をしていると、次第に表情がやわらぎ、言葉にも否定的なものが減ってくる。選手たちはよく、私の顔を見たり声を聞くと安心するというが、それは正しくない。すでに述べたように、選手と私の会話の多くは、選手が話し、私はそれをただ聞いているにすぎないからである。

それではなぜ彼らの顔や言葉に変化が起こり、安心感を持つなどと言うのだろうか。本当のことは私にもわからないが、おそらくは私と話しているうちに、まず自分を客観的に見ることができるようになるからだと思われる。

遊園地に迷路がある。その中で正しいルートがわからず堂々めぐりしている人は、どう進むべきかの見当がつかない。だれかと競争していれば焦りもし、それがますます迷いを深くする。地べたを這いずり回る視点だけでスランプの出口を探しても、ますますその混迷の度合いは深まるばかりである。

ところが観覧車のような高い所から見れば、出口までのルートは一目瞭然である。こうした視点を「鳥《ちょう》瞰《かん》」（バードヴュー）という。ちょっと高みに登り、思いきって視点を変えると解決の糸口が容易に見えてくることが多い。話しているうちに、地べたを這いずり回っている自分に気づき、違う視点から自分を見てみようと思えたとき、選手たちの悩みの半分以上は解決しているのかもしれない。自己を客観視するということは、心の整理法の第2段階であるメンタル日記でも、同じく大切なポイントとなる。

2　メンタル日記

再び萩原さんに登場してもらおう。以下の引用は、最初の面談を終えて私とのメンタルトレーニングがスタートしたところを彼女が描いたものである。

それから先生とのメンタルトレーニングが始まった。やり取りは主に電話である。夜9時過ぎ頃になると、私は先生に出されていた課題をまとめ、もう一度頭の中で反芻してから、電話の前に正座する。先生は穏やかな方なのだが、当初の私にとっては緊張を強いられる対象でもあった。生半可な気持ち、少しでも整理できていない気持ちはすぐに見破られてしまうのだ。

メンタルトレーニングの概要の説明から始まって、次に着手したのは「自分を客観視すること」であった。競技をしている自分をコントロールする、別の自分の存在を作る。そうすることで感情のひとり歩きを防ぎ、常に自分の精神状態を把握できるようになり、トラブルに対処できるようになる。「あたかも試合を見守るレフェリーのように、第三者的立場に立って」という注文も付いた。「感情を挟んではダメ。ただ見つめること。今、自分の身に何が起こっていてそれに対し自分はどう感じているのか。心という海の中に浮かんでいるものをひとつひとつ拾い上げてただ確認するだけ、の要領で」と白石先生。そして、それをノートに記録し、週1回くらいの割合で私の所にファックスするように、とも言われた。

これは大変難しい作業であった。まず、自分の客観視、というのがなかなかうまくいかない。「客観視するんだ！」と追い詰めてしまうことで「嘘の」感情が出てくるのだ。つまり客観視している「つもり」の感情。それを見分けるのが一苦労だった。それからノートへの記録。これにひどく時間がかかった。この年の5月に全日本のヨーロッパ遠征があり、この「客観視」はその期間中の宿題となったのだが、ヨーロッパの試合というのはたいてい夜7時半頃や場合によっては9時頃行われたりする。試合後のレセプションや移動時間を加えると、試合を終えてホテルに着くのは夜12時近く。それからシャワーを浴び、明日の試合のためのユニフォームを洗濯し終えると、ノートを開けるのは1時過ぎ。「今日の午前中の練習はどう思ってたっけ……」と、思い出すのに四苦八苦し、整理して記すのに悪戦苦闘し、襲ってくる眠気と闘いながらノートとにらめっこする毎日が続いた。

しかし、そんなこともまったくつらいとは感じなかった。「必ず変われる」「オルテンシアのようになれる」という言葉が私を燃え上がらせていたのだ。(7)

実は私は、萩原さんが睡魔と闘いながらこんなに苦労してメンタル日記を書いているとは夢にも思っていなかった。彼女からは、毎週かなりの量のメンタル日記がファックスで届けられていたからである。今でも指導している選手には同じように書いてもらうことが多いので、私のファックスは毎日のように大変な量の紙を吐き出している。一晩で１００枚を超えることもある。書くほうも大変だが読むのもなかなか骨が折れる。

しかし、電話と違って書いたものは後に残る。選手たちが自分の心を見つめて一生懸命書いたものの中には、その後の指導を展開する上で、おおいに参考になるものが数多くある。こうしたものを読むときでも、やはり先入観の色眼鏡を外して、あるがままに読むという態度を忘れてはならない。そうして読んでいくと、ときどき「アッ」と思わず叫んだりする文章にでくわすことがある。選手の内面的な変化が読み取れ、私の中でこれで次のステップにいけるなと直感されるときである。

もちろん、私のところに届くファックスや電子メールに記された事柄は、それぞれの選手の内面で起こった事柄であり、それをみだりに公にすることなどできようはずがない。ここでは本人の了承を得て、95年5月9日にスペインのマドリードから届いた萩原さんのファックスを掲載しておく。

試合から帰るバスの中で、私は何が怖いんだろう、どうして不安になるんだろうと考えていたら、ふと監督の期待に応えられなくて、監督の思っているようなプレーができなくて、監督に嫌な顔をされたりメンバーチェンジされたりして、自分がカッコ悪くなって情けない思いをするのが怖いんだと気づきました。さらに、こんなはずではないと思って無理にプレーを続けると、ますます悪くなって自信がなくなっていくのではないか。つまり、これまでは自分がうまくいかないのは監督のせいだと思っていたのが、じつは自分で自分の首をしめていたのだということに初めて気づいたのです。……悪い自分を認めれば、自然に良いときの自分も浮かび上がってくると先生がおっしゃったように考えたら、すごく楽になりました。これまでにも気づいていた良いときの私の考え方、つまり人は人、自分は自分。結果はわからないが自分は自分のできることを精いっぱいやるだけだ、を組み合わせてゲームに臨んだら、とてもうまくいきました。

これを読んだとき、私は「これで萩原選手はひと皮むけたな」という手ごたえを感じた。文中からも明らかなように、彼女自身がミスの原因は他人にあるのではなく、すべて自分の心の内にあることに気づくことができたからである。

3　マインドマップによる心の整理法

今度は心の整理法の三番目であるマインドマップ法について説明する。

マインドマップとは「心の地図」である。この方法を私は85年、イギリスのトニー・ブザンの本から学んだ。ブザンは「脳地図」という意味でブレインマップといっているが、基本的には同じである。彼は脳の働きについて次のように述べている。

過去数百年のあいだ、人間の頭脳は直線的、つまり項目の羅列のような働き方をするものと広く考えられてきた。話すこと、書くことによるコミュニケーションに、人間がますます依存するようになってきたことがこのような考え方を支えてきた。話すとき、私たちは時間的にも空間的にも制約を受けている。一時にひとつの言葉しか、話したり聞いたりすることができないのだ。書くことは、さらに直線的だ。書かれたものは一行ごとに順序よくならんでおり、この順序どおりに読みとらねばならない。（中略）脳が情報をもっとも効率がよいように結びつけるとしたら、情報はできるだけ容易に適切な結びつきに「はまりこむ」ような構造をとるべきだ。さらに脳がキー概念を相互に結びつけ統合するように働くのなら、私たちのノートも、これにふさわしい構造をとらねばならない。伝統的な「直線的」なノート（図1）は、これにはふさわしくない。

ノートの一番上から始めて、文章や項目のリストを読み下していくやり方はやめて、主題となる概念を中心として、そこから外にむかって、個々の概念へと枝分かれしていくやり方をとるべきだ。（図2参照）

図2のような頭脳地図は、直線的なノートにくらべて、数々の利点をもっている。

（1）主題である概念が、より明確に定義される。

（2）それぞれの概念の相対的な重要さが、はっきりと示されている。重要な概念ほど中心の近くに、重要でない概念ほど外側に配置される。

（3）キー概念相互のつながりが、その距離と、あいだを結ぶ線によって一目でわかる。

（4）これらの結果、記憶も復習もより効率が高まり時間がかからない。

（5）新しい知識をつけ加えるのが簡単だ。消したり行間にわりこませたりする必要がない。

（6）それぞれの地図の違いが一目でわかる。このことは記憶に役だつ。

（7）エッセーの草稿のような創造的な仕事のためのノートとしてもすぐれている。地図には終わりがないから、脳が新しい概念のつながりを作るのがはるかに容易だ。[3]

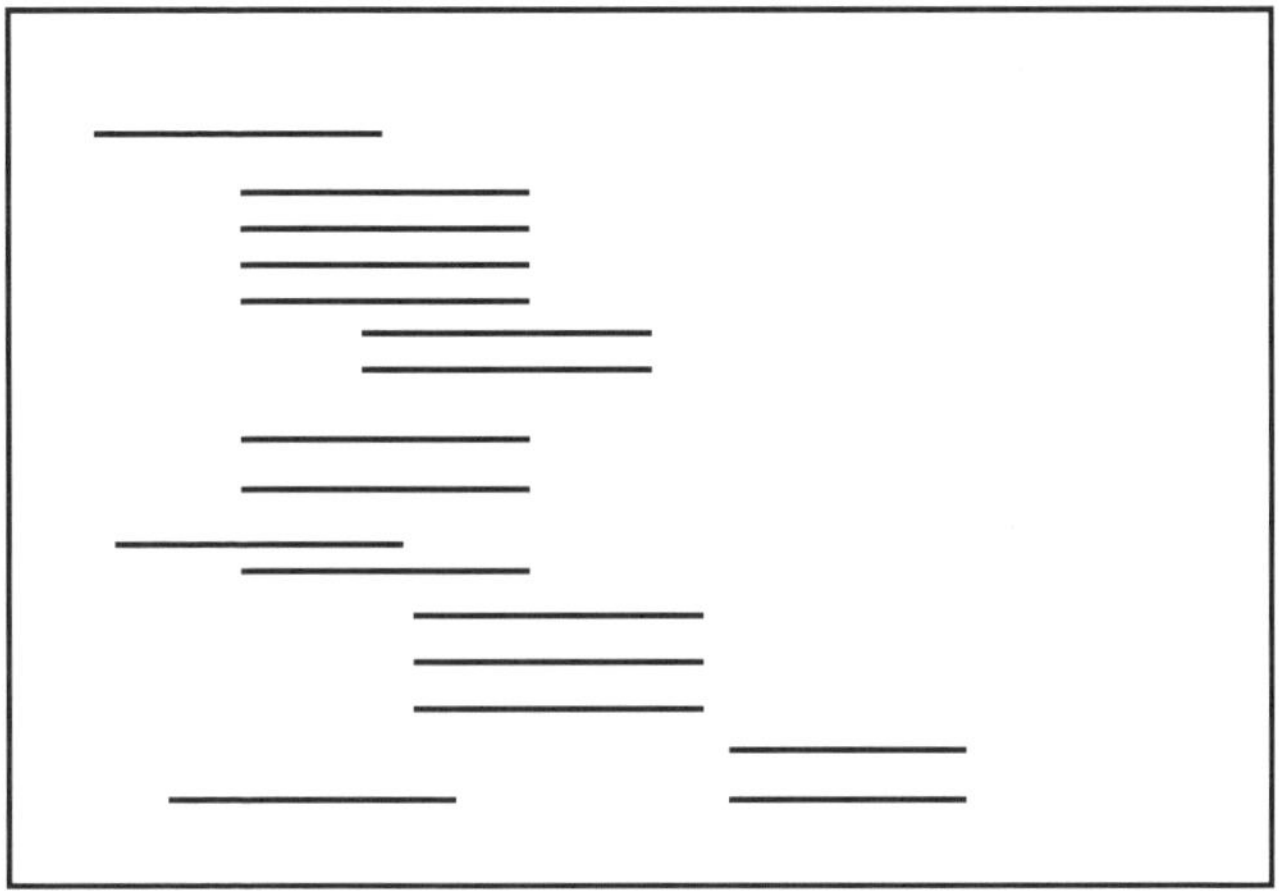

図1　直線的なノート

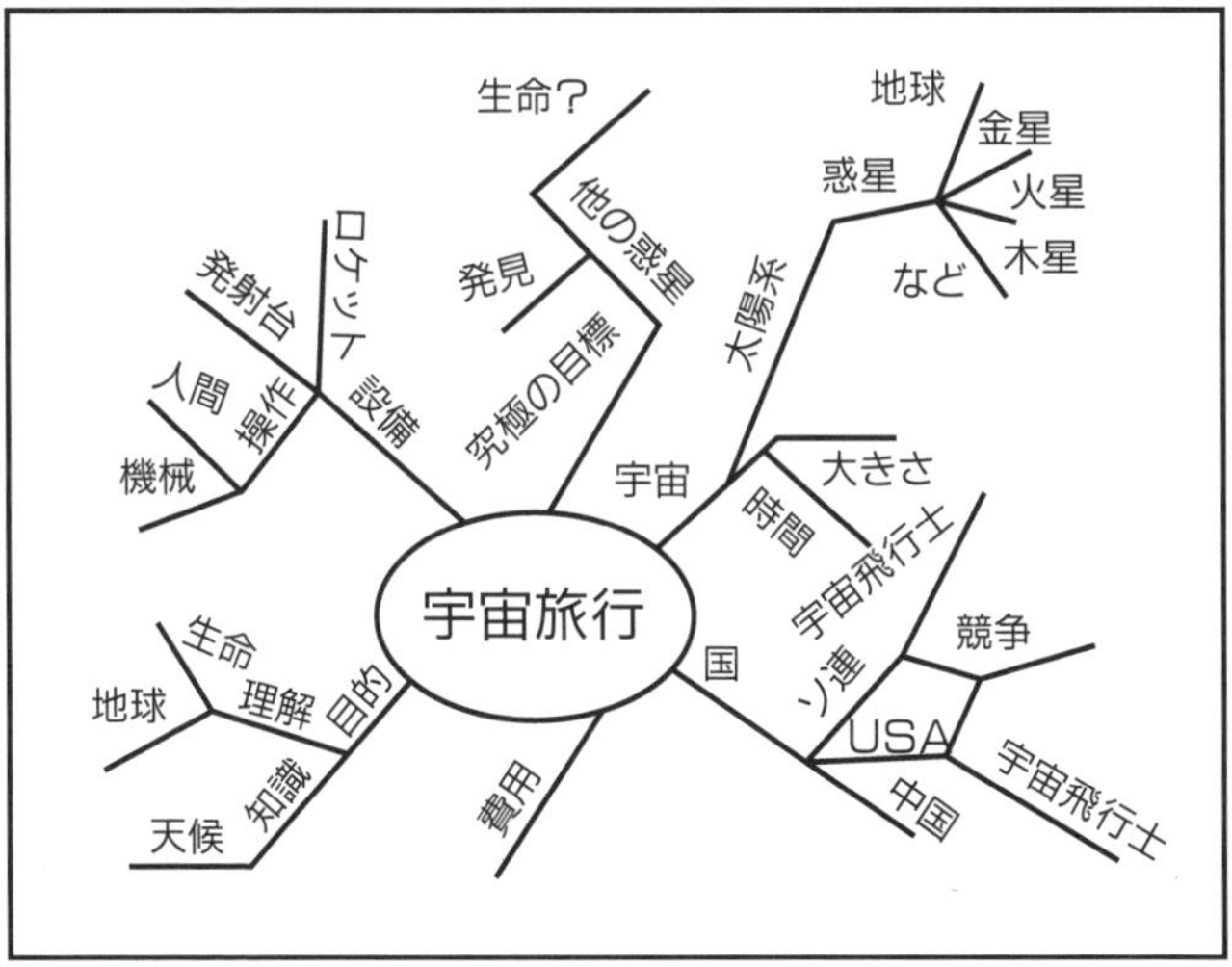

図2　頭脳地図

心の整理法としてのメンタル日記の効果は前項で述べた。しかし、萩原選手のようにきちんとした文章で、心の内を描写できるスポーツ選手は、残念ながらそう多くはない。また彼女も書いているように、ほとんどの選手はメンタルな面をも含めたトレーニング日誌の重要性を認識してはいても、毎日の練習に追われてなかなか継続できないでいる。

さらにそれを読む側のわれわれも、もっと端的に選手の心の内がわかるようなノートが提出されたほうがありがたいというのが本音である。萩原さんのように、たった一語の中にも選手の心の移り変わりを読み取ることはあるので、ここで述べた地図形式の整理が、記述形式の日記に明らかにまさるとは言いがたい。したがって、ケース・バイ・ケースでいくつかの方法を使い分ければよいと思われる。

それではこうした地図を描く方法が、スポーツ選手の心の整理にどのように役立つのだろうか。ここで具体例を紹介しておこう。

アトランタオリンピック開会式直前に、日本女子バスケットボールチームはちょっとしたピンチに陥った。95年のアジア予選で、残り6秒1点差という薄氷を踏むようなゲームで劇的な勝利を収めた日本は、20年ぶりにオリンピックの出場権を得た。96年3月から始まった強化プロジェクトの成果が実り、アトランタへと旅立つ7月までの間、日本チームは順調な仕上がりを見せていた。私も強化合宿の最初からメンタルコーチとして参加していた。4月末からのヨーロッパ遠征では各国の強豪と五分にわたり合い、過去最高の2位で帰国した。さらに6月にはキューバを招いた国際マッチでも2勝1分けとし、十分な手ごたえをもってオリンピックに向けて出発することになったのである。

私は７月10日に他の日本選手団とともに成田を発ったが、バスケットチームは２日早くアトランタに入っていた。私がアトランタに着いた日に、日本はこの年のヨーロッパチャンピオンであるウクライナと練習マッチをすることになっていた。私が会場に着いた時にはすでに試合が始まっていた。前半は高さに押しまくられてリードを許したが、後半でじりじりと点差を詰め、最後に逆転で勝利を収めたのである。

翌日、アトランタへ転送されてきた日本のスポーツ新聞には「日本女子バスケットボール、ウクライナを撃破。メダルの可能性大」という大見出しが踊り、写真と解説で紙面の半分以上が割かれていた。3月からの好調はここでも続き、選手たちの表情もとても明るかった。ウクライナとの試合直後、チームはアトランタから約２００キロ離れたチャタヌーガという町に最終調整のために移動した。そこで予選では対戦することのないオーストラリアと韓国との練習マッチが組まれていたのである。ここでそれまで続いていた好調ムードに水をさされることになる。

練習マッチ初戦はオーストラリアだった。４年後のシドニーオリンピックを控えて強化中のこのチームに、日本は１００点ゲームで大敗し、チームのムードは一気に暗転した。翌日は韓国戦だった。前年のアジア予選で日本に久しぶりの敗北を喫した韓国は、練習マッチとは思えない気迫で日本を追い詰めていった。日本はこの試合も落とした。それまでが順調だっただけに、この二つの敗戦はチームに暗い影を落とすことになる。そしてオリンピックの開会式は、もう３日後に迫っていた。こうしたときのためにこそ、中川ヘッドコーチは私を帯同したはずだった。翌日、アトランタへ戻るバスの中で、私は選手たちに次のような指示を出した。

「今回の二つの負けは、それはそれとしてまず受け入れよう。こういうときこそ、前からやっている心の整理を実行して、本番のオリンピックへ備えようよ。具体的には『今の不安』というのをマインドマップの中心にまず書いて、それを心・技・体、あるいは人間関係など思いつくままに枝分かれさせる。

続いて、それぞれについてさらに細かく展開していって、今の心の状態を上から眺められるように地図にしてみる。それができたら今度は、これまでのトレーニング日誌を読み返してほしい。とくに3月以降はとても順調にきていたのだから、日誌の中にはみんながうまくいくヒントがたくさん書かれているはずなんだ。それを読んだら、もう一枚紙を用意して、今度は成功のためのマインドマップを描いてほしい。マップの中心は、〝勝利のために〟とか〝ゾーン〟とかにすればいい。そうした状態になるための自分なりの方法は、みんなよく知っているんだから、それを地図にすればいいんだよ。一枚目のマップで今の状態が客観的にわかり、続いて二枚目で望ましい状態に入る方法が確認できるはずだ。選手村に入って一息ついたら、これを1時間はやってみること。そうすればまたオリンピックで戦おうという気力が必ずわきあがってくる」

各選手が書いたマインドマップは、その日のうちに私のもとに届けられた。この時の様子を当時の産経新聞は次のように伝えている。

豪州、韓国との練習試合で大敗した日本代表が、メンタルトレーニング（MT）で自信回復に取り組んでいる。3月のチーム結成後、福島大の白石助教授の指導のもと、積極的にMTを活用してきた。欧州王者のウクライナに勝って得た自信を粉砕された日本。中川文一監督は「ショックを受けて、まだすっきりしていない」とすっかり意気消沈してしまった。できることはメンタルトレーニングだけ。17日に全選手が1〜2時間かけて「脳地図」を描いた。試合でどういう動きをするのか、というテーマを決め、展開を枝分かれさせていく。その後、文章にまとめるという作業だ。気持ちを整理した選手の立ち直りは速かった。中心選手の一人、萩原美樹子（ジャパンエナジー）は「かえって大敗してよかった。私たちが、中川さんを引っ張ってあげますよ」と頼もしい言葉を口にするほどだった。

私がこの記事を読んだのは、オリンピックが終了して日本に帰国してからである。ある人がこの記事を持ってきて、マインドマップで心の整理をするというのは、具

アトランタオリンピックで7位入賞を果たした日本女子バスケットボールチーム（1996年8月3日、ジョージアドームで）

体的にはどうやるんですかと尋ねてきた。すでにそのときにも、選手たちから届けられたマップを見て、すっかり立ち直っている様子は読み取れてはいたが、まさかこんなコメントをしていようとは指示した私ですら思ってもみなかった。結局、この後の2週間に及ぶ激戦を戦い抜いた日本チームは、強豪中国に逆転勝利するなどの活躍で7位という立派な成績を収めることになる。

マインドマップは、ブザンの言うようにいわゆるきれいなノートに比べて、はるかに視覚的で全体をとらえやすい。ただ問題によっては枝分かれがどんどん進み、A4程度の紙1枚では収まりきれない事態も出てきた。そこで99年の新体操ナショナルチームの指導では、次に述べるようなマンダラを用いた心の整理法を利用するようになっていった。

4　マンダラによる心の整理法

マンダラとは何か

マンダラ（曼陀羅）は、弘法大師空海が中国から日本に持ち帰った密教で特に大切にされるものである。密教の「密」とは、「秘密の教え」ということではなく「密度の濃い教え」という意味である。なぜ密度が濃いかというと、釈迦の入滅後、インドでその教えが広がっていく中で、とりわけそのエッセンスを集めたものだからである。

密教には、五部の大切な教典があるという。中でも大日経と金剛経はもっとも大切な根本教典である。その大日経の第二章に、胎蔵界曼陀羅のもつ意味と修業の仕方が書いてある。写真の胎蔵界曼陀羅を見ればわかるように、中心に大日如来が座り、その周囲を八尊の仏さまが取り巻いて座っている。これがまずマンダラの中心構造である。

胎蔵界曼陀羅（東寺所蔵）

さらに外側へは四百余の仏さまが配されているが、これは中心に座す大日如来の宇宙におけるさまざまな活動の諸相をあらわしている。つまり、マンダラ全体は、宇宙そのものの縮図というわけである。

密教では、修行者に「自分の心をマンダラの世界に投げ入れよ」と説く。またマンダラそのものが瞑想の対象ともなっている。こうした密教における重要な修業の手段であるマンダラを、現代人が自己を見つめるツールとして使うという大胆な発想をする人がいた。アートデザイナーとして多彩な活躍をされている今泉浩晃氏である。今泉氏は、本業のかたわらマンダラに興味をもち、それをまず自分を知るための道具として、そして発想の整理や目標実現のための補助ツールとして使うことを提案した。彼はこの10年でこれに関した数冊の本を出版したばかりか、パソコンでも利用できるハイパーマンダラまでをも実用化している。

ハイパーテキストとWWW

今泉氏のハイパーマンダラは、マッキントッシュ上で走るハイパーカードというソフトを利用して作られている[(10)]。天才ビル・アトキンソンの手によるこのソフトは、従来のカード型データベースソフトとはまったく異なった仕組みをもっている。一枚の情報カードにいくつもボタンを設定でき、別の情報カードと有機的にリンクできるのである。あることが描かれているボタンをマウスでクリックすると、たとえばその事項の説明が詳しく述べられているカードが即座に現れるという仕掛けである。

先のブザンも指摘しているように、われわれの思考活動や心の動きは、時間軸に沿った直線的（リニア）な形態をとっているわけではない。リニアとは情報の記憶形式でいえば、オーディオテープやビデオテープなどに代表されるシーケンシャルファイルである。こうしたファイル形式では、情報は一定の時間の流れの中で線上に保存されているために、その順番を入れ替えたり、広がりを持たせることはできない。ブザンのいういわゆるきれいなノートはまさにその典型である。

これに対して非直線型（ノンリニア）の記憶形式は、ランダムアクセスファイルといわれ、フロッピーディスク、ＭＤ、ＣＤなどが代表的である。こうした形式のメディアでは、情報の複写、移動、削除、並べ替えといった操作が瞬時に可能である。

日本語ワープロが世に出てから20年余りが経つ。ワープロはものを書き、出版するという作業に劇的な革命をもたらした。文字情報のデジタル化である。続いて音情報がデジタル化され（ＣＤ、ＭＤなど）、最近では映像さえも、パソコンレベルでデジタル編集（ノンリニア編集）ができるようになってしまった。

さて文字情報をデジタル化したものは、一般にテキストファイルと呼ばれている。確かにこれは紙に書かれた文字とは異なり、コンピュータ上で自由に加工・編集できる。これに対して、テッド・ネルソンが開発したハイパーテキストは、情報をまるでクモの巣状にリンクさせることができる。たとえばテキストファイルでは、「スポーツ」という言葉はあくまでもそれだけのことだが、コンピュータ上でハイパーテキスト化すれば、リンク先の情報、たとえばその歴史や逸話などの書かれている部分に瞬時に飛び、それを表示させることが可能になる。ハイパーテキストの出現で、単独の情報を随意に関連付けることが可能になったのである。

私が３００ｂｐｓの音響カプラーを使って、いわゆるパソコン通信を始めたのは85年のことである。しかしそれは、単なる電子文字情報（テキストファイル）の送受信でしかなかった。その後、インターネットをはじめとする電子ネットワークシステムは、長足の進歩を遂げることになる。その要因の第一に挙げられるのが、それだけでは何ということもない単一情報を、ハイパーリンクによって巨大な情報群に変えることができたWWW（World Wide Web）の開発だったと私は思っている。WWWは「世界中クモの巣」という意味である。これなしにはいろいろな情報を求め、あちこちのホームページを見て歩く（ネットサーフィン）ことはできない。

しかし、このWWW技術の誕生はごく最近のことである。スイス・ジュネーブにある欧州素粒子物理研究所CERN（セルン）の研究者ティム・バーナース=リーが、89年にテッド・ネルソンのハイパーテキストを情報管理に応用しようとしたのが始まりというから、まだ10年そこそこの歴史しかない。バーナース=リーがそもそもWWWを提案したのは、CERNの研究者たちが書いた膨大な論文をコンピュータで上手に管理したいということからである。彼は、CERNプロジェクトで書かれた膨大な論文を整理し、高速情報を瞬時に呼び出すために「ハイパーテキスト」の利用を思いついたのである。

WWWとマンダラ

コンピュータのことを「電子頭脳」といっていた時期がある。確かにコンピュータは、人間の脳の働きを少しでも代替しようという目的で進歩してきた。たとえば情報を記憶し保存するという脳の機能は、現在ではコンピュータが人間をはるかに凌駕している。考えるという機能も、たとえばチェスや将棋などでは、その膨大かつスピーディーな情報処理能力で、コンピュータが人間を負かすまでになっている。論理的思考に関しては、かなりの部分で脳に近づいてきているのである。

ＷＷＷもそうした方向のよい例である。人間の脳や心には、さまざまな情報が蓄積されている。個々には何の関連もないような情報が、あることをきっかけにして突如結びつくことがある。これを「閃《ひらめ》く」という。コンピュータには、まだこの閃きの機能はない。ＷＷＷのようなハイパーリンクは画期的だが、それをリンクさせるのは人間である。いつの日か、閃きや悟りまでをも行うロボットが出現するかもしれないが、今はまだ人間特有のこうした機能はブラックボックスの中である。別な言葉で言えば、先端科学は人間や自然界の不思議を解き明かそうと日々進んでいると言ってもよい。

科学的解明とは論理の世界である。ところが直観の世界では、すでにはるか昔に人間のこうした部分に気づいていた人たちがいた。閃きや悟りが得られるような方法論を開発したヨーガの哲人たちや、日本人にもなじみの深いブッダである。密教で大切にされるマンダラは、宇宙（コスモス）やミクロコスモスといわれる人間の心のすべてをあらわしていると言われている。ただの仏教画などとは見ずに、４００余りの仏たちがハイパーリンクしていると思うと、改めてその構造の緻密さに驚かされる。

さてそれでは、今泉氏が提供している「マンダラートの技法」を、心の整理法に利用してみることにしよう。マンダラの最小単位は９つのマスである。その中心のマスにこれから思いをめぐらす事柄の中心テーマを書く。これはブザンのマインドマップと同じである。マインドマップはここからさまざまに展開していくが、その方向性の規定はない。これに対してマンダラでは、上下左右の四方と、それぞれの斜めへの計８つの方向である。つまり四方八方までである。これを地図の方角で言えば、東西南北と北東、北西、南東、南西の八方向になる。つまり、中心テーマが決まったらそれを８つに分けることからマンダラ式心の整理法が始まる。

ゾーンマンダラとスランプマンダラ

具体例を示してみよう。新体操ナショナルチームの選手たちに、世界選手権の約1カ月前に、この方式で心の整理をさせてみた。選手たちの目標ははっきりしていた。地元の大観衆の前でゾーンに入り、最高の演技をする。それだけだった。

オリンピック出場という結果は、後から勝手についてくると私は選手に言い続けていた。この日、各選手には図3のような9つのマスに仕切られた紙を9枚配布した。もちろん、どのマスにも何も書かれていない。紙を配った後で、選手たちに次のように説明した。

「世界選手権まで残すところあと1カ月。来週にはもうみんな大阪へ入ることになっています。これまで何度も言ってきたように、みんなの目標は晴れの大舞台で最高の演技をすることでしたね。そうした状態をゾーンと呼ぶということもわかって

図3

いると思います。今日は今配った9枚の紙を使って、どうやったらゾーンに入れるのかを整理してみましょう。まず1枚目の紙の中心のマスに、大きくゾーンと書いてください。そのマスは、ゾーンというスポーツ選手ならだれでも入りたがる実に快適な部屋なのです。普通の部屋なら入り口は1つか2つしかありません。でもこのゾーンという部屋は8つの部屋とつながっていますね。そうです。ゾーンという部屋には8つの入り口があるのです。つまり、入り方はいろいろあるわけです。ただし、それぞれの入り口には鍵がかかっています。でもどこから入ろうと、入ってしまえばこっちのものです。みなさんは、日本の代表として合宿をしているわけですから、少なくとも日本ではトップクラスにいるということです。ですからこれまでにも、ああ今日は絶好調だと感じたことが何度かあったと思います。そうした日のことを思い浮かべてみてください。そしてその原因となるようなことを8つ探し出してください。それをゾーンと書いた中心の部屋の周りに書くのです。たとえば、集中していたとか、楽しかったとかといった具合です。ではまず1枚目を書いてください」

　そうして書きこんだ例が図4である。この選手は、過去の経験から自分が調子の良いときには「集中」「美」「明らめ」「冷

冷静	自信	決断
明らめ	ゾーン	感謝
美	集中	楽しさ

図4

静」「自信」「決断」「感謝」「楽しさ」という小部屋から、その鍵を使ってゾーンに入ったということになる。

　1枚目のマスが埋まったら、今度は次のような説明をして、残りの8枚のマンダラを完成する。

「今度は残りの8枚の紙の中心に、まず今書きだした8項目を記入しなさい。たとえば2枚目の中心には「集中」、3枚目には「自信」といった具合です。全部記入したら次は2枚目を見てください。この例だと真ん中に集中と書いてありますね。これも先ほどと同じように集中という快適な部屋なんです。その部屋に入る入り口が、これまた8つあるというわけです。四方八方にね。新体操の練習や試合だけでなく、これまで生きてきた中で集中していたな、ということがいろいろあるでしょう。その時の様子を思い出し、それを8つ書きこんでください。2枚目ができたら同じ要領で残りのマンダラもすべて記入してみてください」

　図5は、ある選手が書きこんだ集中という部屋への8つの鍵である。ゾーンという最高状態へ入る鍵が8つ、そしてその8つの小部屋へさらに外側から入る鍵が8つずつで、計64あるということになる。それを1枚にした

自分のことだけを考える	自分の世界を持つ	本番と同じ表情
今やるべきことをやる	**集中**	環境・時間の把握
コーチに支配されない	とらわれない	良い環境

図5

筋肉がリラックスしている	呼吸の安定	柔軟に対応できる心	今日やるべきことを全てやる	自分が好き	自分の作品が好き	迷わない	今何が必要か知っている	プラスの道を選ぶ
練習に対する理解	**冷静**	自分にできることを思い出す	質の高い練習	**自信**	演技の安定	前向きな言葉を声にする	**決断**	前向きな行動
準備万端	自分を励ます言葉	祈り	ウェイトコントロールの成功	自分の言葉を持つ	マイナスの考えに勝つ	自分で決める	目が揺れないで力がある	揺れない
結果を考えない	特別なことをしない	チャレンジャーである	冷静	自信	決断	支えてくれる全ての人を思い出す	与えられたことを幸せに思う	与えられなかったことを幸せに思う
やってきたことを信じる	**明らめ**	自分のことだけ考える	明らめ	**ゾーン**	感謝	出会いを喜ぶ	**感謝**	喜びも苦しみも必要としてあると思う
開き直る	全てを天に任せる	結果がどうであれそこから道が開けることを知っている	美	集中	楽しさ	これまで生きてきたことを幸せに思う	皆の応援を感じる	感謝できる自然・人に出会う
全力で向かう	まっすぐに立つ	明るい表情	自分のことだけを考える	自分の世界を持つ	本番と同じ表情	応援をエネルギーにできる	どんな出来事に対しても試されていると思う	物事にいらつかない
穏やかな気持ち	**美**	作品に対する理解が深い	今やるべき事をやる	**集中**	環境・時間の把握	やるだけの事をやり尽している	**楽しさ**	無駄な考えを捨てる
音楽の理解	芸術的であることを伝える	凛としている	コーチに支配されない	とらわれない	良い緊張	自由である	チームワークが良い	周りに支配されない

図 6　ゾーンへ入るためのマンダラ

のが図6である。これでもみごとなゾーンマンダラだが、さらにこれをイメージ化し、一つずつを絵にしていったら、実に楽しい自分用の「絶好調マンダラ」ができあがる。

こうした絶好調へ至るための方法を探るのはとても楽しい作業だが、心の整理法としてはまだ十分ではない。今度は逆に、どうしたら自分はダメなパターンに入っていくのかもマンダラ化してみよう。また9枚の紙を用意する。1枚目の中心のマスには絶不調とかスランプとでも書く。そしてその嫌な部屋についつい入っていってしまう鍵を書きだしてみる。

「緊張」「恐れ」「イライラ」など、ひょっとすると8つでは書ききれないかもしれないが、過去のことをよく思い出してダメになっていくパターンの代表的なものから書きいれていこう。こうして作業を続けると、今度は最悪の状態に至るための64の鍵がわかってくる。これも最終的には1枚のマンダラにしてみよう。先ほどのゾーンマンダラが光り輝くイメージであるのに対し、スランプマンダラは暗黒のイメージである。

こんなものは見たくもないというのが人情だが、自分を知るということから言えば、これはこれで大変貴重な手がかりとなる。自分を変えていくには、欠点も正直に見つめなくてはならない。これだけの整理ができたら、あとは毎日の生活や練習の中で、ゾーンマンダラに書いてあることを一つでも多く実行し、スランプマンダラにあることは極力やらないように心がけることである。

マインドマップによる心の整理法は効果がある。しかし、枝分かれの具合によっては全体のバランスを欠いたり、広がりすぎることもある。心の整理をしているはずが、かえって混乱するということがある。これに対してマンダラでは、中心テーマに対して考えるべきは四方八方、つまり8つのマスを埋めることでしかない。人間の脳や心はもっと複雑で、四方八方への展開では足りないと思うかもしれないが、あえて8つに絞るところにマンダラのよさがある。

またマインドマップが中心から外へ向かって、思考が放散的に展開していくのに対して、マンダラは常に中心と周辺の8マスが相互に関連しあっている。つまり、展開がたえず双方向（インタラクティブ）である。こうしたことを頭に入れた上で、たとえば一日の仕事をマネージメントする道具としてマンダラを活用してみよう。

中心のマスには、今日の仕事と記入する。そしてもっとも重要で緊急なものを、まず下段の中央に書き込む。以下、順番に時計回りで記入する。8つではとても書ききれないというかもしれないが、やってみると1日に緊急かつ重要なことを8つもきちんとこなせれば、その日は満足して眠りについてよいというほどの満足度があることがわかる。

八面六臂の大活躍という言葉があるが、人間、四方八方に思いをめぐらして懸命にやっていれば、それでよいのである。かくして足るを知る心、すなわち「知足」という穏やかな心が身についていく。

終章
From Terminal

1　決戦前夜

1999年9月30日、シドニーオリンピック出場をかけた新体操世界選手権で、日本チームは前半のクラブ（棍棒）の演技を快心の出来で終え、4位という好位置につけた。オリンピックの出場権は世界でわずかに8つしかない。4位とはいっても、9位との差はわずかに0・05点。翌日のフープ＆リボンの演技で、5人のうちのだれかがほんのわずかなミスをしても、逆転されてしまうような僅差のリードだった。すべては最終日の出来にかかっていた。

チームが結成されてからこの日を迎えるまで、選手はいったいどれほどの時間を演技の完成のために費やしてきたのだろうか。ある時は故障に泣き、またある時は不調で意欲も自信もなくして、やめてしまいたくなることが一度ならずあったはずである。

それはまたコーチをはじめとする関係者も同様で、大阪世界選手権を成功させるために、すべてをなげうって力を尽くされた方が大勢いる。そうしたあらゆる努力の成果が、翌10月1日に行われる2分28

秒の演技で問われることになったのである。

大阪入りしてからは、毎夜8時にミーティングが開かれていた。通常は、五明みさ子ヘッドコーチ、中澤貴美枝コーチから細かな指示があり、その後われわれ支援スタッフが心と体の両面から、何事かを話すというのがミーティングの流れになっていた。

「明日もうまくやれたら、念願のオリンピックだ」「でも、もしも自分がミスをしてそれがだめになったらどうしよう」といった具合に、決戦を控えた選手の心は、まるで荒波に放り出された小舟のように揺れ動く。そんな時に、選手たちをどんな心持ちにして眠りにつかせるかというのは、メンタルコーチとしてはもっとも気を遣うことの一つである。

もちろん、こうした状況への対応にマニュアルなどあるはずがない。選手の心模様はまさにそれぞれであり、したがって一人ひとりとじっくり話をしながら、心の硬さをほぐしてやるというのがもっとも正しい対処ということになろう。

実際にミーティングを終え、脇元先生と金井トレーナーによる体ほぐしの後で、個別にメンタル面の相談にのった選手も何人かいた。しかし、こうした緊迫した全体ミーティングの席上では、私は試合とは直接関係のない話をすることがよくある。

「これまでの努力の結果はすべて明日に！」という前の晩には、選手の心の中は試合のことでびっしりと埋め尽くされている。「もしも翌日の試合で失敗でもしようものなら、もはやこの世の終わり」といった、日常ではとうてい考えられないような気分が支配することさえある。

「今、ここ」というのは集中の秘訣だが、そんなことを試合の前夜からやっていたのでは、肝心な時には心も体も疲れ切ってしまっている。

ではどうするか。

こういう時こそ、過去、現在、未来を見通した大きなスパンで、今の自分を見つめ直してみればいい。かつて脇元先生に紹介した「内観」などは、それを具現化するもっとも良い方法の一つである。すでに集中内観を終えた人なら、こうしたプレッシャーのかかる時にも、その体験した世界をちょっと反芻してもらうだけで、気づいてくれることがよくある。

人間は、死ぬ間際に自分の一生をまるで走馬燈のように瞬時にして見ることができるという。畳半畳を屛風に囲まれて、1週間のあいだ自分の半生をじっと見つめる集中内観は、それを擬似的に行うものだといってもよい。

過去を振り返るということは、実はわれわれの未来は無限ではなく、だれもが等しく有限なのだということに気づくことでもある。「有限性」、つまり終わりがあるということに気づけば、本当の意味で「今」を真剣に生きることができる。

大切な試合を控えた選手たちに、人生の終わりについて話をしても、そんなことははるか先のことで何の実感もわかないかもしれない。しかし、それを選手生命の終わりと考えれば、それは眼前に迫った現実として立ち現れてくる。

2 「dying」と「from terminal」

かつてオランダの現象学的精神医学者であるヴァン・デン・ベルク教授が来日した折りに、その講演を何度か聴きにいったことがある。その講演の多くは、死に往く人々を介護する看護婦さんたちへのものだったが、私のような立場の者にとっても、教師やコーチとして感銘を受けることが多かった。その中でも、「dying」と「from terminal」という二つの言葉は、今でも私の心の中に鮮明に残っている。

ある講演会で教授は、「ターミナルケア」、つまり死に瀕した人々への介護についてお話された。そこでまさに生から死へと移行しつつある人のありようを、「dying」という言葉で表現された。しかし、その説明の直後に、私は思わずハッと顔を上げざるを得ないような言葉を教授の口から聞くことになったのである。

「dying は、実は臨死の人だけのことを意味するのではありません。ここにいらっしゃるみなさん一人ひとりが等しく dying な存在であるということを、もっと自覚すべきではないでしょうか。もっと極端なことを言えば、われわれは生まれた瞬間から死に向かって歩き始めているということなのです。つまり人間は、living でありつつ dying なのです。このもっとも自明でありながら、無自覚な事実をしっかりと受け止めることによって、われわれは真の意味で充実した生を生きることができるのです。

多くの人は、〝from now〟、つまり現在から未来を見ようとします。しかし、〝from terminal〟、つまり終わりから今を見るようにしてはいかがでしょうか。こうすることによってこそ、私たちは今ここに与えられた現在を本当の意味で生きることができるのです」と。

これをもっとわかりやすく言えば、「お前も死ぬぞ！」ということである。確かに人間にとって、死ほど恐ろしいものはない。しかし、それを恐れてばかりいては、せっかくいただいた生命を不完全燃焼で終わらせることになってしまう。

「それでは嫌だ」と思えた時、私は妙に元気になっている自分に気づいたことが一度ならずある。大試合とはいえ、そればかりに汲々としている選手たちに、本当の意味で「なあーんだ、試合ぐらい」という気になってもらうには、こうした境地を体験してもらったほうがいいと考え、あれこれ手を尽くす。

そこで私は、その夜のミーティングで、神渡良平著『一隅を照らす人生』[11]の次のような一節を、選手たちに読んで聞かせたのである。

3 『一隅を照らす人生』から

朝の沐浴でごった返す時間が過ぎると、ガートでは火葬が始まった。テラスに薪が井桁状に積み上げられ、そこに死体が乗せられた。薪の間からひび割れ、やせた足がにょっきり突き出ている。死後、何日も経っているのか、異臭がすごい。川岸の宿泊所から流れ出てくる汚水や牛の糞がひどく臭うが、そんなものは吹き飛ばしてしまうほどの異様な臭いだ。

おそらく喪主に当たるのだろう、頭のてっぺんだけを残して青々と剃り上げられた少年が、手にした藁で薪に火を付けてまわった。少年の頬には涙が乾いた跡がある。死者を弔うバラモン僧の読経の声が低く高く流れる。時折、死体を焼く人が長い竹竿で火をつつき、焼け残っている死体を火勢の中心部に移している。

故人を荼毘に付す火の周りには親戚縁者が集まっているが、不思議に女性の姿がない。この聖なる場所は女人禁制であるらしい。

焼くこと、一時間半。喪主と死体を焼く人はすっかり焼けた白い灰や燃え残っている骨を焼けぼっくいごと、ガンガーに流した。聖なる川とはいいながら、実際は乳色に濁った水面に、白い灰が広がっていった。ヒンドゥー教の教えどおり、遺灰はガンガーに流したので、故人は輪廻からの解脱を得られるに違いない。

ここでは死はひどくあからさまだ。ドライアイスで遺体が腐るのを防ぐことはしないので、異臭はひどい。遺体は棺桶に密閉して人目につかないよう配慮されることはなく、布でくるんだまま、大地に置かれている。時折、風が遺体をくるんだ布を巻き上げ、魂の脱け殻を人目にさらす。

火葬するお金のない人や、人生を全うしたとは見なされない幼児や事故死の遺体は、そのままガンガーに流される。彼らの霊は転生することなく、空中をさまようのだという。私は目撃しなかったが、プカリプカリ流れていく遺体に鳥が止まり、ついばんでいることがよくあるという。

これほどあからさまに死体に直面させられると、〈人間は死ぬ〉という事実を受け入れざるを得ない。

そもそも近代文明とは、〈人間は死なない〉という前提の上に築かれている。病院はありとあらゆる手を尽くして延命させようとし、死は禁句になっているが、それほど生は執着すべきことなのだろうか。それよりも、地上で果たすべきことをなし遂げたら、さっさと大往生すべきではないか。固執すべきは肉体の生命ではなく、地上に送られた使命を果たしたかどうかではなかろうか。(中略)

死は突然の中断である。仕事がいかに大事な局面に差しかかっていようとも、死は突然の中断をもたらす。志半ばにして……という遺族の悔やみの言葉をよく聞く。だが、死の前では言い訳は利かない。問答無用なのだ。死はまた、愛する者も容赦なく引き離す。そこでは一片の憐憫すら見せない。ここでもまた問答無用である。

忌み嫌われ、遠ざけられる〈死〉だが、積極的な意味もある。「死は情け容赦もなく、突然の中断をもたらす」と自覚したとき、私たちは、「だからこそ、いま与えられている生を最大限に燃焼し切ろう。悔いのない人生にするために、自分の使命の成就に向けてがんばろう」と決意する。そうして、刹那的な生き方や時流に流される生き方を排して、意味のある人生を創り出そうと、心魂を傾ける。

それはちょうど、寒風に身をさらしたとき、思わず身が引き締まるのに似ている。〈死〉を自覚したとき、逆に〈生〉を充実させようという自覚が生まれてくる。その場しのぎの人生は送ってはならない、時間はあまりにも貴重だ。その意味で、誰にも容赦なく死が訪れるからこそ、私たちの人生は充実するのだ。

一読しておわかりのように、神渡氏のこの文章は決戦前夜のスポーツ選手の心を和らげるために書かれたものではもちろんない。また、なぜこの時、この文章を朗読したのかと問われると、私も答えに窮してしまう。計算づくでこの日のためにとっておいたのかというと、そんなことは少しもないからである。

強いて理由を挙げるとすれば、こうしたまったくスポーツとは無関係の事柄が、かえって硬くなった選手の意識を解きほぐしてやるのに役立つという、これまでの経験に他ならない。そこにはもちろん、科学的根拠など何もありはしない。しかし、こうしたことはどうも私に限ったことではないようである。

たとえば、マラソンの瀬古利彦を育てた故中村清監督は、練習や試合の前には、必ずといってよいほど道元の『正法眼蔵』の一節を読み聞かせていたという。また、バスケットボールの神様、マイケル・ジョーダンらを率いてブルズ帝国を築き上げたフィル・ジャクソン監督（現レイカーズ監督）は、ことあるごとに禅語を引用し、チームプレーの大切さを説いたという。

試合の前夜から終了まで、コーチは選手たちにどんな言葉かけをすればよいか、あれこれ悩むものである。コーチが応援団と同じように、「だいじょうぶ、頑張れ！」を連呼するのでは、その役目はとうていつとまらないと私は思う。そうした意味でも、古くから伝わる東洋の英知の中には、われわれスポーツ関係者が学ぶべき実践的な智恵が、数多く含まれているように思えてならない。

朗読を終えた私は、もはやあれこれ解説することなどしない。選手の表情を見れば、私が意図したことは十分に功を奏したことがわかったからである。ただ、寝る前にもう一度ノートを開き、もはやすべてのことはやり尽くしたことを確認し、安心と満足感をもって眠りにつくようにと指示した。

選手たちはミーティングの後、脇元先生と金井トレーナーによる体のケアを受けてから、それぞれ部屋に戻ることになっていた。私の方は、コーチたちと最終的な確認作業をしながら、選手が個別に相談に来ても対応できるような体制をとり続けていた。

4　いざ決戦の時

大阪に入ってからずっと、選手たちの一日は朝6時30分からの「心身調整プログラム」で始まる。朝食を終え、10時から別会場で1時間半ほどの練習。

その後、軽い昼食をとった選手たちは、会場である大阪中央体育館へと移動した。サブ会場でのウォームアップ、部分練習、演技練習といった一連の流れの中でも、私たちの眼は選手たちの一挙手一投足に注がれる。

仕草、表情、目線、言葉などを細かくチェックしながら、心や体にブレがないかを看ていくのである。すでに朝のトレーニングの時点で、ほとんどの選手の体調は申し分ない状態であることが、脇元先生から報告されていた。

試合開始30分前、最後のイメージリハーサル。控え室で、5人のメンバーが輪になって座り、手をつなぐ。静かに目を閉じ、ゆっくりした呼吸で気持ちを落ち着かせたあとで、五明コーチの「Japan」というコールを合図に、入場する場面からイメージする。大観衆の声援の中、演技台へと向かって歩いていきながら、足裏の感触や目線の位置など、これまで何度も確認してきたすべてをチェックする。

中澤コーチの指がカセットデッキのボタンを押すと、日本のお祭りをイメージした軽快な曲が流れ始める。難しい部分にさしかかるたびに、選手たちのこめかみはピクリと動き、互いにつないだ手には思わず力が入る。2分28秒の曲が終わると、選手たちは「フーッ」と息を吐いて目を開けた。

試合10分前。サブ会場から本会場の入場口へと移動する。手具の点検を受けて、いよいよ残すところ3分となった。ここで私は、もう一度全員を集めて、こう言った。「これまで、ほんとうによく頑張ってきた。心・技・体のすべてがピークに達している。あとは地元の大声援にのって、気持ちよく演技してくればいい。ここまで来たら、もう何もないとは思うけど、もしもまだ、心の中に重たいものがあったら、先生が預かっといてやるから全部この手に載せろ」

私がそう言って両手を差し出した途端に、選手たちはパチンパチンと私の手の上に目に見えぬ何かをのせ、にっこり笑って入場口へ整列した。

選手を送り出した直後に、金井トレーナーとともに、入場口の外にある椅子に腰をおろした私は、静かに目を閉じた。演技を直接見るよりも、会場から聞こえてくる曲を聞きながら、頭の中で演技をイメージし、その成功を祈っていた方が、私らしいと思えたからである。

勝負の行く末は、すでにわれわれコーチングスタッフの手を放れていた。会場からは、難しい局面のたびに大きな歓声と拍手が聞こえてきた。曲が終わり、会場が大歓声に包まれた時、私は成功を確信し目を開けた。

会場の中から、脇元先生が巨体を躍らせながら駆け寄ってきた。大きな手を差し出しながら、「先生、完璧です。やりましたね」と告げてくれた。すぐに会場に入り、退場口で選手を待つ五明、中澤両コーチのもとへ走る。二人の目からは、もう大粒の涙が流れ出していた。

オーロラヴィジョンを見上げた。19・566点。日本はこの時点でトップに立った。選手たちが退場口へと戻ってきた。涙の混じった、しかし最高の笑顔で選手たちはコーチたちと抱き合った。すべての苦労が報われた瞬間である。選手たちの労をねぎらった後で、私と脇元先生はがっちりと握手を交わした。

結果的に日本は、ロシア、ギリシャ、ベラルーシに続いて4位となり、当初の目標であった6位を大きく上回って、団体としては初のオリンピック出場権を獲得した。

最後に、一人の選手の手記を掲載し、本書を終えることにしたい。選手の名前は、平林美佳さんという、新体操ナショナルチームの一員として活躍し、世界選手権4位の原動力となった。しかし、そこへ至るまでの道のりは、彼女の場合もけっして平坦なものではなかったのである。

平林選手も他の多くの新体操選手と同様に、小さい頃からこの競技に親しんできた。佐賀女子高校、東京女子体育大学と新体操界の名門で教えを受けた彼女は、この時点ですでに二度の世界選手権出場を果たしていた。そして大学4年に、三度目となる大阪世界選手権のメンバーにも選ばれていたが、すでにその時には、極度の腰痛にさいなまれていた。椎間板ヘルニアである。

競技を断念することも何度となく考えたというが、最後の世界選手権にかけるために手術を決断したという。手術は、1998年の11月に船橋整形外科大内純太郎先生によって行われ、術後は脇元先生のもとでアスレティック・リハビリテーションに励むことになる。

私が最初に彼女と面談したのは、すでに世界選手権まで4カ月を切ろうとしていた7月の山形合宿の時であった。手術は成功し、懸命のリハビリで、ある程度は動けるようにはなっていたが、思いどおりに動いてくれない体に自分自身で腹を立てていた。彼女の話す言葉からは、チームをリードしていく立場にありながら、意欲も自信もまったく感じることができなかった。その時点から今度は、私のメンタル面のケア、いわばメンタル・リハビリテーションが開始されたのである。

紆余曲折を経て平林選手は、大阪入りする頃には心身ともに絶好調の状態を迎え、演技は最後まで完璧だった。それでは彼女の手記をお読みいただくことにしよう。

世界新体操選手権大会を終えて

平林美佳

私はこれまで世界選手権に2回出場しましたが、今回の試合ほど満足のいく試合はありませんでしたし、何より自分自身が試合を楽しみ感動した試合でした。

この世界選手権は地元開催ということに加え、オリンピック出場をかけた試合でもあり、また私にとっては最後となる試合でした。ですからかなりのプレッシャーを感じると予測をしていたのに、白石先生と出会ったことで、それは見事にはずれてしまったのです。

強化合宿での私は、精神的な面でかなり衰弱していました。試合のプレッシャーもありましたが、何より1年前に行ったヘルニアの手術が、私の中でとてもひっかかっていました。痛みを我慢しながらの練習は苦しく、さらに手術で休んでいたために、自分でも認めたくないほど他の人から遅れてしまっていたからです。こうして次第に私は無気力になり、ついにある時やめる決心をしたのでした。しかし、白石先生と話をしていくうちに少しずつ気持ちが変化していくのが、自分でもわかりました。何が私にやる気を起こさせたのかはわかりませんが、先生と話をしていくうちに、「絶対、オリンピック出場権を獲得したい！」と思うようになったのは確かです。

大阪に入ってからは、とても前向きな気持ちでした。そして、私の中で大きな存在になっていたヘルニアが、試合前日に完治したのでした。心も体も絶好調で、たぶん白石先生のおっしゃるゾーンに入っていたのではと思います。試合直前に、先生が「不安なものはすべてここに置いていけ！」と出してくれた手に、私はすべての不安を預けフロアへ出ていくことができました。

観客の声援がプレッシャーではなく、私の中でエネルギーに変わっていくのがわかりました。こんな気持ちは初めてでした。緊張感はありましたが、それより踊っていることの喜びや、新体操の楽しさの方がとても大きく、あのヘルニアの手術から、あきらめずにやってきて良かったと心から思いました。

私は、この日本選手の一員としていられることに喜びと感謝の気持ちで一杯でした。私の体をここまで治して下さった脇元先生をはじめとする船橋整形外科の諸先生方には、この場を借りてお礼申し上げます。また、日本選手団全員の気持ちを一つにし、成功へと導いてくれた白石先生に心から感謝しております。

私にとって、今回の世界選手権が引退試合となりましたが、一生忘れることのない最高の宝となりました。本当にありがとうございました。

新体操の世界選手権はこうして幕を閉じた。しかし、勝利の美酒に酔いしれている暇はない。オリンピック出場権を獲得したその瞬間から、すぐにシドニーに向けての準備が始められなくてはならないからである。

6年前にスタートした私と脇元先生による心と体のサポート体制も、新体操に限らず、さまざまな広がりを見せている。オリンピック競技だけでも、水泳、クレー射撃、体操競技の選手たちにも同じような支援をしているし、それはまたプロの世界でも同様である。

「スランプからゾーンへ」「どん底から絶好調へ」、これがわれわれの合い言葉である。今後は、さらに多くの方々と協力し、強力なクルーをつくり上げながら、選手たちの心・技・体を最高の状態に調えるお手伝いをしていきたいと考えている。

最後に、パート2の執筆にあたりご協力をいただいた方々に対して、以下にそのお名前を挙げて心から感謝の意を表したい。

まず、日本体操協会新体操委員会、ならびに世界選手権日本代表選手団のみなさん、貴重な手記をいただいたり、写真のモデルになってくださった牧野裕プロ、白井一幸コーチ、萩原美樹子さん、雉子波秀子さん、平林美佳さん、原稿の編集作業に献身的に従事してくれた私の研究室の大学院生である遠藤洋一君、吉田貴史君、星香里さん、木次谷聡君、さらにDTPソフトを駆使して完成原稿へと仕上げてくれた学生の泉原嘉郎君をはじめとする研究室の学生諸君、文章表現上のアドバイスをいただいたライターの角田陽一氏、そして最後に、本書の出版の機会を与えてくださった大修館書店の鈴木荘夫社長をはじめ、原稿の執筆から最終校正に至るまで、辛抱強く対応していただいた番沢仁識さんに心からお礼を申し上げます。ありがとうございました。

2000年3月　白石　豊

＊パート2、メンタル編に掲載した原稿の一部は、私が『楽しい体育の授業』(明治図書)に1998年4月から2000年3月まで連載した内容に加筆、修正したものであることをお断りするとともに、その趣旨をご理解してくださった明治図書に対してお礼申し上げます。

ビデオ版の発刊にあたって

本書は、プロ、アマを問わず、日本の一流選手たちの心身両面をサポートしている筆者たちが、過去の指導体験を交えながら、その具体的なノウハウを余すところなく書き綴った実践書である。一読しておわかりのように、体の故障や心の悩みをかかえて訪れる選手たちが、スランプのどん底から這い上がり、そしていつしか最高の時（ゾーン）を迎えるに至るための具体的な方法を数多く紹介している。

本書を記すに際しては、つとめて表現を平易にし、図や写真を配してわかりやすく解説したつもりである。しかし、動きの世界を説明するのに、映像だと一目瞭然のことが紙上では解説しきれないもどかしさが残ったことも事実である。かねてより指導現場や治療現場、白石の前著『実践メンタル強化法』読者諸氏から即トレーニングに使える実践的ビデオプログラムを望む声が多く寄せられていたこともあり、このたびビデオ版を制作することにした。

ビデオ版では、「ストレスセルフ・チェック法」「朝晩のリラックス体操」「ヨーガの体操」「呼吸法」「インナーゲーム」などのほか、本書では扱いきれなかった各種応用法を収録した。種目や選手の技能レベルを問わず、現場で活用していただける内容となっている。

本書の内容をさらに深く理解し、実際に体得するためにビデオ版をご活用いただければ幸いである。

白石　豊
脇元幸一

(23)荻野恒一：『現存在分析』、紀伊國屋書店
(24)大谷武一：『躾と體錬』、目黒書店
(25)大谷武一：『正常歩』、目黒書店
(26)大矢美佐、伊藤春樹：「急性心筋梗塞後の自律神経機能と運動耐容能及び心機能の回復過程に及ぼす運動療法の影響」、『JPN Circ J 6 Suppl』
(27)長田一臣：『日本人のメンタルトレーニング』、スキージャーナル株式会社
(28)佐保田鶴治：「教育者の心がまえ」、『道友』、日本ヨーガ禅道友会
(29)佐保田鶴治：『続ヨーガ根本教典』、平河出版社
(30)斎藤仁、脇元幸一：「徒手療法による心拍変動測定」、『理学療法学 25 巻』
(31)坂村真民：『念ずれば花ひらく』、サンマーク出版
(32)塩谷信男：『大健康力』、ゴルフダイジェスト社
(33)白石豊：「イメージトレーニング」、『心身医療』 9 月号 (1997)
(34)白石豊：『運動神経がよくなる本』、光文社
(35)白石豊：『実践メンタル強化法　ゾーンへの招待』、大修館書店
(36)スパージャ・S（小川正三、蘆田ひろみ訳）：『やさしいダンスの解剖学』、大修館書店
(37)徳永幹雄：『ベストプレイへのメンタルトレーニング　心理的競技能力の診断と評価』、大修館書店
(38)脇元幸一：「医療の現状と展望」、『理療 26 巻』
(39)脇元幸一：「筋スパズムと交換神経活動異常に対する理学療法」、『理療 27 巻』
(40)脇元幸一：「スポーツ疾患の運動療法・理学療法 MOOK 3」、『疼痛の理学療法』、三輪書店
(41)脇元幸一：「スポーツ障害と疼痛管理」、『理学療法 14 巻 12 号』

■引用・参考文献

(1)番場一雄：『ヨーガの思想』、日本放送出版会
(2)バッシャム・R：『メンタルマネージメント』、星雲社
(3)ブザン・T（佐藤哲訳）：『頭がよくなる本』、東京図書
(4)ファイン・A（白石豊訳）：『ゴルフ頭脳革命』、大修館書店
(5)ガルウェイ・T（後藤新弥訳）：『インナーゲーム』、日刊スポーツ出版社
(6)グラハム・D（白石豊訳）：『ゴルフのメンタルトレーニング』、大修館書店
(7)萩原美樹子：『プライド』、日本文化出版
(8)ヘリゲル・O（稲富栄治郎・上田武訳）：『弓と禅』、福村出版
(9)ホイットモア・J（真下圭訳）：『コーチングの技術』、日本能率協会マネジメントセンター
(10)今泉浩晃：『Mandal-Art for Macintosh とは何か？』、実務教育出版
(11)神渡良平：『一隅を照らす人生』、PHP 研究所
(12)金子明友：「運動学からみたスポーツ」、『スポーツの科学的原理』、大修館書店
(13)金子明友：「体操のトレーニング」、『種目別現代トレーニング法』、大修館書店
(14)川畑愛義：『背がグングン伸びる本』、光文社
(15)紀野一義：『正法眼蔵随聞記　ある禅者の夜話』、三笠書房
(16)マイネル・K：『スポーツ運動学』、大修館書店
(17)マートン・R（猪俣公宏訳）：『コーチング・マニュアル　メンタルトレーニング』、大修館書店
(18)森信三：「幻の講話　第１巻」、実践人の家
(19)長島茂雄：『洗心』、メディアファクトリー
(20)中村宗一：『正法眼蔵』、誠信書房
(21)中村好男：「心拍変動パワースペクトルからみた自律神経活動」、『体育の科学』44巻
(22)日本体操協会研究部：『女子体操競技トレーニングの手引き』、日本体操協会

［著者略歴］

白石　豊（しらいし・ゆたか）

1979年、筑波大学大学院体育研究科修了。福島大学名誉教授。現在、朝日大学教授。プロ・アマを問わず数多くの日本のトップアスリートたちにメンタルトレーニングの指導を行っている。アトランタオリンピックでは日本女子バスケットボールチームの、またシドニーオリンピックでは新体操チームのメンタルコーチをつとめた。主な著書に、「実践メンタル強化法」「ゴルフのメンタルトレーニング」「野球のメンタルトレーニング」（以上、大修館書店）などがある。

脇元　幸一（わきもと・こういち）

1987年、西日本リハビリテーション学院卒業。清泉クリニック専務理事を旧任。外来一日平均300人以上の診療を行うスタッフをつとめる傍ら、日本体操協会シドニーオリンピック女子対策本部部員、女子体操競技および新体操のナショナルチーフトレーナーなどを歴任した。主な著書に、『疼痛の理学療法、理学療法 MOOK 3』などがある。

スポーツ選手《せんしゅ》のための心身《しんしん》調律《ちょうりつ》プログラム

NDC 780 322p 19cm

初版第1刷――2000年5月20日
第10刷――2018年9月1日

著者――白石豊《しらいしゆたか》・脇元幸一《わきもとこういち》
発行者――鈴木一行
発行所――株式会社大修館書店
〒113-8541 東京都文京区湯島2-1-1
電話 03-3868-2651（販売部）03-3868-2211（大代表）
振替 00190-7-40504
［出版情報］https://www.taishukan.co.jp

装丁者――井之上聖子
カバー写真――AM Corporation
印刷所――壮光舎印刷
製本所――ブロケード

ISBN978-4-469-26446-3　Printed in Japan